2015
杭州金融发展报告

Financial Development Report of Hangzhou 2015

杭州市人民政府金融工作办公室 编

ZHEJIANG UNIVERSITY PRESS
浙江大学出版社

图书在版编目（CIP）数据

2015杭州金融发展报告／杭州市人民政府金融工作办公室编. —杭州：浙江大学出版社，2015.8

ISBN 978-7-308-14900-6

Ⅰ.①2… Ⅱ.①杭… Ⅲ.①地方金融事业—经济发展—研究报告—杭州市—2015 Ⅳ.①F832.755.1

中国版本图书馆CIP数据核字（2015）第165236号

2015杭州金融发展报告

杭州市人民政府金融工作办公室 编

责任编辑 朱 玲
责任校对 王元新
封面设计 杭州林智广告有限公司
出版发行 浙江大学出版社
（杭州市天目山路148号 邮政编码310007）
（网址：http://www.zjupress.com）
排　　版 杭州中大图文设计有限公司
印　　刷 杭州日报报业集团盛元印务有限公司
开　　本 710mm×1000mm 1/16
印　　张 20.25
字　　数 330千
版 印 次 2015年8月第1版 2015年8月第1次印刷
书　　号 ISBN 978-7-308-14900-6
定　　价 39.00元

浙江大学出版社发行部联系方式：0571—88925591；http://zjdxcbs.tmall.com

《2015杭州金融发展报告》
编辑委员会

前 言

《2015 杭州金融发展报告》在金融监管部门和杭州市各相关单位的大力支持下如期跟大家见面了。我们编著的《2015 杭州金融发展报告》从杭州市金融业综合发展、各子行业运行、配套政策举措、规划调研、大事记等多个层面，全面展示了 2014 年杭州金融业发展所取得的成绩以及面临的挑战。

2014 年，中国经济开始进入“新常态”。一方面，经济增长速度开始进入换挡期，由原来的高速增长转向中速增长；另一方面，经济结构调整迎来阵痛期，新兴经济业态不断涌现，全民创业、万众创新的格局正在形成中。在经济改革的关键之年，中国的金融界尤其是银行业也在进行着异常深刻的变革。针对 2013 年出现的同业业务泛滥、流动性紧张、影子银行爆发式增长等对中国银行业产生重大影响的金融事件，金融监管部门出台了一系列监管措施，不断规范市场行为，促使金融更好地为实体经济服务。在资本市场方面，沪港通的启动也给国内投资者带来了新气象，股票市场在年底爆发的大行情也反映了投资者对于中国经济仍充满信心。

2014 年，杭州主动适应经济发展新常态，落实发展定位新要求，深入实施“杭改十条”，对杭州金融业发展来说，这也是不同寻常的一年。在中国人民银行、银监会、证监会、保监会和市委、市政府的正确领导下，杭州市金融业积极应对经济新常态下的困难与挑战，认真贯彻落实各项金融调控政策和监管政策，主动调整信贷结构和融资结构，努力防范和化解金融风险，金融运行总体平稳。

在过去的一年里，杭州金融业为实体经济发展提供了有力的保障，在杭金融机构充分利用和创新各类金融工具，在实现融资总体规模稳定的基础上，进一步优化了融资结构。财富管理中心和互联网金融创新中心建设的稳步推进，为杭州金融创新工作增添了助力，创新工作的深化又为企业利用资本市场融资提供了更多可能性，在帮助企业不断成长的同时，又促进了金融环境的不断优化。

2015 年，杭州金融业的发展将在准确把握国家宏观经济政策取向的基础上，结合新常态下金融工作的新要求，凝聚杭州各类金融机构的力量，发扬杭州金融优势，实现杭州经济、金融良性互动发展。在围绕服务杭州“一号工程”的前提下，加大对信息经济重大项目和龙头企业、“三镇三谷”、特色小镇、现代服务业等的金融支持，强化农村金融服务，支持小微企业发展，推进普惠金融服务创新，并在对接上海自由贸易试验区金融改革的过程中，进一步提升防范化解金融风险的能力。

衷心感谢人行杭州中心支行、浙江银监局、浙江证监局、浙江保监局、省农信联社杭州办事处、市经信委和市商委的大力支持，感谢浙江大学城市学院汪涛老师的辛勤劳动与付出。欢迎广大读者对报告提出建设性的意见，以便我们在未来做得更好。

《2015 杭州金融发展报告》编委会

目 录

综合篇

运行篇

政策篇

规划调研篇

大事记

新增机构名录

综　合　篇

2014年杭州市金融服务业发展报告

杭州市金融办

2014年全市金融运行总体平稳，相比2013年，全市金融业各项指标均有所提升。金融服务实体经济保障有力，财富管理中心和互联网金融创新中心建设稳步推进，推动企业利用资本市场加快发展工作全面铺开，金融环境不断优化。

一、金融服务业运行情况

(一)金融服务业整体运行稳中有升

1.金融业增加值增速平稳

截至年末，杭州市金融业累计实现增加值962.17亿元，同比增长9.8%，高于全市GDP增速1.6个百分点，较2013年年末回落0.2个百分点。金融业增加值占全市GDP比重10.5%，与2013年年末持平(见表1)。

表1　2014年杭州市金融业增加值情况

时间	GDP（亿元）	增长（%）	服务业（亿元）	增长（%）	金融业（亿元）	增长（%）	金融业占GDP比重（%）
2013年	8343.52	8.0	4416.12	9.0	879.33	10.0	10.5
2014年一季度	1832.89	7.5	945.94	8.1	193.74	9.5	10.6
2014年前两个季度	3938.40	7.7	2043.51	7.7	416.17	8.7	10.6
2014年前三个季度	6426.33	8.0	3351.78	8.2	699.07	8.5	10.9
2014年第四个季度	9201.16	8.2	5067.90	8.5	962.17	9.8	10.5

数据来源：杭州市金融办

2. 社会融资结构有所变化

2014 年，在杭金融机构充分利用金融工具，灵活运用企业债券、短融、中票、上市增发等多种工具，全年新增全社会融资总量 2821.89 亿元，同比少增 5.46 亿元，总体规模稳定，但融资结构有所变化。银行表外融资与贷款融资此消彼长明显，部分表外融资回归表内。其中，委托贷款和信托贷款合计同比少增 674.67 亿元。从减少资金中间环节来看，表外融资业务收缩有利于金融自身健康发展，也有利于降低企业的融资成本。然而，按中国人民银行口径统计的融资规模未包括海外融资、地方股权产权融资等数据，实际社会融资规模远大于统计数值（见表 2）。

表 2　杭州市社会融资规模及构成统计　　单位：亿元

	2014 年新增	2013 年新增
地区社会融资规模	2821.89	2816.43
人民币贷款	1767.5	1175.96
外币贷款（折人民币）	5.13	76.07
委托贷款	145.17	576.53
信托贷款	337.88	581.19
银行承兑汇票	－128.19	－342.31
企业债券融资	574.02	637.4
非金融企业境内股票融资	21.7	65.3
其他	98.6	46.29

数据来源：人行杭州中心支行

（二）银行业稳中趋升

1. 存款保持平稳增长

至年末，全市金融机构本外币存款余额 24450.51 亿元，占全省的 30.9%，同比增长 10.27%，增幅高于 2013 年年末 0.22 个百分点，比全省平均水平高 2.8 个百分点，增速在全省排第 2 位。余额较年初新增 2273.45 亿元，同比多增 239.9 亿元。从全年来看，月度间波动较大，前三季度冲高仍然存在，年末受银监存款偏离度新规影响，年底冲高现象不明显（见图1）。

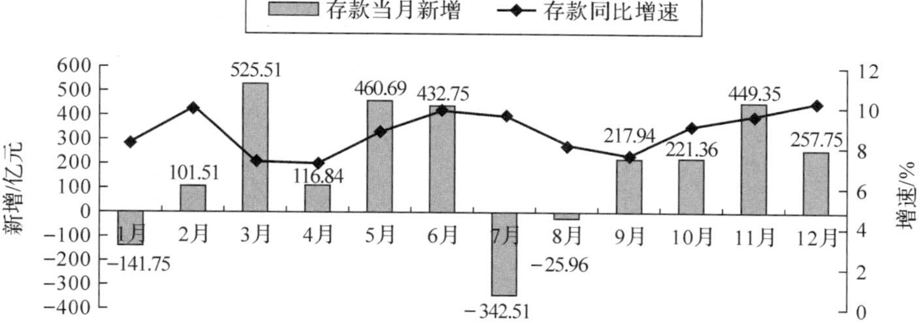

图1 2014年本外币各项存款月度增长情况

从结构来看，单位存款、个人存款增速回升。全市单位存款余额15410.4亿元，较年初增长1542.18亿元，同比多增286.44亿元；余额同比增长10.99%，较2013年提高了1.18个百分点。个人存款余额7179.77亿元，较年初增加356.35亿元，同比少增187.01亿元；余额同比增长5.22%，较2013年低3.54个百分点。

从区县结构来看，萧山、余杭和富阳的存款余额占比在二区五县（市）排名前三位，分别是12.71%、7.15%、3.58%，淳安占比相对最低为1.07%。此外，余额增速除富阳（10.56%）、淳安（10.49%）外，其余区、县（市）均低于全市平均水平。

2.贷款增速增量创近年新高

上半年，全市贷款余额首次突破2万亿元大关，成为全国第六个存贷款双双突破2万亿元的城市。至年末，本外币贷款余额21316.83亿元，占全省的29.9%，同比增长10.16%，增幅高于2013年3.2个百分点，增速在全省排5位，余额较年初新增1776.56亿元，同比多增524.77亿元。

从贷款结构来看，呈现“两升一降”：一是短期贷款持续低迷。余额为9147.43亿元，较年初减少115.02亿元（2013年同期增加315.39亿元），同比少增430.41亿元。余额同比增长0.86%，较2013年年末低2.81个百分点，为近年最低点。其中短期经营贷款已连续5个月负增长。二是中长期贷款稳定增长。余额为10629.30亿元，较年初增加1487.66亿元，同比多增615.17

亿元。余额同比增长16.22%,较2013年年末高5.66个百分点。三是票据融资增速快速回升。余额为731.63亿元,较年初增加290.48亿元,同比多增298.58亿元。余额同比增长65.85%,较2013年年末高67.65个百分点。

从贷款投向来看,呈现"三升三降":一是水利等基础设施建设贷款较快增长。余额为1590.26亿元,同比增长31.3%,比2013年年末提升22.7个百分点。较年初新增379.12亿元,同比多增283.09亿元。二是房地产开发贷款较快增长。余额为1657.7亿元,同比增长24.1%,比2013年年末提升18.4个百分点。较年初新增317.73亿元,同比多增244.93亿元。三是购房贷款相对低速增长。余额为2873.3亿元,同比增长10.6%,比2013年年末回落2.9个百分点。较年初新增219.58亿元,同比少增89.31亿元。四是制造业贷款持续负增长。余额为4491.7亿元,同比下降4.9%,降幅较2013年年末扩大4.9个百分点。较年初减少234.34亿元。五是批发零售业贷款维持负增长。余额为1983.3亿元,同比下降4.6%,降幅比2013年年末扩大8.8个百分点。较年初减少98.29亿元。六是企业贷款增长稳中趋升。余额为14056.2亿元,同比增长6.6%,比2013年年末提升0.5个百分点。较年初新增870.41亿元,同比多增246.45亿元。其中,大型企业贷款余额4281亿元,同比增长6.1%,比2013年年末下降了1.6个百分点;较年初增加171.6亿元,同比多增108.32亿元。中型企业贷款余额5658.51亿元,同比增长4.3%,比2013年年末提高了4.5个百分点;较年初增加277.99亿元,同比多增100.89亿元。小型企业贷款余额3669.39亿元,同比增长9.2%,比2013年年末下降了3.4个百分点;较年初增加328.65亿元,同比少增36.39亿元。微型企业贷款余额447.31亿元,同比增长22.3%,比2013年年末下降18个百分点;较年初增加92.22亿元,同比多增13.95亿元。

从区县结构来看,基本保持稳定,萧山、余杭和富阳信贷余额占比在二区五县(市)排名前三位,分别是14%、6.41%、4.38%,淳安占比相对最低为1.01%。此外,除淳安(16.17%)、富阳(13.2%)外,其余区、县(市)增速均低于全市平均水平(见表3)。

表3　区、县(市)本外币贷款余额占比和增速

	萧山	余杭	桐庐	淳安	建德	富阳	临安
余额(亿元)	2849.58	1305.61	284.17	204.83	232.85	890.96	362.47
占比(%)	14.00	6.41	1.4	1.01	1.14	4.38	1.78
增速(%)	7.16	7.16	9.58	16.17	3.10	13.20	8.23

数据来源:人行杭州中心支行

3.银行业利润有所回落、不良率保持平稳

至年末,全市银行机构累计实现利润241.79亿元,占全省的27.3%,同比下降20.3%,降幅比全省收窄3.3个百分点(全省为-23.6%);全市银行信贷不良率为1.57%,与2013年持平,低于全省0.39个百分点。

(三)其他金融业平稳发展

1.证券业交易活跃

至年末,全市证券经营机构累计代理交易额8.08万亿元,占全省的38.9%,同比增长46.6%,较2013年回落5.6个百分点。手续费收入34.41亿元,占全省的34.5%,同比增长51.3%,较2013年提高18.6个百分点。证券经营机构托管市值6710.11亿元,同比增长74.5%;证券投资者244.79万户,同比增长8.0%;证券机构全年实现利润16.68亿元,同比增长59.2%。

2.期货业增长趋缓

全市期货经营机构累计代理交易额41.24万亿,实现手续费收入9.81亿元,同比分别增长6.0%和-19.3%;分别占全省的67.4%和61.9%。期货投资者17.29万户,同比增长10.9%;期货机构全年实现利润7.92亿元,同比增长19.3%。

3.保险业持续平稳发展

全市累计保费收入320.41亿元,占全省的25.5%;同比增长14.8%,较2013年提高了2.2个百分点。其中,财产险和人身险收入141.09亿元和179.32亿元,同比分别增长11.2%和17.7%。累计赔付支出119.03亿元,占全省的25.1%;同比增长16.3%,较2013年年末下降3.6个百分点。全市保

险机构全年亏损25.51亿元,较2013年年末扩大0.06亿元。其中财产险公司盈利4.01亿元,较2013年增加4.84亿元;人身险公司亏损29.53亿元,减亏4.48亿元。

4.典当业效益有所下降

全市典当业累计典当5.85万笔,同比增长-8.3%,较2013年年末下降17.2个百分点,典当金额145.06亿元,同比增长-8.0%,较2013年年末下降13.7个百分点。实现收入2.7亿元,同比增长-9.4%,降幅较2013年年末扩大2.3个百分点。上缴税金4280万元,同比增长-30.1%,较2013年年末下降38.4个百分点。

5.担保机构经营稳健

据市担保业协会不完全统计,至年末,全市融资性担保机构期末在保户数2.12万户,期末担保责任余额257.85亿元。2014年净利润为9613.08万元,担保业务成本为6814.71万元,担保业务收入为37537.97万元,成本收入比为18.2%。担保代偿额新增4.78亿元,代偿率为1.65%。

(四)企业利用资本市场程度深化

1.企业上市步伐加快

2014年,全市新增炬华科技、思美传媒、福斯特、中国新城市、天鸽互动、达内科技、阿里巴巴等7家上市公司。新增募集资金1684.69亿元(包括了阿里巴巴的250.3亿美元)。至年末,全市上市公司总数109家,占全省比重超1/3。其中,境内上市公司80家(包括中小板30家、创业板18家),境外上市公司29家,累计募集资金2752.6亿元。首发上市申请获中国证监会受理的公司29家,处于辅导期内的拟上市公司39家。

2.企业再融资、并购、股改挂牌顺利推进

2014年,全市共有13家上市公司实施定向增发,合计募集资金83.74亿元;11家企业实施了重大资产并购重组,涉及资金规模126.74亿元;股改企业124家。另有25家企业在新三板挂牌。176家企业在省股交中心挂牌,其中,8家企业在成长板挂牌(累计40家),168家企业在创新板挂牌(累计314家)。

3.私募股权稳步发展

根据工商部门登记统计,全市新增各类私募股权机构90家和投资管理机构18家。至年末，全市共有各类私募股权机构和投资管理机构分别达496家和101家。至年末，全市在中国证券投资基金业协会备案的私募基金管理人达157家，备案基金370只，管理规模362.41亿元，分别占浙江辖区(不含宁波)总数的77.72%、86.65%和85.13%。

4.发债融资势头良好

2014年，全市共有47家企业发行了80期各类银行间市场债务工具，占全省的43.8%，融资652.3亿元，同比增长25.4%；市地铁集团、西湖电子、拱墅经发投资公司、萧山经济开发区国资公司、余杭经开公司、临安城建公司、桐庐国资公司等7个企业发行103亿元的企业债；3家上市公司发行17亿元公司债券；1家公司发行100亿元的可转债券；4家企业在沪、深交易所发行2.32亿元私募债券；9家企业在浙江股交中心发行8.1亿元的私募债券。

5.产权交易有所下降

2014年，杭州产权交易所交易价款合计41.7亿元，同比增长－27.67%，比2013年下降了39.07个百分点。其中，股权19宗，设备物资62宗，房地产343宗，排污权36宗，其他116宗，涉案财产162宗，黄金产品5142笔，信托产品60183.51万份，商品权8936笔，建设工程招标3宗，未上市公司股份转让618.2万股，农村产权5宗，小客车增量指标10526个。

(五)地方金融持续稳步发展

1.小贷公司发展平稳

杭州全年新增小额贷款公司6家。年内有5家小额贷款公司增资扩股3.15亿元。至年末，杭州53家小额贷款公司注册资金136.85亿元，比2013年增长14.3%。年末放贷余额10.45万笔，金额186.47亿元，其中小额贷款分别占98.8%和72.3%。全年累计发放贷款147.14万笔，金额654.56亿元，其中小额贷款分别占99.7%和65.5%，平均利率和逾期率分别为18.0%和6.7%。全年业务收入和利润分别为30.27亿元和13.39亿元，分别比上年增长12.6%和－11.6%。

2.小额贷款助力小微企业

至年末，全年发放小额担保贷款1303笔，金额1.82亿元，比2013年增长

—5.25%。其中，主城区发放515笔，金额8805万元，增长100%。市大学生创业联盟等部门推动实施大学生创业企业融资"风险池"计划，有78个企业成功申请"风险池"基金，授信4420万元，其中已放贷65家企业，实际发放金额3784万元。工商银行省分行营业部、杭州银行等银行机构联合太平洋产险公司杭州中心支公司、浙商财产保险公司等保险公司开展小额贷款保证保险试点，累计为64个小微企业客户融资1.6亿元。

3.金融创新深入推进

至年末，科技银行存款45.12亿元，同比增长12.4%，贷款29.12亿元，同比增长5.1%；科技型贷款余额26.98亿，占比92.7%；累计发放792家，科技型740家，占比93.4%。村镇银行本外币存款余额47.45亿元，同比增长40.7%，贷款余额52.39亿元，同比增长47.6%。大同镇桑盈资金互助社存款余额5343万元，同比增长18.5%，贷款余额5110万元，同比增长18.7%。市信用担保联盟与4家银行、5家担保公司发生业务195笔，在保金额为5.78亿元。金融仓储公司本年累计授信企业118家，累计授信金额26.72亿元。12家第三方支付机构，共处理网络支付业务260亿笔，金额10.95万亿元，同比分别增长91.41%和205.01%。

4.地方金融机构实力持续增强

至年末，杭州银行年末资产总额4180.14亿元，同比增长23.0%；本外币存款余额2790.99亿元，同比增长12.0%；本外币贷款余额1961.58亿元，同比增长13.0%；不良贷款率1.19%，同比上升0.01个百分点；实现净利润35.01亿元，同比下降7.31%；获得由《银行家》颁发的"最佳科技金融服务城市商业银行"等多项荣誉。杭州联合银行年末资产总额1079.35亿元，同比增长6.4%；存款余额871.93亿元，同比增长6.3%；贷款余额627.28亿元，同比增长8.9%；不良率1.92%，同比下降0.47个百分点；实现净利润15.76亿元，同比增长13.0%。在英国《银行家》杂志全球1000强排名中在488位。包括杭州联合银行在内的8家农信机构年末资产总额3369.26亿元，同比增长10.2%；存款余额2826.73亿元，同比增长9.8%；贷款余额1960.81亿元，同比增长10.0%；不良率1.80%，同比上升0.12个百分点；实现净利润44.03亿元，同比增长8.4%，同比下降0.2个百分点。杭州工商信托公司年末净资产16.77亿元，同比增长38.7%；信托资产规模284.07亿元，同比增长25.5%；实现业务收入和净利润分别为9.30亿元和4.46亿元，同比分别增长35.6%和37.6%；资本利润率约32.2%。

(六)区域金融中心建设步伐加快

1.金融机构体系不断完善

2014年新增32家银证保金融机构，其中包括1家村镇银行(富阳恒通村镇银行，实现了两区五县市全覆盖)、新增1家农商银行(萧山农村合作银行改制成萧山农商银行)、4家资产管理公司、1家证券公司(原中信金通分拆为中信浙江和金通证券公司)、2家保险公司、16家证券营业部、7家期货营业部等。此外，新增6家小贷公司，新成立3家民间融资服务中心和5家资本管理公司，新增17家外商投资融资租赁公司，由阿里巴巴作为主发起人的网商银行及东京海上日动火灾保险浙江分公司等获批筹建。

至年末，杭州市已有47家分行级以上银行机构、7家村镇银行、5家农村信用合作机构、4家信托公司、4家财务公司、4家资产管理公司、1家金融租赁公司、78家省级以上保险机构、1家基金公司、5家证券公司、10家期货公司、161家证券营业部、47家期货营业部等，共计374家银证保金融机构。此外，还有53家小贷公司和48家外商投资融资租赁公司。

2.钱江新城招商加快

2014年新引进的2家保险公司(百年人寿省分公司和众诚汽车保险省公司)均落户钱江新城，至年末，已有国开行省分行、建设银行省分行、交通银行省分行、北京银行杭州分行、民生银行杭州分行、稠州银行杭州分行、杭州工商信托、浙江省农信联社、紫金财险浙江省分公司、浙江省交投集团财务公司等12家省级以上金融机构总部入驻钱江新城。目前，钱江新城还与包括浙江银监局、工行省分行营业部、浙金信托、华融租赁等在内的10余家机构签约。

3.人民币跨境结算快速增长

2014年，杭州市跨境人民币结算总额3444.25亿元，占全省的35.6%，同比增长52.5%。其中，货物贸易出口人民币结算1289.55亿元，同比增长16.4%；货物贸易进口人民币结算1417.23亿元，同比增长97.2%；服务贸易及其他项目人民币结算 92.25 亿元，同比减少 37.4%；跨境投融资 644.74 亿元，同比增长 15.3%。

二、金融工作推进情况

(一)加强金融服务实体经济力度

一是完成考核任务。圆满完成省里下达的信贷增速不低于 8.5%、小微企业信贷“两个不低于”、保费收入增速不低于 12%等三项考核任务。二是强化签约机构融资保障。市政府与中国银行浙江省分行等 6 家金融机构签署战略合作协议；并与交通银行、浙商银行、平安集团、同心俱乐部等达成全面战略合作协议。至此，市政府已与 18 家金融机构签约合作。市金融办与已签约的 9 家银行机构签署合作备忘录，跟踪推动已签约机构履约进程。至年末，13 家签约银行机构现已向杭州市投放各类资金 4239.79 亿元。三是开展民间融资试点。指导试点区(县)制订具体实施方案，组织上报工作开展情况。余杭区民间融资服务中心已开业运营，拱墅区、西湖区、桐庐县的融资服务中心或资本管理公司也陆续启动运营。全年合计撮合成交或融资 7.88 亿元。四是推进小微金融发展。萧山农村合作银行完成由农信机构改制转型为农村商业银行，富阳也已着手开展相关工作。市金融办还组织全市小额贷款公司开展年度考评工作，全面实施小贷公司分类监管办法，与中国人民银行杭州中心支行合作完成 2014 年 27 家小贷公司的信用评级。

(二)启动财富管理中心和互联网创新中心建设

一是编制《杭州财富管理中心 2014—2018 年实施纲要》并获浙江省政府批复，出台《杭州财富管理中心建设 2014 年度行动计划》，并下达任务至各区县(市)和有关单位。市政府召开杭州财富管理中心建设动员大会，朱从玖副省长、张鸿铭市长等省、市领导出席会议。二是着手启动金融小镇建设，上城区玉皇山南基金小镇规划已由省、市相关部门及金融专家评审通过，建设工作步入实施阶段。余杭区也已完成梦想小镇规划方案制订，西湖区拟打造互联网金融小镇，桐庐县拟建设健康小镇等均已启动相关工作。三是市金融办与中国人民银行杭州中心支行合作开展互联网金融研究，完成《杭州互联网金融发展目标及路径研究》课题，并于年底出台了《关于推进互联网金融创新发展的指导意见》。四是布局互联网金融集聚区，重点在西溪谷、钱江新城、未来科技城等地建设互联网金融集聚区。其中，西湖区已编制完成《西溪谷互联网金融集聚区规划》。五是支持网商银行筹建，生意通、网易宝、商盟等3家机构支付业务许可证申请审查并上报，支付宝和贝付两家支付机构申请开展跨境电子商务外汇支付业务试点。

（三）优化金融发展环境

一是制定“1＋X”政策体系。已陆续出台《全面深化金融改革创新若干意见》、《杭州市人民政府关于进一步推动企业利用资本市场加快发展的实施意见》、《杭州市人民政府关于推进互联网金融创新发展的指导意见》、《杭州市企业资金链防范与化解机制方案》、《关于促进杭州市农村普惠金融发展的指导意见》。二是兑现相关金融扶持政策。组织开展对在杭州的金融监管部门和银行机构的评价激励、对银行卡特约商户资金补助、对中小企业发债融资扶持政策兑现及开展金融创新项目推广宣传活动。三是举办各类峰会和培训活动。创新中国2014年总决赛（第九届）、第八届中国有限合伙人峰会、第四届对冲基金峰会、第九届浙江省金融理财博览会等金融论坛、会议。依托创业创新企业上市（杭州）培育基地，举办拟上市公司董秘和独董培训班、医疗健康产业专题研讨会等大型培训活动，以及与全国非上市股份公司代办转让系统和浙江省股权交易中心合作，对拟挂牌企业进行了多场专题培训。四是成立行业对口管理机构和行业协会。推动人行杭州中心支行成立杭州市金融管理服务委员会，浙江证监局成立协调推进杭州资本市场规范发展领导小组。筹备设立杭州财富管理联合会。五是支付环境建设。全年新增小额外币兑换网点6个。至年末，全市累计小额外币兑换网点113个，占全省的20％以上；新增个人本外币兑换试点机构1个。全年新增创建“刷卡无障碍示范街区（景区）”10条，全市累计创建“刷卡无障碍示范街区（景区）”78条，其中国家级“刷卡无障碍示范街区（景区）”5条。西湖景区与中国银行浙江省分行继续合作推进

“西湖银亭”项目，建成一站式旅游金融服务。延续对新增银行卡特约商户的补助政策。全年累计第三方支付机构12个。

(四)开展金融风险防范与处置

一是出台并实施资金链风险处置机制。出台《杭州市企业资金链风险防范与化解工作方案》，建立监测预警、协调化解和善后处置三大专项工作机制。组织召开多次监测预警工作例会，收集编印经验案例集，协调处置多起企业资金链风险问题。通过市转贷引导基金年内累计完成企业转贷938家，发放贷款90.62亿元，为企业节省转贷成本1.19亿元。二是组织开展打击非法集资工作。积极开展打击非法集资宣传月活动工作。会同浙江银监局加强行业管理，引导金融机构不断加强管理。协调市处置非法集资联席会议成员单位组织开展以P2P名义进行非法集资专项整治活动。三是规范交易场所发展。初步建立交易场所的日常监督管理机制。积极参与开展部分交易场所现场检查，并督促有问题的交易场所加强整改。四是发挥金融仲裁作用。杭州金融仲裁院年内共受理金融争议案259件，比2013年增加28.9%；标的额13.56亿元，同比增加97.7%，金融仲裁的影响力和品牌效应正在逐渐增强。

2014 年杭州市金融运行报告

中国人民银行杭州中心支行

2014 年，在中国人民银行、银监会、证监会、保监会和市委、市政府的正确领导下，杭州市金融业积极应对新常态下的困难与挑战，认真贯彻落实各项金融调控政策和监管政策，主动调整信贷结构和融资结构，注重服务实体经济，努力防范和化解金融风险，金融运行总体平稳。

一、2014 年杭州市金融运行概况

2014 年，全市金融运行总体保持平稳，市场融资规模不断扩大，金融服务不断优化，金融基础设施不断完善，对经济发展的保障进一步增强。全年金融业实现增加值 962.17 亿元，增长 9.8%，增加值占全市 GDP 的 10.5%，占比与 2013 年持平。

（一）银行业总体稳健，货币信贷运行平稳

全市银行业按照宏观调控要求，认真落实稳健货币政策，改革发展各项工作有效推进。信贷总量适度增长，结构持续调整，利率水平下行。

1. 银行业规模有所扩大，经营效益有所下降

截至 2014 年年末，在杭银行业金融机构共有 69 家。[①] 受经济形势下行影响，全年实现利润 311.64 亿元，同比减少 16.2%；不良贷款余额 334.36 亿元，较年初增加 30.89 亿元；不良贷款率为 1.57%，与年初持平。2014 年年末杭

① 包括政策性银行 3 家，国有商业银行 4 家，股份制商业银行（浙商银行为总行）13 家，邮政储蓄银行 1 家，城市商业银行（杭州银行为总行）12 家，农村合作金融机构 8 家，村镇银行 7 家，外资银行 11 家，信托公司 4 家，租赁公司 1 家，财务公司 4 家，资金互助社 1 家。

州金融机构本外币存贷款情况如表1所示。

表1 2014年年末杭州金融机构本外币存贷款情况 单位:亿元

机　构	存款余额	贷款余额
政策性银行	301.51	2885.79
商业银行	19494.01	14986.28
其中:国有商业银行	8559.65	6927.58
股份制商业银行	7761.75	5647.59
城市商业银行	3172.61	2411.11
农村合作金融机构	2807.28	1931.33
邮储银行	401.53	377.66
村镇银行	47.45	52.39
财务、信托、租赁公司	347.24	851.71
外资银行	279.98	231.70

数据来源:中国人民银行杭州中心支行

2.存款增速同比回升,单位存款同比增多

2014年年末,全市金融机构本外币存款余额24450.5亿元,同比增长10.3%,增速比2013年提高0.3个百分点;2014年存款累计新增1407.9亿元,同比增加239.9亿元。从存款结构看:一是单位存款增量回升。2014年,全市单位存款增加1542.2亿元,同比多增286.4亿元。二是个人存款同比少增。2014年,全市个人存款增加356.4亿元,同比少增187亿元。其中,储蓄存款增加358.6亿元,同比多增28.2亿元。三是财政性存款增长乏力。2014年,全市财政性存款新增53亿元,同比少增87.4亿元。

3.贷款增速较为平稳,贷款投向持续调整

2014年年末,全市金融机构本外币各项贷款余额21316.8亿元,同比增长10.2%,增速同比上升3.2个百分点;全年累计新增贷款1776.6亿元,同比多增524.8亿元。从贷款投向来看:一是服务业贷款继续快速增长,制造业贷款有所减少。2014年,全市新增服务业贷款1100.5亿元,同比多增589亿元;新增额占全部新增贷款的74%,同比上升33.4个百分点;制造业贷款减少

234.9 亿元，比 2013 年同期多减 229.5 亿元。截至年末，全市服务业贷款余额已超过制造业贷款 4268.2 亿元，这一贷款投向变动趋势，与杭州市三次产业结构调整高度相关。二是中长期贷款比重明显上升。2014 年，全市中长期贷款新增 1487.7 亿元，比 2013 年同期多增 615.2 亿元；短期贷款减少 115 亿元，而 2013 年同期为增加 315.4 亿元。2014 年年末，全市中长期贷款余额 10629.3 亿元，同比增长 16.2%；短期贷款余额 9147.4 亿元，同比增长 0.86%。

4. 贷款利率稳中有降，民间借贷利率下行

2014 年，人民币贷款利率在 7.11%～7.23%区间内窄幅波动，四个季度的利率分别为 7.15%、7.23%、7.23% 和 7.11%；全年平均贷款利率为 7.18%，同比下降 0.08 个百分点。2014 年，民间借贷综合平均利率为 22%，同比下降 4.5 个百分点。市场利率回落，降低了企业的财务费用支出和融资成本。

(二)证券业稳步发展，融资规模快速提升

2014 年，资本市场改革发展的重大政策利好持续释放，杭州证券行业发展势头较好，期货行业平稳发展；券商利润快速提升；多层次资本市场建设持续推进，资本市场功能有效发挥(见表 2)。

表 2　2014 年证券业基本情况

项　目	数　量
总部设在辖内的证券公司数(含资管公司)(家)	5
证券营业部数(家)	161
总部设在辖内的基金公司数(家)	1
总部设在辖内的期货公司数(家)	10
期货营业部数(家)	47
年末国内上市公司数(家)	80
境内上市公司年度累计募集资金总额(亿元)	292.83
其中：首次发行累计筹资额(亿元)	21.78
再融资累计筹资额(亿元)	271.05

数据来源：浙江证监局

1. 证券期货业稳步发展

2014 年年末，全市法人证券公司（含资产管理公司）5 家，证券营业部 161 家，证券投资咨询机构 2 家。证券经营机构全年累计代理交易额 8.08 万亿元，实现利润 16.68 亿元，同比增长 59.16%。各法人证券公司继续推动证券经纪业务转型和产品创新。期货业发展总体平稳，期货经营机构代理交易额 41.24 万亿元，实现利润 7.92 亿元，同比增长 19.28%。

2. 资本市场融资快速增长

2014 年年末，全市共有境内上市公司 80 家，其中，中小板块上市公司 30 家，创业板上市公司 18 家。全年资本市场累计融资 292.83 亿元，是 2013 年融资规模的 3.7 倍。同时，杭州多层次资本市场体系不断丰富，浙江省股权交易中心发展速度较快，截至 2014 年年末，浙江股权交易中心挂牌企业 1591 家，比 2013 年新增 854 家，其中成长板企业 220 家，总市值 19.5 亿元，累计成交 1.4 万股；创新板企业 1371 家，总股本约 14.84 亿股。私募债备案企业 87 家，全年新增 55 家，备案金额 94.39 亿元，完成发行 63 单，发行金额 58.05 亿元，同比增长 254%。全年实现股权融资 35.78 亿元，股权质押融资 30.68 亿元。

（三）保险业健康发展，市场体系日益完善

2014 年，全市保险业积极推进改革创新，市场体系日益完善，资产规模稳步增长，服务领域继续拓宽，经济补偿和风险保障功能有效发挥。

1. 市场体系日益完善

截至 2014 年年末，全市共有各类保险机构 633 家，新增保险市场主体 2 家。保险机构、中介机构、行业社团共同发展的市场格局更趋成熟（见表 3）。

2. 规模和效益稳步增长

2014 年，全市保险公司资产规模同比增长 13.23%，保费收入同比增长 14.75%。其中，财产险保费收入增长 11.21%，人身险保费收入增长 17.70%。保险业经营效益继续平稳增长，法人机构偿付能力有所改善，投资收益情况良好。

3. 保障功能有效发挥

政策性农业保险平稳推进，参保规模提升，新险种开发加快。政策性农房保险实现承保全覆盖。出口信用保险保障作用有效发挥，企业积极通过保险追偿、赔付挽回损失。小额贷款保证保险不断扩面。

表 3　2014 年保险业基本情况

项　　目	数　量
总部设在辖内的保险公司数(家)	3
其中:财产险经营主体(家)	1
寿险经营主体(家)	2
保险公司省级分支机构(家)	76
其中:财产险公司分支机构(家)	35
寿险公司分支机构(家)	41
保费收入(中外资,亿元)	320.41
财产险保费收入(中外资,亿元)	141.09
人寿险保费收入(中外资,亿元)	179.32
各类赔款给付(中外资,亿元)	119.03

数据来源:浙江保监局

(四)市场融资不断扩大,各类市场稳步发展

2014 年，金融市场继续保持平稳健康发展态势，融资规模扩大，市场利率回落，金融资源配置继续优化。

1. 直接融资比例依旧偏低，债务融资增长较快

2014 年，全市非金融部门以贷款、债券、股票三种方式融入资金总额的占比分别为 74.8∶24.2∶1.0，直接融资占比依然偏低。企业债务融资工具发行 652.3 亿元，同比增长 25.4%。

2. 同业拆借交易增速提高，资金融入规模大增

2014 年，全市银行间市场成员累计拆借 17212.08 万亿元，同比增长 82.4%，增速较 2013 年提高约 71.1 个百分点。净拆入资金共计 10907.8 亿

元，同比增加 148%。

3. 票据业务同比减少，市场利率一升一降

2014 年，全市累计签发银行承兑汇票 6154.3 万亿元，同比减少 0.69%。全年银票直贴利率和买断式转贴现利率分别为 5.44%和 5.37%，同比分别下降 0.7 个百分点和上升 0.1 个百分点。

4. 黄金市场交投平稳，外汇市场稳步发展

2014 年，全市有 8 家法人金融机构开办黄金业务，1 家企业成为上海黄金交易所成员单位。全市在银行间即期外汇市场的交易币种以美元为主，交易方式以询价交易为主。

（五）金融服务不断优化，各项业务快速发展

1. 信用体系建设卓有成效

一是征信系统建设取得新的成效，征信覆盖面继续扩大，为金融机构风险防范、政府部门履职等提供重要参考。截至 2014 年年底，全市共开通查询用户 6987 个，全年累计查询 1079 万次，共有 17 家小额贷款公司、村镇银行等小微机构接入系统，系统覆盖面和服务范围有效延伸。二是多元化、多层次的征信市场体系逐步形成。截至 2014 年年底，全市共有 2 家个人征信机构通过许可初审上报总行，其中 1 家获总行批复开展个人征信业务准备工作；共有 2 家企业征信机构获得备案证。三是中小企业和农村信用体系建设持续深化，截至 2014 年年底，全市累计为 3.31 万户尚未与银行发生信贷关系的中小企业建立信用档案，其中 8526 户获得银行授信意向；已累计为 90.67 万农户建立了信用档案，对 39.79 万农户发放了 1939.7 亿元贷款，信贷支持覆盖面达 33.53%。

2. 支付服务持续完善

2014 年，各类支付清算系统安全稳定运行，业务成功率不断提高，金融服务电子化水平稳步提升。全市新布放 ATM 机 2083 台、POS 机 62563 台，新增特约商户 51598 个，全市 ATM/POS 清算资金 22638.4 万笔、金额 7353.2 亿元，通过大小额支付系统清算各类社会资金 9924 万笔、金额 119.52 万亿元。

3. 外汇管理服务更加便利

截至 2014 年年末，全市有 1087 个银行机构网点开办结售汇业务，176 个银行机构网点开办远期结售汇业务，35 个银行机构网点经营期权业务。支持企业到境外投资，全年新登记境外投资外汇登记 97 笔，中方协议投资总额 12.6 亿美元。

4. 跨境人民币业务发展迅速

2014 年，全市跨境人民币累计结算量 3444 亿元，占全省的 34%，同比增长 52%。其中，货物贸易出口人民币结算 1290 亿元，同比增长 16%；货物贸易进口人民币结算 1417 亿元，同比减少 97%；服务贸易及其他项目人民币结算 93 亿元，同比减少 37%；跨境投融资 645 亿元，同比增长 15%。全市累计有 40 家银行、2528 家企业与 125 个国家和地区开展跨境人民币业务，参与主体范围和地区分布更加广泛。跨境人民币贸易累计融入资金 120 亿元，积极满足出口企业的融资需求。

二、需关注的几个问题

(一)银行盈利能力出现下滑

受经济增速放缓、利率市场化、金融脱媒等因素的影响，杭州银行业净利润出现下滑态势。虽然银行因新发生不良贷款和处置不良贷款大幅计提了拨备是主要原因，但其他趋势性的因素也不容忽视：一是经济增速放缓，导致信贷增速有所下降，动摇了盈利增长基础；二是利率市场化收窄净息差；三是金融脱媒挤压盈利空间。从资产端来看，在杭州社会融资结构中，银行贷款占比下降；从负债端来看，越来越多客户资金由银行存款转向各类高收益的资产管理产品，造成存款成本的上升。

(二)金融风险隐患尚未消除

截至 2014 年年末，全市金融机构不良贷款余额 334.4 亿元，比年初上升 30.89 亿元；不良贷款率 1.57%，与 2013 年同期持平；2014 年以来，杭州市不良贷款额和不良贷款率呈现明显的波浪式上行态势:季末回调,季后反弹。如2014年3月、6月、9月和12月杭州市不良贷款率环比分别回落0.04、0.14、0.15和0.13个百分点,4月、7月和10月则环比上升0.23、0.06和0.06个百分点。不良率在季末回落主要是由于金融机构通过各种方式集中消化已发生的不良贷款,但实际金融风险仍在攀升。2014年,杭州市出险企业中由于互保、联保的原因而出险的企业最多,达61家,占比36.7%。在经济下行期间,担保代偿风险通过链式与圈式方式扩大,导致部分企业受牵连出险。

(三)企业逃废债行为时有发生

受宏观经济下行、企业经营效益下滑、社会信用体系建设不健全等多因素影响,全国企业逃废债事件快速上升,产生较大负面影响,已经成为当前金融运行中的突出问题。杭州地区企业逃废债行为也时有发生,甚至出现了逃废债的产业链,如借款企业通过虚假租赁、转移资产方式逃避承担银行债务;担保企业以借款人涉嫌贷款诈骗等为由报案,希望法院裁定借款主合同无效、中止担保诉讼审理来逃避担保责任;部分债务人拒不签收银行催债文书、拒不接受法院判决、拒不执行已生效的法律文书。企业逃废债行为严重破坏了金融生态环境,不利于银企间的良性互动,应予以关注。

三、2015年货币政策展望及政策建议

2015年,中国人民银行将继续实施稳健的货币政策,保持宏观政策的连续性和稳定性。杭州市金融机构要准确把握稳健的货币政策取向,结合新常态下金融工作的新要求,凝聚杭州金融力量,发挥杭州金融优势,促进杭州经济金融良性互动发展。

(一)保持社会融资规模平稳适度增长

一是保持金融总量的平稳适度增长。各金融机构要用好《中国人民银行关于调整金融机构存贷款统计口径的通知》(银发〔2015〕14号)、《中国银监会关于调整商业银行存贷比计算口径的通知》(银监发〔2014〕34号)等政策,积极

向上争取资金和政策倾斜，挖掘有效信贷需求，注重培育新的信贷增长点。二是进一步扩大债券市场融资规模。债券已经成为杭州市贷款以外最重要的企业融资渠道。各金融机构要为企业发债做好服务协调，降低融资成本。三是地方法人金融机构要保持贷款平稳增长。2015年中国人民银行将继续完善差别准备金动态调整机制，进一步优化地方法人金融机构信贷调控，各地方法人金融机构要认真贯彻落实调控要求，积极服务实体经济发展。

(二)着力优化金融资源配置

围绕杭州市"一号工程"，加大对信息经济重大项目和龙头企业、"三镇三谷"、特色小镇、现代服务业等的金融支持。一是主动对接重点项目的融资需求，根据项目投资金额、建设周期、现金流等要素，综合运用各类融资渠道和产品，支持重点项目顺利建设。二是扎实做好创新驱动发展战略的金融服务工作。如深化科技金融合作，全力支持中国(杭州)跨境电子商务综合试验区建设等。三是积极推进财富管理中心建设。围绕杭州金融定位，支持符合条件的法人金融机构发行同业存单，积极争取大额存单在杭州先行先试，稳步推进信贷资产证券化，做好信贷资产质押再贷款试点扩面的准备工作。四是支持打造互联网金融创新中心。探索并推动建立互联网金融创新发展基金，加强互联网金融监测和统计，支持筹建杭州互联网金融协会。

(三)推进普惠金融服务创新

一是强化农村金融服务。要重点支持家庭农场、农民专业合作社、种养大户、农业产业化龙头企业等新型农业经营主体发展；要积极开展农地经营权抵押贷款业务，扩大贷款规模；要配合宅基地制度改革试点，稳妥推进农房抵押贷款试点，为全国试点创造典型经验。二是深入实施农村"易(e)支付工程"。推动网上支付、手机支付在农村地区的应用；不断扩大农村信用体系建设，改善农村金融生态环境。三是支持小微企业发展。要加强小微企业信贷资源配置，研究和创新缓解企业转贷难、担保难等问题。要加强银行与保险机构合作，推动小微企业贷款保证保险业务。要积极运用互联网、大数据、移动设备等技术，发展小微企业网络金融服务。

(四)加快金融服务改革创新

2015 年是全面深化改革的关键一年,利率、汇率市场化加速推进,民营中小金融机构加快发展,多层次资本市场建设加快推进,存款保险制度、信贷资产质押再贷款试点、同业存单及大额存单的发行等,都会加快推进。杭州是区域金融改革的"高地"之一,我们要抓住改革的历史机遇,主动承接和争取国家的改革任务,要积极做好研究、争取大额存单等利率市场化产品在杭州市先行先试,着手对接上海自由贸易试验区金融改革等。同时,要深入挖掘自身的改革潜力,如杭州跨境电子商务综合试验区、互联网金融发展创新等,这些改革成效一旦形成并扩大,也将更加有力地推动全市金融发展。

(五)有效防范与化解金融风险

一是要进一步加强对产能过剩行业、房地产、担保链、影子银行等重点领域的风险防范,加大风险监测和排查力度,做到早发现、早报告、早处置。二是要规范发展表外业务和同业业务,加强流动性风险管理。三是要密切关注地方政府债务风险,做好地方政府性债务管理配套金融服务工作,并为政府和社会资本合作(PPP)等投融资模式推广应用提供必要的金融支持。四是建立金融与财税、公安、司法等各部门之间的综合协调机制,严厉打击恶意逃废债行为,依法保护金融债权。建立逃废债企业及企业主黑名单制度,加大对逃废债典型案例的曝光力度。五是要严格落实金融重大事项报告制度。要制订和完善各类风险处置方案,及时妥善处置风险。要注重正确引导舆情,不断积极传播杭州金融正能量,共同维护杭州的金融生态环境。

运 行 篇

2014 年杭州市银行业运行情况

浙江省银监局

2014 年，杭州银行业表内外资产规模平稳增长，支持实体经济力度持续加大，改革创新深入推进，各种风险得到有效管控，总体保持平稳健康运行。

一、银行业运行基本情况

(一)资产平稳增长

截至 2014 年年末，全市银行业金融机构总资产余额 35326.47 亿元，比年初增加 3308.46 亿元，同比增长 10.33%；总负债余额 34304.23 亿元，比年初增加 3256.11 亿元，同比增长 10.49%(见图 1)。

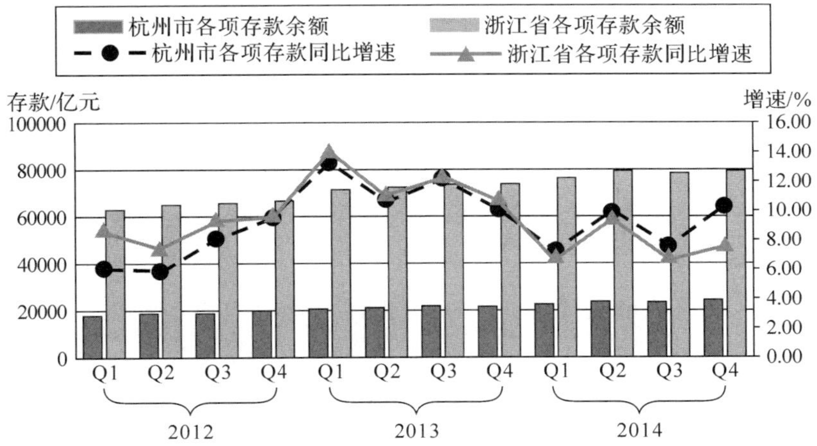

图 1　杭州市与全省存款增长形势比较

(二)存款企稳回升

截至2014年年末,全市银行业金融机构各项存款余额24450.51亿元,比年初增加2273.45亿元,同比多增239.9亿元;同比增长10.27%,高于全省存款增速2.8个百分点(见图1)。

(三)贷款结构优化

截至2014年年末,全市银行业金融机构各项贷款余额21316.83亿元,比年初增加1776.56亿元,同比多增524.77亿元;同比增长10.16%,高于全省贷款增速0.94个百分点(见图2)。

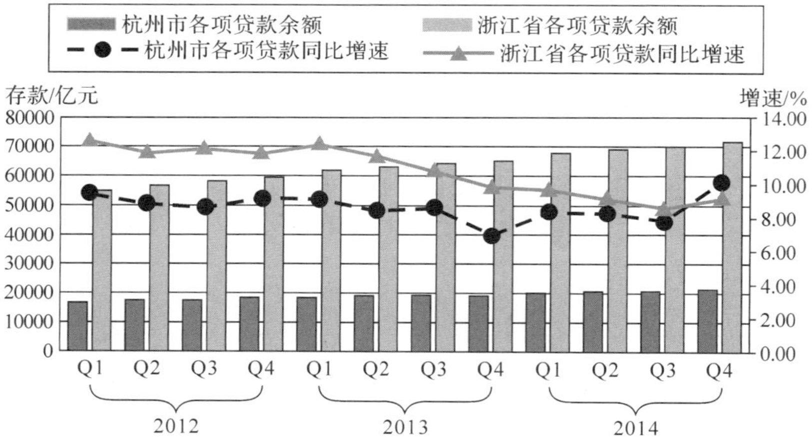

图2 杭州市与全省贷款增长形势比较

在保持信贷总量稳定增长的同时,实现了信贷结构的进一步优化。

1.期限优化

2014年年末全市银行业中长期贷款比年初增加1487.66亿元,同比多增615.16亿元;同比增长10.85%,高于各项贷款总体增速6.11个百分点;中长期贷款占全部贷款比例47.29%,比年初上升1.55个百分点,较好地支持了重点项目和企业中长期融资。

2.方式优化

固定资产贷款比年初增加820.52亿元,同比多增497.86亿元。其中,银团贷款比年初增加 127.43 亿元，同比增长 21.99%，增速超过各项贷款平均增速一倍以上，有力地支持了重点建设项目和基础设施建设融资。

3.投向优化

持续加大重大战略实施和重点行业发展的信贷支持力度，如支持“智慧经济”发展，信息传输、软件和信息技术服务业贷款增加 54.79 亿元，同比增长 42.32%；支持“五水共治”实施，水利、环境和公共设施管理业贷款增加 331.97 亿元，同比增长 37.38%；支持保障和改善民生，保障性安居工程贷款比年初增加 90.03 亿元，同比增长 41.86%。此外，教育、文化、体育和娱乐业等第三产业和现代服务业信贷支持力度持续加大。

同时，普惠金融深入推进。小微企业贷款比年初增加 702.90 亿元，同比多增 68.28 亿元；同比增长 14.21%，高于各项贷款平均增速 4.05 个百分点，圆满完成“两个不低于”目标任务。

(四)表外业务增长较快

截至 2014 年年末，全市银行业金融机构主要表外业务(包括承兑汇票、保函、跟单信用证、承诺、信用风险仍在银行的销售和购买协议、金融衍生品等)规模破万亿，余额达 10136.82 亿元，同比增加 1392.41 亿元，增长 15.92%，增速高于表内资产 5.59 个百分点(见图 3)。

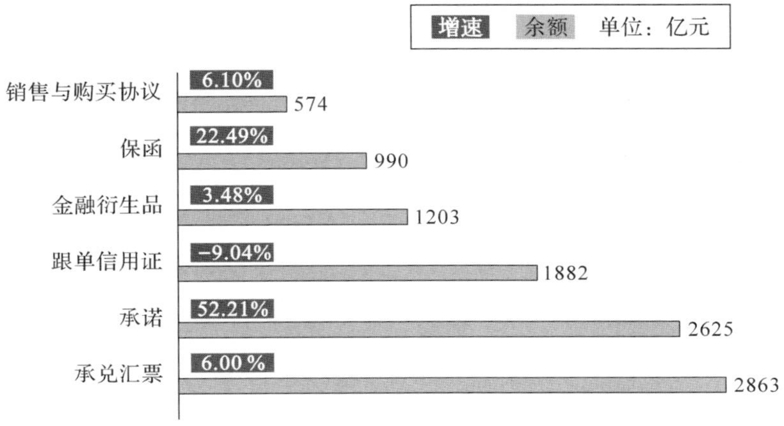

图 3　杭州银行业表外业务余额及增速

(五)整体盈利有所下降

2014 年全市银行业金融机构实现净利润 241.39 亿元,同比减少 58.04 亿元。利润减少部分是由于加大不良资产核销处置力度并新计提拨备所致。全市银行业金融机构平均净息差为 2.92%,同比下降 0.16 个百分点;资产利润率为 0.92%,同比下降 0.31 个百分点。

(六)抵御风险能力较强

不良贷款“双控”目标管理成效明显。截至 2014 年年末,全市银行业金融机构不良贷款率 1.57%,同比实现“零增长”,低于全省同期不良率 0.39 个百分点(见图 4)。全年处置不良贷款 262.80 亿元,同比增加 100.16 亿元,增幅 61.59%。其中,核销 116.04 亿元,同比增长 144.12%;回收现金 53.26 亿元,与 2013 年基本持平。资本和拨备充足。截至 2014 年年末,全市银行业金融机构拨备覆盖率 174.8%,同比上升 13.26 个百分点;贷款拨备率 2.74%,同比上升 0.21 个百分点。杭州辖内中小法人银行业金融机构资本充足率 12.74%,其中核心一级资本充足率 10.40%。

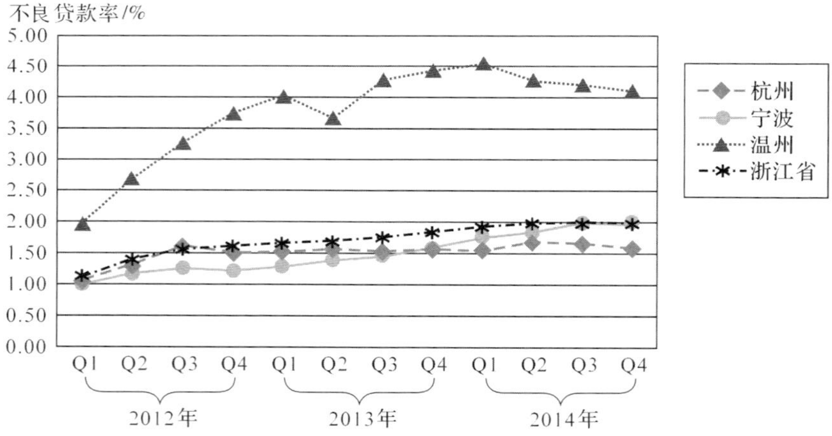

图 4　2012 年以来杭州等地不良贷款率走势

二、银行业改革创新深入推进

(一)完善多层次机构体系

浙江网商银行成功入围全国首批民营银行试点，并获批筹建；富阳恒通村镇银行开业，实现新型农村金融机构杭州辖内县域全覆盖；杭州银行拟设立消费金融公司并有序推进；一家集团公司设立财务公司、一家集团公司设立汽车金融公司分别完成可行性研究。全市银行业金融机构下沉服务重心，强化薄弱环节金融服务，全年在杭州辖内新设社区支行 59 家、小微支行 26 家，在 3 区 4 县(市)新设分支机构 53 家，中心镇新设分支机构 9 家。

(二)深化法人机构改革

农村合作金融机构股份制改革按照“成熟一家、审批一家”的原则深入推进，萧山农村合作银行、富阳农村合作银行改制组建为农村商业银行。法人银行机构业务治理改革积极推进，杭州银行等初步完成同业和理财业务治理改革，成立同业业务专营部门，理财非标业务规范达标，相关业务管理水平进一步提升。

(三)积极开展金融创新

工商银行浙江省分行营业部试点发行理财直接融资工具，支持企业缩短融资链条，降低融资成本；杭州银行和华融金融租赁公司获批开展资产证券化业务；浙商银行杭州分行推出电子商务金融综合服务平台，为商圈和供应链提供综合性金融服务；华夏银行杭州分行继续深化“年审制”还款方式创新，将小微企业贷款产品的期限从 2 年延长至 3 年。

(四)探索建立风险防控长效机制

探索防范化解“两链”风险的长效机制，推动在萧山区先行试点授信总额联合管理机制并初现成效，进一步出台杭州辖内银行业金融机构授信总额联合管理试点方案，在杭州地区稳步推进试点工作。

三、当前需要重点关注的风险

当前杭州经济发展进入新常态，增速向中速换挡，传统产业转型升级和新兴产业培育发展并驾齐驱。特别是杭州市“十大产业”成为新支柱，“智慧经济”成为新引擎，建设跨境电子商务贸易综合试验区和国家级自主创新示范区为杭州经济实现新跨越创造了重要战略机遇。但同时一些新出现的问题也需进一步关注。从银行业看，主要表现在：

一是信用风险。伴随着经济增速换挡，各类隐性风险逐步显化，在淘汰落后产能和去杠杆化过程中，企业“两链”风险短期内难以彻底化解。重点行业方面，房地产行业潜在风险不容忽视。2014 年杭州市房地产开发投资增长 24.2%，增幅比 2013 年提高 8.2 个百分点。对比来看，同期全国房地产开发投资增长 10.5%，东部地区房地产开发投资增长 10.4%，杭州房地产投资增速明显过快，与当前房地产市场整体下行趋势相悖。二是流动性风险。2014 年年末杭州市法人银行机构核心负债依存度 48.16%，比 2013 年下降 3.29 个百分点，负债结构稳定性有所下降。今后一个时期，利率市场化改革加速推进，存款保险制度即将推出，互联网金融对资金的分流等多重因素叠加，对辖内中小法人银行机构流动性风险管理提出更高的要求。三是操作风险。近年来，部分银行机构案件和操作风险频发，尤其是部分基层机构内控制度执行不严，员工行为失范、内部管理不到位，存在一定的风险隐患。四是声誉风险。随着信息传播渠道增多、速度加快、影响扩大，银行机构案件、信访等事项造成的负面舆情很容易引发声誉风险，并可能进一步引发流动性风险等次生风险。辖内某银行 42 位储户存款“丢失”事件的负面舆情一度迅速广泛传播，对相关银行甚至地区银行业形象造成一定的负面影响。

四、相关工作建议

2015 年，杭州银行业应主动适应经济新常态，坚持稳中求进的总基调，坚持服务实体经济的根本导向，加快改革转型，强化风险管理，努力实现区域经济发展与金融发展的良性互动。

(一)服务实体,稳中求进

一是支持重大发展战略的实施。“五水共治”、“四换三名”、“两美杭州”、“智慧经济”等重大战略的实施,强化重点建设项目资金保障,积极提供综合性金融服务。二是促进经济转方式调结构。优先支持杭州“十大产业”加快发展,持续推动“绿色信贷”和科技金融发展,推动制造业向中高端迈进,“有扶有控”推动淘汰落后产能。三是深入推进普惠金融。继续加大小微企业和“三农”等金融服务薄弱环节的支持力度,积极推进金融服务均等化。

(二)改革转型,提质增效

一是推动形成差异化竞争格局。各银行业金融机构应主动寻求从规模扩张、同质竞争转向质量型、差异化竞争,实现专业化、特色化、差异化经营发展。二是深化业务治理体系改革。法人银行业金融机构深入推进事业部制改革,推进“部门银行”向流程银行转变,继续推进同业业务专营部门改革,按照“实质重于形式”的原则进一步规范同业理财业务,减少不必要的中间环节,缩短融资链条。大力推进依法合规经营。三是拓宽民间资本进入银行业的渠道。支持民间资本参与银行机构增资扩股、重组改造,支持符合条件的企业集团设立财务公司等非银行金融机构。

(三)防控风险,守牢底线

一是狠抓信用风险防控。前移风险关口,健全重点行业和领域风险动态监测机制;强化押品管理,定期开展压力测试;继续做好不良贷款“双控”目标管理,加大不良贷款处置力度;积极推进授信总额联合管理机制试点,探索建立风险防控长效机制。二是重视加强流动性风险管理。法人银行业金融机构要建立健全负债质量管理体系,合理匹配资产负债期限结构,综合测算信贷、理财、同业等业务对流动性的影响。三是严防案件和操作风险。严格制度执行,层层传导压力,强化责任追究,始终保持案件防控高压态势,定期开展全面风险排查。强化从业人员管理,防止违规人员“带病”流动。四是提高声誉风险管理水平。切实将声誉风险管理纳入全面风险管理体系，加强舆情监测和宣传引导，建立健全声誉风险处置机制，及早制订应急预案，提高舆情应对能力。五是防止外部风险跨业传染。防止非法集资风险和其他金融机构违法违规经营风险向银行业传染，切实筑牢风险“防火墙”。加强与地方政府及司法部门的沟通联系，推动严厉打击恶意逃废银行债务行为等。

2014年杭州市资本市场发展报告

浙江省证监局

2014年，随着"新国九条"的发布，以及IPO重启、优先股试点、沪港通开启、原油期货推出、新三板扩容等一系列新政实施，我国资本市场迎来了新的春天，杭州地区企业上市、再融资也进一步活跃，证券期货经营机构创新发展进一步深入，投资者参与热情高涨，呈现出良好的发展态势。

一、杭州资本市场发展概况

(一)市场规模稳居全省第一，与实体经济基本相适应

从GDP等宏观经济指标来看，杭州的经济发展水平始终处于全省各地市的首位。与实体经济的发展相适应，杭州的资本市场规模也连续多年保持着全省第一的地位。截至2014年年底，杭州有境内上市公司80家；证券公司(含资产管理公司)5家，证券分公司18家，证券营业部161家；证券投资咨询机构2家；基金公司1家，基金分公司5家；已登记私募基金管理人157家；期货公司10家，期货营业部47家，各类机构数量均位居全省第一。2014年，杭州证券经营机构累计代理交易额8.08万亿元，同比增长46.58%，占全省证券经营机构累计代理交易额的38.87%；期货经营机构累计代理交易额41.24万亿元，同比增长5.95%，占全省期货经营机构累计代理交易额的67.37%。

(二)市场广度不断扩大，多层次资本市场体系基本形成

截至2014年年底，杭州共有境内上市公司80家，其中主板32家、中小板30家、创业板18家，25家企业在新三板挂牌，354家企业在浙江股权交易中心

挂牌交易。此外，杭州还有辅导期企业38家，已报会企业31家。2014年，杭州有3家企业完成境内首次发行上市，募集资金21.78亿元；20家上市公司实施再融资、募集资金271.05亿元，其中，17家上市公司进行增发融资、募集资金164.05亿元，1家上市公司发行可转债券、募集资金100亿元，2家上市公司发行公司债券、募集资金7亿元；11家上市公司实施13起重大资产重组，其中已完成8起，完成交易总价值113.43亿元；中小企业私募债和市政债试点持续推进。另外，萧山水务市政债项目已报证监会，拟发行规模不超过8亿元。可以说，杭州覆盖多方面经济社会需求的多层次资本市场体系已基本形成，不同类型、不同成长阶段的企业可以进入不同市场，利用不同工具实现融资需求。

(三)市场主体创新发展，财富管理中心建设卓有成效

2014年，浙商证券、南华期货等上市工作稳步推进；财通证券增资扩股38.74亿元，净资本达85.66亿元，行业排名由全国第49位上升至第21位；信达期货、宝城期货、国海良时期货等3家期货公司进行了增资扩股，实收资本增加了6.8亿；浙商证券、财通证券取得了场外期权、互联网证券、私募基金托管等6项创新业务资格，为近年来最多；期货公司除1家外均已取得资产管理、投资咨询业务资格；永安期货和南华期货成为全国首批获得期权经纪业务资格的期货公司；金通证券取得证券业务经营许可证和营业执照，中信证券(浙江)顺利实施分立；浙商证券资产管理公司取得公募基金管理牌照，完成资产管理全业务链布局；财通证券设立资产管理子公司、香港子公司，增资扩股；永安期货与财通基金合作推出期货资产管理产品，累计规模接近30亿元；南华期货积极推进国际化布局，目前已取得了美国、欧洲、新加坡、中国香港等全球主流交易所的会员资格，构建了较为齐备的境外证券期货金融综合经营体系。

资本实力的不断提升、组织架构的逐步完善和创新业务的快速发展使得杭州证券期货公司的业务布局和收入结构更趋合理。全年杭州5家证券公司共实现营业收入66.67亿元，利润总额31.28亿元，同比分别增长50.12%和98.10%。其中，经纪业务收入占比已由2011年的68%下降为目前的53%；

资产管理业务收入4.76亿元，为2013年的2.39倍。10家期货公司实现营业收入25.05亿元，利润总额7.75亿元，受托管理资产41.04亿元，为2013年的11.73倍，占全国的30%；永安期货的资管、基金专户和投资咨询业务吸收的客户权益已达公司客户权益总额的30%。

与此同时，随着玉皇山南对冲基金小镇、余杭“梦想小镇”、杭州市创业投资服务中心等私募机构集聚区的建成，杭州私募机构异军突起，呈爆发式增长。截至2014年年底，杭州已完成登记的私募基金管理人157家、备案基金370只、管理规模362.41亿元，分别占浙江（不含宁波）总数的77.72%、86.65%和85.13%。

(四)市场秩序日益规范，投资者保护机制不断完善

2014年，杭州证券期货行业合规风控能力和诚信经营水平不断提升，上市公司规范运作基础进一步夯实，对投资者合法权益的保护得到有效提升，市场发展环境不断优化。按照《国务院办公厅关于进一步加强资本市场中小投资者合法权益保护工作的意见》（国办发〔2013〕110号）文件精神，证监会“12386”热线和浙江证监局投资者联络站开始运行，浙江辖区证券、期货、上市公司信息公示平台全面上线，辖区上市公司发起并积极履行保护中小投资者合法权益倡议，证券经营机构调解联络员机制与法院诉调对接机制、法官律师等专家参与调解机制、无偿法律援助机制等多元化投资者纠纷解决机制陆续建立，投资者保护机制和体系建设日趋完善。同时，对内幕交易、非法证券期货等违法违规活动的快速、严厉打击，有效维护了市场的良好秩序。截至2014年年底，杭州共有证券投资者244.8万户，比2013年同期增加18.2万户；期货投资者17.3万户，比2013年同期增加1.7万户。

二、杭州资本市场发展需关注的几个问题

(一)业内业外竞争加剧

从业外来看，商业银行已经加大了对投行业务的投入，依托资金、渠道、品

牌等优势，在债券承销、财务顾问等领域保持优势。一些股份制银行对新三板企业提供全程服务，挤占了证券公司的业务空间。商业银行、保险机构、信托机构等利用客户、营销、运营等优势，进一步拓展财富管理和资产管理业务。截至 2014 年年底，我国银行理财业务规模约 15 万亿元，信托资产管理规模 13.98 万亿元，保险资产管理规模 10.16 万亿元，证券、期货公司及其子公司资产管理规模 8.18 万亿元，基金公司及其子公司资产管理规模 3.74 万亿元，证券基金期货业与银行信托保险的差距仍然较大，来自其他金融同业的竞争加剧。从业内来看，本地证券公司虽然在特色化、差异化发展上取得了一些成绩，但整体盈利能力与行业平均水平相比还有较大差距，在全行业的总体排名和影响力也有待提高；期货公司方面，虽然永安期货成为行业的领跑者，但从整体来看，梯队分化趋势明显，浙江板块的整体优势已经逐步减弱，而基金管理公司、投资咨询公司数量少，规模小，竞争力也不强。

（二）互联网金融冲击增大

互联网金融正在改写金融行业及证券行业的格局和版图。阿里巴巴、腾讯等互联网巨头布局网络银行、技术服务商等领域，从单纯的支付服务加快向转账汇款、客户融资、资产管理、产品销售、小额贷款等传统金融领域渗透。股权众筹成为互联网金融新热点，有不少股权融资活动将脱离证券公司等投行机构开展。近年来，杭州证券期货业虽然也加大了对互联网的利用，推出了一系列基于互联网特别是移动互联网的产品和服务，但总体上还处于金融互联网化的初级阶段，距离真正的互联网金融还有很大的差距。

（三）人才储备明显不足

当前，金融行业已真正进入“以人为本”时代，银行业、保险业、互联网业和证券期货业相互争抢人才，杭州证券期货业人才流失的趋势日益明显。现在证券期货业可以做的新业务越来越多，需要大量的金融工程人才、互联网人才、衍生品人才、合规和风控人才，如果人才储备不足，就会出现拿了牌照无法开展业务的尴尬情况。领军人物和关键人才的严重缺乏，已经成为阻碍杭州证券期货业创新发展的关键问题。近年来，杭州相关政府部门、浙江证券业协会、浙江期货行业协会等在推动人才队伍建设方面虽然做了一些支持和服务工作，也取得了一些成效，但是人才匮乏的窘境还未有效改善。人才队伍建设搞不好，杭州证券期货业创新发展就难以再上一个台阶。

（四）个别市场主体的规范意识和风控能力仍需加强

近些年，虽然杭州资本市场各主体的风险防控意识和能力有所提升，但没有真正经受过金融危机之类大的风险事件的考验，总体上仍相对薄弱，个别市场主体的违法违规行为仍偶有发生，合规意识和风险控制能力还需进一步提升，从业人员的执业道德和操守有待进一步提高。而监管环境的变化、证券期货行业创新发展的深入、金融产品的日益多元化都对市场主体自身的风险管控能力提出了更高的要求，必须围绕守住不发生系统性、区域性风险的底线，强化各市场主体的合规风控能力建设，加快形成与创新发展形势、监管环境变化相匹配的合规风控能力，建立全面的风险管理体系，提升应对重大突发事件的能力和水平。

三、2015年杭州资本市场发展展望

当前，我国经济发展进入新常态，经济增长从高速增长转向中高速增长。同时，金融领域的重大改革，特别是利率市场化、资产证券化和人民币国际化，将对金融业产生重大影响；金融业的跨业、跨界、跨境也将是大势所趋。新常态下，经济发展需要金融特别是资本市场提供有力支持。随着多层次资本市场体系的完善及功能的不断发挥，随着证监会进一步的简政放权、放松管制，随着行业内外竞争合作的不断深化，杭州资本市场的发展可以说是机遇与挑战并存。

（一）多层次资本市场体系更加健全

2015年，新股发行注册制的改革、新三板的日益活跃、浙江股权交易中心的规范发展、并购重组市场环境的继续优化，将为深化国企改革、促进产业整合、推动结构调整和促进创业创新提供有力支持；机构间私募产品报价与服务

系统的不断完善、《公司债券发行与交易管理办法》的全面实施、资产证券化业务的不断推进，有利于盘活存量资金，优化资源配置，缓解各类企业特别是中小微企业融资难题；原油期货、上证 50ETF 期权和 10 年期国债期货等新产品、新工具的推出，场外衍生品市场的发展壮大，有助于健全市场价格形成机制，支持实体经济风险管理需求；私募发行制度的持续健全、私募基金的规范发展，有利于调动民间投资积极性，促进资本与创业创新对接。

(二)证券期货行业转型升级步伐加快

2015 年，证监会在强调合规风控的基础上，着力拓宽证券期货经营机构融资渠道；全面落实证券、基金、期货行业创新发展意见，放宽市场准入，加快规则整合；稳步扩大双向对外开放，支持证券期货业发展跨境业务，提升国际竞争力；支持全行业按照"鼓励创新、防范风险、趋利避害、健康发展"的总要求，大力发展互联网金融。以上这些都为杭州证券期货行业加快发展提供了重要的制度保障。而新常态下，实体经济利用资本市场直接融资的需求更加迫切，民间资金通过资本市场进行财富管理的需求更加旺盛，证券期货业拓展多元化、综合性投行服务的空间更加广阔，又为杭州证券期货行业加快发展提供了良好的契机。可以预见，2015 年杭州证券期货行业的转型升级和创新发展必将不断深入，"大资管时代"逐步开启，证券期货经营机构的竞争力差异更加明显，有实力、有能力、有魄力的机构将脱颖而出，而弱者则被淘汰出局。

(三)上市公司海外并购成为主流导向

在经济新常态下，杭州企业发展都不同程度地面临着土地、环保和资源等方面的制约，原来的发展模式难以为继。从已有发展经验来看，以资本市场为平台，以上市公司为纽带，以并购重组为手段，是促进杭州经济转型升级一条有效的路径。而随着政府"走出去"政策的进一步落地，人民币购买力的大幅增强，以及世界各国应对危机的一系列经济刺激计划和优惠政策的出台，海外并购黄金期正在到来。可以预见，2015 年，杭州上市公司并购重组将更加活跃，而海外并购将成为其主流导向，上市公司可以放眼全球寻找廉价优质资源。

(四)市场整体地位有望进一步提升

前期，市场主体的稳步发展、财富管理中心的建设推进以及中国期货业协会“中国期货分析师论坛”、大连商品交易所“中国塑料产业大会”等全国性大型会议的举办为杭州资本市场夯实了基础。2015年，伴随着由中国证券业协会、中国期货业协会、中国证券投资基金业协会、中国证券金融股份有限公司及杭州市人民政府联合主办的首届“中国(杭州)财富管理论坛”的举办，基金小镇、梦想小镇等各类产业特色集聚区的打造升级，以及跨境电子商务综合试验区的推进，杭州资本市场的整体地位有望再次提升，杭州财富管理中心的功能定位将更加彰显。

2014年杭州市保险业发展报告

浙江省保监局

2014年，在中国保监会和杭州市委、市政府的正确领导下，杭州市保险业坚持“稳中求进”的工作总基调，主动适应经济发展新常态，深入贯彻保险“新国十条”，持之以恒抓服务、严监管、防风险、促发展，以改革创新为动力，以政策落实为支撑，以防范风险为底线，以保护保险消费者合法权益为出发点和落脚点，促进保险业转型升级和提质增效，保险业服务经济社会发展能力进一步加强。

一、保险市场基本情况

（一）保费收入

2014年，杭州市原保险保费收入320.41亿元，占全省市场份额的25.47%，同比增长14.75%。杭州市保险深度3.48%，比2013年同期上升0.13个百分点，高于全省平均水平0.35个百分点；保险密度3613元，同比增长448元，高出全省平均水平1327元。其中，产险公司原保险保费收入144.80亿元，占全省市场份额的24.05%，同比增长11.49%，增速低于全省平均水平2.91个百分点。寿险公司原保险保费收入175.62亿元，占全省市场份额的26.77%，同比增长17.59%，增速高于全省水平5.20个百分点。

（二）赔付支出

杭州市保险业赔付支出119.03亿元，占全省赔付总额的25.08%，同比增长16.25%，增速高于全省平均水平11.02个百分点。其中，产险公司赔付支出 84.64 亿元，占赔付总额的 71.11%，占全省产险公司赔付总额的 23.73%；同比增长 7.23%，高于全省增速 6.65 个百分点。寿险公司赔付支出 34.40 亿元，占赔付总额的 28.89%，占全省寿险公司赔付总额的 33.43%；同比增长 46.59%，高于全省增速 24.25 个百分点。

(三)市场主体

杭州市保险机构数量继续稳步增长，2014 年新增省级分公司 2 家，中心支公司 3 家，支公司 7 家，营业部 1 家。截至 2014 年年底，杭州市共有保险公司各类分支机构 633 家。其中，总公司 3 家，省级分公司 76 家(产险公司 35 家，寿险公司 41 家)，中心支公司 26 家，支公司 184 家，营业部 57 家，营销服务部 287 家。

保险中介快速发展，已基本形成个人营销、兼业代理和专业中介共同繁荣的保险中介服务体系。截至 2014 年年底，杭州市共有保险专业中介法人机构 89 家，其中，代理公司 68 家，经纪公司 14 家，公估公司 7 家。

(四)资产规模

2014 年，杭州市保险公司资产总额达 666.69 亿元，同比增长 13.23%；资产规模占全省资产总额的 25.99%。其中，产险公司资产总额 69.81 亿元，同比增长 16.48%；资产规模占全市保险公司资产总额的 10.47%。寿险公司资产总额 596.88 亿元，同比增长 12.86%；资产规模占全市保险公司资产总额的 89.53%。

二、保险市场运行主要特点

(一)业务发展平稳有序

2014 年，杭州市原保险保费收入 320.41 亿元，同比增长 14.75%。财产险公司增速略微回落。全年实现保费收入 144.80 亿元，同比增长 11.49%，增幅较 2013 年回落 0.57 个百分点。增速回落的主要原因是，受杭州市机动车限购影响，车险增速明显回落。2014年车险保费收入107.57亿元，同比增长10.91%，增速同比回落5.55个百分点。与经济社会密切相关的信用保险、企财险、保证保险、农业保险和责任保险保费收入同比分别增长7.04%、3.65%、39.07%、10.94%和19.52%，保险对国民经济的渗透率和融合度不断提高。人身险公司保费收入175.62亿元，同比增长17.59%。其中，寿险保费收入147.02亿元，同比增长14.94%；健康险保费收入22.65亿元，同比增长37.31%；意外险保费收入5.94亿元，同比增长20.32%。

(二)业务质量出现分化

2014年，杭州市财产险公司盈利水平明显提高，全年利润总额4.01亿元，同比增加4.84亿元。人身险公司业务结构指标下滑，续期保费占比和新单期缴率分别为46.19%和26.43%，同比分别下滑3.45和2.96个百分点。

(三)功能作用有效发挥

2014年，保险业共为经济社会提供风险保障35.34万亿元，赔付支出119.03亿元，为人民群众提供养老和医疗保障644.82亿元，全年纳税8.57亿元。

三、保险监管重点工作

2014年，浙江省保监局坚持稳中求进、稳中有为，不断深化改革，强化监管，着力推进监管现代化，促进保险业持续健康发展，主要开展了以下几方面工作：

(一)积极推动保险业改革创新

深入学习贯彻国务院常务会议关于发展现代保险服务业的精神，省政府在全国率先出台“新国十条”贯彻落实意见后，浙江省保监局联合省金融办召开全省保险支持经济社会发展推进会；建立全省保险专家库；宣讲解读新“国十条”精神，加强技术支持，引导各地、各部门运用保险机制，促进经济转型、提升民生保障和创新社会治理。

(二)稳步推进重点险种发展

探索巨灾保险发展,根据省领导的批示精神,在充分调研和听取13个省级部门意见基础上,形成《浙江省巨灾保险试点工作方案》,并协助省民政厅做好后续实施工作。加快发展农业保险,参与起草《浙江省实施〈农业保险条例〉办法》,总结并宣传龙游生猪保险推动病死猪无害化处理等典型案例,全年新增省级险种4个、地方特色险种3个,在费率不变的情况下拓展保险责任,并大幅降低或取消有关险种的免赔率(额)。创新信用和保证保险发展,引导杭州、温州和嘉兴等地开展保险业支持小微企业试点,探索与网络电商平台的合作,鼓励浙江信保与25个县级政府开展小微企业联保合作,不断扩大小微企业承保面。持续推动科技保险与责任险发展,与省科技厅、经信委等部门研究扩大科技小贷险和首台(套)保险试点范围,科技小贷险扶持基金增加到4000万元。积极推动环境污染责任险、食品安全责任险等责任险发展。规范大病保险运作,严格全流程监管,落实省政府十件实事中关于大病保险2014年制度全覆盖的要求,富阳、建德等项目多次得到保监会项俊波主席及省领导的肯定。鼓励保险公司发展养老健康保险,配合有关部门研究出台加快发展养老服务业、健康服务业的实施意见。深化互联网保险研究,参与互联网保险监管办法的研讨和制定。

(三)着力保护消费者权益

加大重点领域检查力度,继续抓住理赔难、销售误导这两个突出问题不放松,开展客户信息真实性检查和银保渠道规范治理工作。提升行业服务水平,总结"菲特"台风救灾应对工作,推动建立大灾理赔应对机制;指导行业开展防汛预案演练周活动,切实做好防灾减灾工作;在杭州开展"互碰自赔"试点,指导温州探索交强险"三者直赔"试点;开通保险电话销售禁拨平台。健全消费者权益保护体制机制,完善保险行业人民调解委员会及消费投诉制度建设。2014年,浙江省保监局共接待处理各类来访21430件次,受理消费投诉1686件次,帮助消费者维护经济利益总金额累计达到2914万元。加强消费者教育，联合省教育厅试点保险教育进青少年素质教育基地，通过组织编写风险提示手册、开展系列公益活动、开展保险公众宣传日活动等形式普及保险知识，努力构建良好的舆论环境，不断提升保险业形象。

(四)防范和处置重点领域风险

针对泛鑫案件，成立专项工作组，全面核实客户情况，摸清风险底数，指导处置保单 978 份，涉及客户 840 人次，实际垫付资金近 1 亿元，妥善完成风险处置工作，未发生一起群体性事件。同时，成立 35 个督导组，深入推进保险中介市场清理整顿，开展系列风险排查。针对满期给付和退保风险，制订专项方案，完善处置预案，开展满期给付和退保风险穿行测试，分时点、产品、渠道、区域开展风险排查和监测，目前风险在预测可控波幅之内。针对重大典型案件风险，联合公安部门在全国率先开展保险“安宁行动”，深入开展反洗钱、反欺诈、整治非法集资工作，防范和打击保险领域违法犯罪行为。

2014年杭州市农信系统业务运行报告

浙江省农信联社杭州办事处

2014年，在浙江省农信联社和杭州市委、市政府的正确领导下，杭州农信系统深入贯彻落实“一条道路、两场革命”战略构想，坚持“四主定位”，深入实施“三转变一加强”，各项业务实现持续健康发展。

一、业务运行总体情况

存、贷款稳步增长。2014年，杭州农信系统各项存款余额2826.73亿元，比年初增加251.82亿元，增长9.78%。各项贷款余额1690.81亿元，比年初增加178.32亿元，增长11.79%。其中涉农贷款余额814.95亿元，小微企业贷款余额1115.27亿元，分别新增81.79亿元和139.96亿元，增幅分别达到11.16%和14.35%，均高于全部贷款增速。资产质量良好。2014年，杭州农信系统五级不良率为1.80%。经营效益再创新高。2014年，杭州农信系统全年实现利润57.88亿元，比2013年多增4.48亿元，增幅8.38%；上缴税收21.30亿元，比2013年增加1.97亿元，增幅10.22%。

二、重点业务工作

（一）以一趟搞定为目标，加大对三农的投入力度

一是大力推广“二卡一信”（小额贷款卡、创业贷款卡、小额信用贷款），大的行社对30万元以下、小的行社对10万元以下的贷款发放信用贷，有效解决农户贷款担保难问题。二是通过简化操作流程、完善制度办法、推广“三个示

范村”、主动到农信服务点集中开卡办贷等，着力改进服务方式，解决农户贷款手续繁问题，基本实现农户办贷不出村、一趟搞定。至年末，全市发放 30 万元以下小额信用贷款 7.22 万余户，贷款余额 59.51 亿元，比年初分别增加 2.72 万户、27.5 亿元。发放丰收小额贷款卡 15.35 万张，贷款余额 165.19 亿元，丰收创业卡 1.5 万张，贷款余额 68.39 亿元。三是加强产品创新，整合推出农业产业链贷款、水库移民农民贷款、民宿专项贷款、农家乐专项贷款、农民专业合作社贷款等，重点满足种粮大户、家庭农场、农民专业合作社、农业龙头企业等新型农业生产经营的主体资金需求，并在资金规模、贷款方式、贷款利率等方面给予重点倾斜。富阳、桐庐农合行和临安、建德农信联社为一次性缴纳基本养老保险费的 1.8 万余户农民提供养老贷款 4.92 亿元，切实解决农村老年人的养老保险问题。积极拓展市民卡功能和增值服务，打造成为集缴费、医疗社保、电子钱包等功能为一体的居民日常生活“一卡通”工程。

（二）以政银合作为载体，深入推进普惠金融

一是加强信用工程创建，优化农村信用环境。与农办合作，新评定省级信用镇 5 家、信用村 13 家，市级信用镇 8 家、信用村 55 家，县级信用镇 4 家、信用村 72 家；组织客户经理、驻村联络员、金融指导员等队伍，全面开展“普惠金融进社区、农村、企业、学校”活动，进村入户为农户办理开卡、签约、改密、业务咨询等。二是密切政银企多方关系。在市委组织部的大力支持下，统一选派了 67 名优秀青年干部挂职派驻乡镇（街道），积极参与“五水共治”、“三改一拆”等中心工作，普及金融知识，推进“普惠金融工程”，努力帮扶农村社会经济发展。三是构建政银合作平台。加强与乡镇街道部门合作，为 136 个乡镇街道开展国库集中支付代理业务，已完成系统上线 130 个。建德农信联社与供销社、供销农资配送公司合作，打造“三位一体”为农服务融资平台，发放贷款 4887 万元，惠及农户 406 户。

（三）以惠民便捷为抓手，切实改善服务渠道

一是切实加强物理渠道建设。积极实施服务流程改造、礼仪规范培训等，提升网点服务水平，杭州联合银行石桥支行营业部获中国银行业协会五星级

营业网点。深入实施“ATM 进村入社”和“便民支付”工程，布放 ATM 机 1564 台、POS 机 2.43 万台，设立银行卡助农取款点 1512 个，实现全市助农取款服务行政村全覆盖，打通了农村金融服务的最后“一公里”。二是加强电子渠道建设，新增个人网银及手机银行客户 45.26 万户，新增企业网银 2.62 万户，上线个人基金网银销售功能，试点推进 3G 移动终端、自助发卡机、微信银行，积极开展“手机银行签约缴费有礼”、“网银尊享客户转账手续费全免”等活动，全方位满足农村居民的金融需求。三是坚持让利普惠服务，免收丰收卡开户工本费、年费、ATM 存款转账交易费等 15 项费用；广泛开展“春风行动”，合计出资 1.02 亿成立多项公益慈善基金，用于扶贫帮困，杭州联合银行连续三年资助 5000 名外来务工人员平安返乡欢度春节，广受百姓赞誉。同时，积极探索建立金融便利店、社区支行，通过错时、延时服务打造人性化、便利化的服务平台，力争为老百姓提供更便捷、更舒心的服务体验。

三、业务发展展望

2015 年，经济发展进入“新常态”，杭州农信系统将围绕杭州市委、市政府和省农信联社的各项重大部署，坚守服务“三农”方向不动摇，深入对接杭州市经济发展战略、区域产业政策、重点开发项目等，全力推进普惠金融，加大对“三农”和小微企业的支持力度，努力为推进全市经济社会发展做出更大贡献。

一是全面深化普惠金融，不断巩固发展基础。坚持政银合作，持续推进优秀青年干部挂职派驻乡镇（街道），做好财政国库集中支付代理业务，巩固信用评定平台，促进信用工程的内涵式发展。坚持做小做散，持续推进扩面增量工作，做好“美丽乡村”、“三改一拆”、“五水共治”等民生项目融资的银企对接，助推新型城镇化和新农村建设。坚持做深做细，加大自助机具布放力度，深入推进“村村通”工程建设，整合提升村级便民服务中心金融服务点、银行卡助农取款服务点，全面推进服务环境优化。

二是全面加快转型步伐，不断提升核心竞争力。积极推进社区银行建设，探索社区经理模式，丰富社区金融产品线和服务内容，搭建社区共建平台。进一步优化服务流程，积极推广“电话受理”、“网上受理”、“普惠快车”模式，实现小额贷款客户"一站式"综合评价和小额贷款便捷操作。针对家庭农场、专业合作社等新型农业经营主体的发展，积极推动承包土地经营权、农民住房财产权抵押贷款等产品，探索推出"银行＋新型经济体＋农户"等三位一体的金融产品。

三是切实加强风险防控，不断提高经营质效。完善风险识别、评估和预警机制，提高风险研判能力。加强大额贷款控制，对存量大额贷款按照"有保有压、有扶有控"的原则，进一步降低贷款集中度风险。保持信贷风险控制的高压态势，对重大信贷风险做到"早发现、早管理、早处置"，严守资产质量底线。加强与地方政府的沟通配合，共同做好兼并重组、化解落后产能过程中的债务安排。

四是着力完善精细化管理，不断强化发展支撑。深入贯彻落实中央关于全面推进依法治国的战略部署，积极开展"法治合规年"活动，提升依法治行水平。严格落实党风廉政建设责任制，加强监督检查，提高广大党员干部廉洁从业能力。完善业务检查、内控合规、审计监督"三位一体"的内控管理体系，提升案件防控能力。健全消防、安保等各类应急预案，适时开展培训演练，切实增强应急处置能力。

2014 年杭州市小额贷款公司运行报告

杭州市金融办

一、基本情况

2014 年，市、区（县、市）金融办继续狠抓小额贷款公司规范运营，按照全省统一部署组织开展了 2014 年小额贷款公司考评和信用评级工作，协助审计部门选取部分小额贷款公司开展风险专项审计，督促小额贷款公司尽快接入省公共信息服务系统，组织开展了小额贷款公司风险防控专项检查，认真开展日常监管并按季报送了日常监管报告，还积极推进小额贷款公司创新发展，推进试点工作稳步发展。杭州市小额贷款公司主要呈现以下特点：

（一）总体实力得到提升

2014 年，杭州市新增下城广信、西湖浙农、萧山永诚、余杭宝鼎、桐庐龙生、临安韦丰 6 家小额贷款公司，总家数达到 53 家。至 2014 年 12 月底，全市小额贷款公司注册资本总额为 136.85 亿元，净资产总额为 170.03 亿元，贷款余额为 186.55 亿元，较 2013 年年底分别提高了 14.33％、16.36％、9.50％（见图 1）；平均每家小额贷款公司注册资本额为 2.58 亿元，较 2013 年年底提高了 1.38％。

（二）利率逐年下降

全市小额贷款公司放贷利率呈逐年下降趋势，2014 年各月利率较 2013 年平均有一定幅度地下降。至 12 月底，平均年化贷款利率为 17.95％，较 2013 年年末下降了 0.67 个百分点（见图 2）。

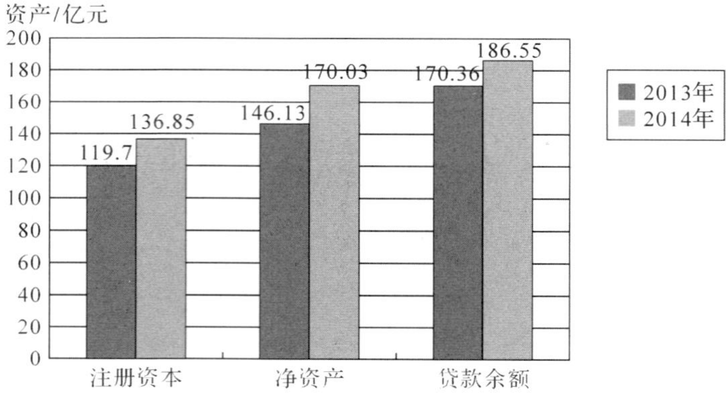

图 1　全市小贷公司总体实力情况

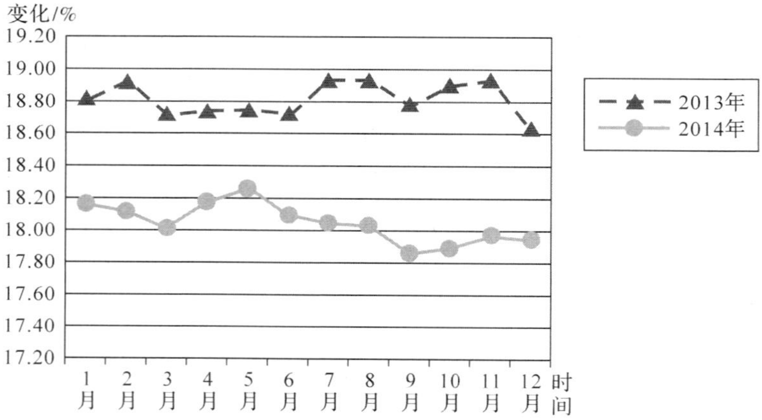

图 2　全市小贷公司贷款利率情况

(三)逾期率上升较快

2014 年全市小额贷款公司逾期率较 2013 年有较快上升。至 2014 年 12 月底,全市小额贷款公司逾期贷款率为 6.7%,较 2013 年年末提高了 5.12 个百分点(见图 3)。

(四)效益稳中有降

2014 年,全市小额贷款公司实现业务总收入 29.39 亿元,净利润 13.68 亿

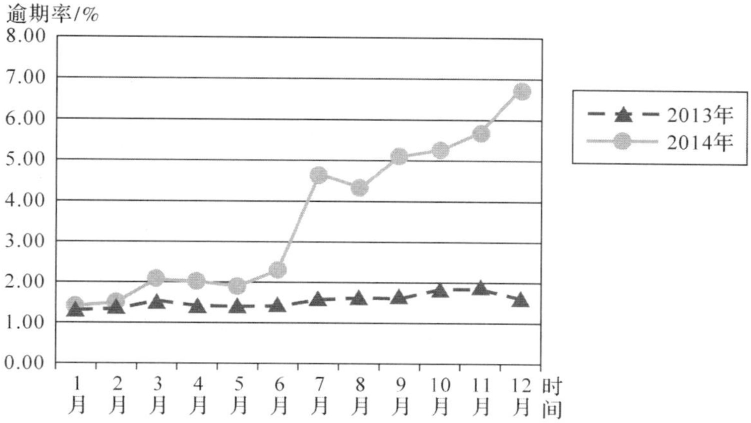

图3　全市小贷公司逾期率情况

元,大部分小额贷款公司实现了盈利。运营一年以上小额贷款公司的年净资产回报率为8.48%,较2013年下降了3.03%。

二、主要监管指标执行情况

未发现杭州市小额贷款公司存在非法集资活动、非法吸收或变相吸收公众存款行为,也未发现高利贷、暴力催贷等行为,但发现个别小贷公司存在违规经营行为。主要的监管指标执行情况如下:

(一)贷款投向

杭州市小额贷款公司服务"三农"和小企业定位较为明确。2014年1—12月,全市小额贷款公司累计发放贷款84.60万笔、金额555.52亿元,其中小额贷款分别占比99.59%、55.76%。至2014年12月底,全市小额贷款公司发放的小额贷款余额占总余额比例为72.36%,较2013年同期下降了0.35个百分点,其中有39家达到70%要求,有14家未达到要求。未发现杭州市小额贷款公司单户贷款余额超过资本净额5%的现象。但个别小贷公司涉嫌存在拆分变相发放大额贷款,大额贷款总计超过5%的现象。

(二)融资情况

杭州市各小额贷款公司融资来源呈现多元化趋势,但仍以银行融资为主,融资比例均未超过资本净额的 100%。至 2014 年 12 月底,27 家小额贷款公司向银行进行了融资,融资余额为 27.05 亿元,占净资产总额的 15.91%,较 2013 年同期下降了 8.82 个百分点(见图 4);大股东定向借款 2 起,为浙江阿里、建德新安小贷公司向股东定向借款,总余额为 4.48 亿元。浙江阿里小贷公司开业至今累计通过资产转让融入资金 26.43 亿元,月末已转让资产余额为 0 元。

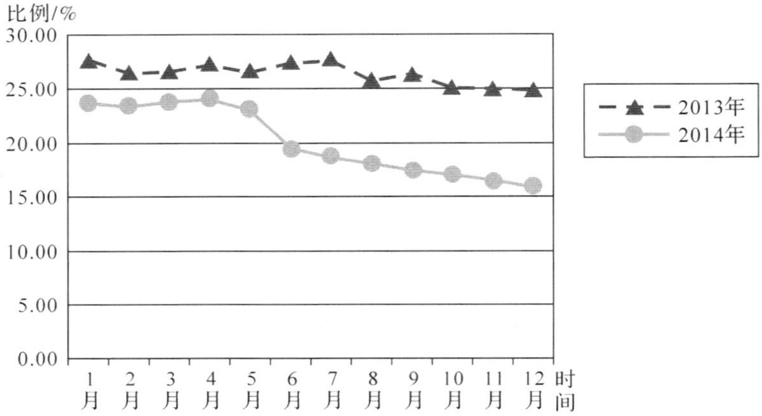

图 4　全市小贷公司银行融资比例情况

(三)财务管理

杭州市各小额贷款公司基本能执行金融企业财务规则、金融企业呆账核销管理办法等相关金融财务管理制度,并按照有关规定建立了较为健全的企业财务会计制度、拨备制度和内控机制。至 2014 年 12 月底,全市有 4 家小额贷款公司逾期率为 0,25 家在 0%～2%,9 家在 2%～5%,4 家在 5%～10%,9 家在10%以上;全市小额贷款公司拨备总额为 10.9 亿元,平均拨备覆盖率为 0.87 倍。

(四)资本管理

未发现杭州市小额贷款公司存在虚报注册资本、虚假出资等违规行为。2014年1—12月，杭州市金融办审核了西湖御丰、余杭华盈、桐庐浙富、淳安沪千诚鑫、建德建业小贷公司增资扩股材料及上城广宇、江干和瑞小贷公司减资材料并完成转报；审核股权变更事项35起，为浙江祐邦、淳安康盛小贷公司股权转让3次，江干万事利、萧山萧然、萧山永诚、余杭华盈小贷公司各2次，上城汇通、江干汇银、江干和瑞、西湖御丰、高新东冠、萧山金丰、萧山萧丰、萧山金诚、余杭钱塘、富阳先进、富阳海通、建德新安、淳安沪千诚鑫小贷公司股权转让各1次，其中萧山萧丰小贷公司为主发起人股份转让。

(五)内控制度建设

杭州市各小额贷款公司基本都制定了《信贷风险管理办法》、《贷款损失追偿制度》、《贷款内部风险管理制度》和“三会一层”等制度，内部管理制度初步得到完善。2014年1—12月，杭州市金融办审核小额贷款公司高管变更事项13起，为萧山萧丰、余杭华盈小贷公司董事长及总经理变更，上城汇通、江干汇银、富阳先进、富阳永通、临安兆丰小贷公司总经理变更，上城汇通、浙江祐邦、萧山萧丰、余杭华盈小贷公司董事变更。

三、存在主要困难和问题

根据市、区(县、市)金融办开展年度考评、日常监测分析、风险专项检查及审计部门专项审计，发现杭州市小额贷款公司主要存在以下困难和问题：

(一)经营风险加大，逾期率持续上升

受外部经济形势影响，小贷公司经营风险在加大，逾期率和诉讼案件数有上升趋势，2014年3月份杭州市小贷公司逾期率首次突破2%，9月份突破5%，年底上升至6.7%。此外，个别小贷公司股东出现资金链紧张问题，使小贷公司股权变更较为频繁，甚至导致小贷公司向股东及其关联方发放贷款困难，间接影响小贷公司的稳定与发展。

(二)银行融资难,个别公司业务收缩

2014 年,小贷公司向银行融资比例较 2013 年有了较大幅度的下降,部分银行在收回小贷公司原有贷款后不再续借。个别小贷公司业务出现萎缩,已有 3 家小贷公司实施了减资,有 1 家小贷公司申请注销资格。

(三)违规经营时有发生,信访事件增多

小贷公司违规经营情况主要有:一是拆分情况较为普遍,导致小贷公司实际发放的贷款集中度偏高,且偏离本身定位,同时反映出其报送给监管部门的业务信息并不真实,带来了监管难度。二是个别小贷公司存在向股东或股东关联方借款现象。三是发现下城金昇小贷公司存在较为严重的违规,如高管私盖公司印章为其担保开展账外违规融资并放贷,向 5 名公司股东直接或间接发放大额度贷款,未经贷审会通过集中发放贷款等。此外,涉及小贷公司的信访事件也趋于增多,大多投诉小贷公司实行拆分等违规操作。

四、下一步的监管措施

为保持杭州市小额贷款公司良好的发展态势,促进小额贷款公司规范运作,下一步,杭州市金融办将重点做好以下三方面的工作:

一是开展小贷公司创新发展试点工作。在做好小贷公司前期调研的基础上,我办选取了阿里巴巴等 7 家小贷公司作为第一批创新发展试点,目前杭州市余杭理想、临安兆丰等小贷公司正积极筹划上市、新三板挂牌等创新工作。下一步,杭州市金融办将积极跟踪、推进小贷公司转变经营模式、拓宽融资渠道等方面的创新,提高小贷公司竞争力。

二是指导做好风险防范工作。针对已有小贷公司发生的涉诉案件,将督促辖区金融办密切关注事件后续发展、处置方案及结果等情况,帮助小贷公司尽快化解风险。

三是实施分类监管。近期,杭州市金融办已经根据 2014 年信用评级结果和前期年度考评结果,对小贷公司进行了分类,并下发了落实分类监管的通知。下一步,将督促区、县(市)金融办落实分类监管措施。

2014年杭州市金融仲裁运行报告

杭州金融仲裁院

2014年金融仲裁院紧紧围绕市委、市政府中心工作，在市金融办等有关部门的指导帮助下，全面贯彻落实市政府关于进一步贯彻落实《中华人民共和国仲裁法》的通知（杭政函〔2014〕164号）精神，全面提升金融仲裁服务水平，全面打造“依法、公正、高效、专业”的金融仲裁品牌，注重仲裁程序灵活合法、实体均衡公正，有效防范金融风险，为推进法治杭州、促进经济和社会发展做出积极的贡献。

一、杭州市金融仲裁发展基本情况

（一）积极拓展银行业仲裁选择

根据年初制订的发展计划，以工、农、建、交、浦发为发展工作重点，积极与法务部门沟通，落实银行合同文本中签订仲裁条款的情况。探索在展期协议中引入仲裁条款，已有2件贷款合同纠纷提起仲裁。工商银行两个试点支行自2012年6月选择仲裁以来，流动贷款、贴现、信用证、保函等业务近千笔，占支行业务的70%左右，合同标的逾80亿元；萧山江南支行选择仲裁的合同标的近30亿元。协调省农行发文在萧山支行试点选择仲裁解决合同纠纷，协调华夏银行杭州分行发文在杭州地区选择仲裁解决个人住房按揭贷款合同纠纷。协调兴业银行，拓展现成案件与合同条款落实齐头并进；与省交行沟通，拓展交行仲裁选择面，有1件标的527万元贷款合同纠纷提起仲裁。探索各家银行因不良贷款核销、参与分配等需要，补签仲裁协议的方式，已有3件标的1.243亿元案件，通过补签仲裁协议书的形式提交仲裁，该3件案件均以调解方式快速结案，结案时间最短的仅为 2 天。为更有效地拓展银行仲裁选择率，向部分股份制银行发送问卷，通过调查其业务主要模式，信贷业务行业内占有率，适合选择仲裁解决纠纷的合同类型等，了解各家银行的具体需求以及风险处理渠道等，针对不同的银行合同纠纷细化了仲裁程序，以期更有效地帮助银行化解风险。

(二)加强与保险公司的联系

在巩固车险案件的同时，将仲裁解决保险纠纷扩展到企财险纠纷案件中。先后走访太平洋保险、浙商保险公司，探索在企财险等合同中约定仲裁，浙商财险公司在企财险、责任险领域内，在全省范围内约有 3600 余件合同选择仲裁解决纠纷。2014 年受理 4 件道路客运承运人保险合同纠纷案件，由专业仲裁员负责审理，为办理非车险案件积累了一些经验。以专题研讨会的形式，对车险案件仲裁审理中遇到的普遍性疑难问题进行系统的整理、归纳，拟定此类案件仲裁审理参考方案，有效化解了社会矛盾。

(三)提升第三方融资平台仲裁选择率

针对民间融资形式多样、纠纷较多的情况，为拓宽由第三方民间融资中介平台主持下的抵押借款合同纠纷仲裁解决渠道，在前期办好个案的基础上，通过宣传联系，突出仲裁优势，推进万城房产代理公司在杭州城区业务中全面引导民间借贷双方选择仲裁解决纠纷。召开“抵押借款合同仲裁选择专题座谈会”，加深了其对仲裁优势的认识，深刻了解其主导的抵押借款合同可能产生法律纠纷的情形，借鉴银行合同文本，帮助其调整了合同相关条款并通过签订债务催收地址确认书等方式，从源头上规范合同。研讨了此类民间借贷纠纷仲裁解决方法，制定了裁决书统一模板，保证裁决书的质量以及裁决的统一性。2014 年提起仲裁案件 44 件，占总受案数的 17%，标的 16551 万元，已审结 37 件，平均办案时限 39 天，达到案件当事人满意的效果。

(四)积极促进小额贷款公司选择仲裁

通过小贷协会以及作为小额贷款公司法律顾问的仲裁员，向小贷公司推介其起草合同文本时，引入仲裁条款。了解小贷公司的诉求，介绍金融仲裁的优势，突出仲裁解决借款纠纷的特点，拓宽小贷公司纠纷解决途径。通过已选择仲裁的小额贷款公司介绍经验，推动其他小贷公司选择仲裁，目前，昆仑、东冠、萧然、利尔达等均已在借款合同中全面选择仲裁，成为金融仲裁发展的新的增长点。

(五)拓展金融创新产品的仲裁选择

2014 年金融仲裁院受理了 4 件新型信托合同纠纷案件，标的 7.42 亿元。银行将其表外业务的资金委托信托公司投资，信托公司在借款人以信托收益权做质押等担保情况下，向其发放信托资金，后因借款人违约而引发纠纷，该类业务属于银行以及信托公司金融创新产品，容易引发金融风险，通过办理案件积累了一定的经验，保护了银行及信托公司的合法权益，也拓宽了此类合同纠纷的仲裁解决途径。

二、杭州市金融仲裁运行情况

2014 年受理案件数量有所增长，立案 259 件，较 2013 年 201 件同比上升 28.86％。案件标的额有明显提升，涉案标的额 135616.1 万元，较 2013 年 68599.6 万元同比上升 97.69％。案件类型依然稳定，数量占前三名的纠纷依然是车辆保险合同、民间借贷合同、银行借款合同。在传统优势领域保持一定稳定性的同时，受理了民间委托理财合同纠纷、营业信托合同纠纷、借记卡纠纷、期货经纪合同纠纷、营业理财产品合同纠纷、融资居间合同纠纷等新型案件，在新兴领域市场还有待我们加大推广力度，开创新的增长点。当事人一方或双方为外地的案件 22 件，占受理案件的 8.49％，当事人双方均为外地的案件 8 件，占受理案件的 3.08％，表明金融仲裁的影响力和品牌效应正在全国范围内逐渐增强。

2014 年办结案件 240 件，较 2013 年 236 件同比上升 1.7％。快速结案率 29.16％，同比上升 20.74％。其中裁决率为 69.58％、调解率为 17.5％、撤案率为 12.91％，调解率同比上升 72.07％。有 3 件案件被市中级人民法院要求重新做出裁决，重新组成仲裁庭后，均在审限内重新做出裁决。充分保护了各方当事人的合法权益，收到了良好的法律效果和社会效果。

三、服务金融创新业务，积极化解潜在风险

随着经济下行压力的增大，金融创新业务纠纷逐渐显现，容易引发金融风险。2014年金融仲裁院受理了4件标的7.452亿元新型信托合同纠纷案件，银行将其表外业务的资金委托信托公司投资，信托公司在借款人以信托收益权质押、在建工程抵押、其他公司和自然人提供保证等担保情况下，向其发放信托资金，后因借款人违约而引发纠纷。通过对信托受益纠纷的证据认定、差额补足协议的法律释义疑难问题等进行业内专家论证，公正高效办理案件，保护了银行及信托公司的合法权益，也拓宽了此类合同纠纷的仲裁解决途径。

加强同浙江省银行业协会的联系，在非银机构专业委员会年度工作会议上介绍了仲裁机制在推动金融资产管理公司不良金融资产处置方面具有的优势，仲裁案件7件。

为帮助银行提高不良贷款的处理效率，建立银行案件快速审理特别程序，从立案到裁决最快的仅2天结案。建立与仲裁庭良好的沟通机制，及时高效地审理案件。有效地严格执行重大事项报告制度，规范庭前评议、庭后合议制度，超千万元案件提前制定庭审预案，针对案件办理过程中容易发生问题的环节，制定严格的仲裁审理规范，加大案件预警，保证案件质量。加强对刑民交叉案件的风险防范、担保从合同民事效力问题的研究，探索其仲裁解决程序，创新信用卡纠纷仲裁解决途径及程序等，积极化解金融业潜在风险。

四、2015年金融仲裁工作展望

（一）坚持服务大局和服务经济，创新金融仲裁理念

以杭州市人民政府关于进一步贯彻落实《中华人民共和国仲裁法》的通知、杭州仲裁委员会《关于大力推进仲裁发展决定》为指针，积极将金融仲裁的

发展纳入党和政府的工作大局去谋划，建立健全与金融机构、行业组织、市场主体等沟通协作的长效机制。创新金融仲裁理念和发展方式，以杭州市人民政府《关于推进互联网金融创新发展的指导意见》为指导，探索互联网金融纠纷仲裁解决模式和途径。拓展银行业仲裁选择路径，在银行业充分宣传仲裁解决金融纠纷的优势，逐步扩大金融仲裁受案范围、知名度。扩宽保险业仲裁选择范围，提高小额贷款公司仲裁选择率，推动担保典当行业仲裁选择面，增进第三方融资平台仲裁选择效果。健全其他领域金融发展渠道，加强与证券业协会的联系，在信托领域推行仲裁法律制度，探索多元纠纷解决合作机制。实现金融仲裁快速、健康、可持续发展，满足杭州市构建和谐社会、发展市场经济的需要。

（二）全面推进金融仲裁规范化，铸造社会公信力

以“程序灵活合法、实体均衡公正”为工作核心，切实提升案件效率和质量，确保仲裁公平、公正。创新金融仲裁方式方法，探索提高仲裁效果的庭审模式，争取在争议焦点归纳方式、向当事人释明的方法和技巧、庭审中仲裁员角色分工、仲裁庭审上的质证及辩论规则与应用技能等方面有所突破；探索开庭前向双方当事人告知程序进展、开庭前组织双方当事人调解等程序，探索不同银行纠纷设立不同的审理模式；加强金融仲裁法律研究，研究以物抵债、银行保证业务等相关仲裁法律问题等。

以“仲裁审理兼顾发展、兼顾执行”为原则，加强案件管理，健全制度规范，完善金融仲裁拓展和运行机制；对重大疑难案件进行探讨和论证；探索健全对银行、保险、民间融资平台及案件当事人等的定期回访制度，及时有效地改进仲裁服务工作；加强案件研讨，通过案例分析提高办案秘书业务水平；贯彻落实《杭州市中级人民法院与杭州仲裁委员会关于建立健全诉讼仲裁相衔接的矛盾纠纷解决机制的会议纪要》，完善与法院沟通的长效机制。通过举办“第三方融资平台法律风险防范”论坛，扩大小额贷款公司、民间融资纠纷仲裁解决的社会影响力；加强与省银行业协会等有关行业组织、外地仲裁机构的联系与交流，加深外界对仲裁的认识和感情，努力提高金融仲裁品位，树立良好的仲裁形象。

2014年杭州市融资性担保行业发展报告

杭州市经信委

一、杭州市信用担保行业发展现状

2014年年底，杭州具有经营许可证的融资性担保机构167家，其中为中小企业提供融资担保服务的机构96家。据统计，2014年，全市担保机构共为中小企业融资担保21979户，担保26224笔、融资担保总额302.33亿元。杭州市担保行业无论从数量上、质量上还是在为小微企业提供融资担保总量上均位居全省各地、市担保行业前列，已经成为小微企业增信的助推器、社会信用资源的放大器、银行贷款风险的安全器、社会和谐发展的维稳器。

二、所做的主要工作

1.认真贯彻相关会议精神

认真贯彻国务院2014年12月18日召开的全国促进融资性担保行业发展经验交流电视电话会议精神，进一步提高对做好促进中小企业信用担保机构健康发展工作的认识，将促进担保机构发展纳入促进中小微企业发展整体工作部署。将会议精神在担保行业会员大会上做了传达贯彻。

2.加强信用担保体系建设

认真贯彻落实国家七部委《融资性担保公司管理暂行办法》、《浙江省融资性担保公司管理试行办法》以及《杭州市人民政府办公厅关于进一步加强中小企业信用担保体系建设的若干意见》等文件精神，加强信用担保体系建设。一是完善担保机构风险补偿机制。2014年，根据杭州市担保机构的发展水平和经营状况，市财政安排2906万元用于担保机构的风险补偿。二是争取国家、省财政对杭州市担保机构的政策扶持。2014年全市中小企业信用担保机构共获得国家、省、市下达的风险补偿资金5385万元。三是组织开展担保公司信用评级。通过招标确定信用评级单位，根据自愿原则开展担保公司信用评级工作。

3. 建立担保机构与金融机构的互利合作机制

鼓励和支持担保机构与在杭金融机构进行沟通，本着诚实守信、依法合规、控制风险、平等互利的原则，与金融机构开展全方位合作，建立“优势互补、利益共享、风险共担、独立决策”的互利合作机制，取得金融机构对杭州市担保机构在银保合作、风险分担、信息共享、放大倍数、利率优惠等方面的支持。

4. 加强对中小企业信用担保机构的监督和管理

一是加强监管系统建设。按照省经信委要求加快杭州市融资性担保行业信息化监管系统建设，目前全部融资性担保公司已纳入系统监管。二是充分发挥行业协会作用，加强行业自律，充分发挥市担保业协会的桥梁纽带作用。

三、存在的主要问题

一是杭州市担保机构发展情况不容乐观。2014年，全市167家担保机构通过审核换领经营许可证，淘汰20家，淘汰率10.64%。通过调研，全市目前正常开展业务的担保机构约100家，部分担保公司经营状况堪忧。二是担保行业发展不确定因素增加。2014年，全市担保公司担保代偿额47810.59万元、担保损失额29729.16万元；较2013年分别增长9.5%、140.96%。三是杭州市信用担保机构规模偏小。目前杭州市担保行业户均注册资本金明显低于全国平均水平。全市担保机构中，注册资金在1亿元以上的27家，仅占总数的28%。四是国有控股担保公司力量不足。国有及国有控股担保机构家数和注册资本分别占总数的20%左右。五是银行担保机构合作不够顺畅。银行与担保公司之间“准入门槛高、担保成本高、风险难分担、信息难共享”等问题十分突出。六是担保机构业务放大倍数较低，作用发挥不够充分。目前杭州市担保机构放大倍数为3～5倍，虽高于全国平均水平，但仍然偏低。七是少数担保机构存在违规现象，特别是一些游离于监管之外的非融资性担保机构，打着担保旗号从事违规业务，扰乱了正常经营活动。

四、未来发展的建议

(1)建立再担保体系。从中央到省、市(县)建立中小企业再担保体系。发挥好国有及国有控股担保机构的引领作用。

(2)加大对担保机构风险补偿的力度。逐步提高对担保机构风险补偿的最高限额，调整扩大担保范围，建议将担保对象从原来的中小微企业扩大到以个人名义贷款的个体工商户，为大众创业、万众创新提供良好的金融服务。

(3)从中央到地方要加强扶持力度，计算所得税额时，要求预减担保公司代偿部分。

(4)鼓励担保机构做大做强。计提的风险准备金，可以转增资本金，免征所得税。

(5)鼓励各级政府建立担保补偿金制度，担保公司出现坏账代偿，政府给以代偿一定的补助。

(6)要简化担保行业的审批和年审制度。放宽5000万元以下担保公司的审批，把每年年审改为每2年或3年年审，减少企业麻烦。

(7)建议中国人民银行对担保公司征信查询系统开放。

2014 年杭州市股权投资业发展报告

杭州市金融办

2014 年，杭州市股权投资行业发展势头良好，私募股权投资、创业投资和天使投资等领域都呈现出许多亮点。活跃的民营经济、优秀的商业氛围、有吸引力的政策支持使杭州成为私募股权机构的热门入驻地。与北京、上海、深圳等城市相比，杭州在人文、自然环境、财富人群等方面具有独特的优势。作为浙江省的省会城市和经济中心，高净值人群和企业总部的聚集度在长三角仅次于上海，是我国资本聚集度最高的城市之一。在此背景下，杭州市在 2014 年大力打造基金小镇，发展以私募基金为核心的私募金融，以满足高净值人群和企业资本配置需求，同时实现资源优化配置，扶持优质企业做大做强。目前，位于玉皇山南的基金小镇已吸引了多家私募和创投机构入驻，根据规划，该基金小镇要用 5 年时间，引进和培育 100 家以上、辐射带动周边 300 家以上的各类私募(对冲)基金、私募证券期货基金、量化投资基金及相关财富管理中介机构，管理资产超过 5000 亿元。

2014 年被称为“中国的创业元年”，杭州同样迎来了创业爆点，主要体现在几个方面：首先，杭州的创业人数大幅增长，创业已从小众模式向大众模式过度；其次，创业群体呈现出年轻化趋势，大学生创业占了不小的比例；再次，“互联网＋”和多个细分领域的结合成为创业热点，如打车、洗衣、卖菜、订餐、快递等，这些服务借助互联网平台，形成线上线下联合，推动了商业模式的创新。目前，杭州市由于其独特的优势而成为创业投资的“天使之城”：第一，总部位于杭州的阿里巴巴以及阿里 IPO 后出来创业的“阿里系”，在营造杭州的创业氛围上功不可没；第二，“浙大系”近几年异军突起，从浙江大学走出的创业团队层出不穷，为杭州市提供了源源不断的创新项目；第三，杭州市大量的民间资本为创业项目提供了丰富的资金来源；第四，杭州市政府对创客提供了大量的政策支持，积极打造创客平台，营造了良好的创业氛围。

一、2014 年杭州市股权投资市场发展分析

（一）2014 年杭州股权投资发展回顾

2014 年，在全国构建多层次资本市场体系、鼓励创新创业、IPO 开闸等多个利好政策的影响下，杭州市股权投资行业发展向好。同时，杭州市本身具有的创业氛围，"阿里系"、"浙大系"等形成的创业人才基础，杭州市政府在政策、场地、资金等方面所提供的大力支持等因素都使得杭州市在发展私募股权投资和创业投资上具备了独特的优势。

截至 2014 年年末，杭州市共有股权投资机构 385 家，其中创业投资机构（VC）238 家，占比 61.8%；私募股权投资机构（PE）147 家，占比 38.2%。在募资方面，2014 年，共有 74 支基金完成募集，披露金额的基金数为 61 支，募资总金额为 31.72 亿美元，平均单支基金募资金额达到 5200 万美元。在投资方面，杭州市共发生 132 起投资案例，其中披露金额的案例数为 114 起，涉及投资总金额达到 16.43 亿美元，投资地域基本集中在北京、浙江、上海等地，而电信及增值业务、互联网、IT 是主要的投资方向。在退出方面，全年共实现了 52 起退出，披露的平均退出回报为 3.87 倍，股权转让和并购是最主要的退出方式。

（二）2014 年杭州股权投资发展分析

1. 杭州市股权投资机构现有规模分析

2014 年，杭州市共有股权投资机构 385 家，其中创业投资机构（VC）238 家，占比 61.8%；私募股权投资机构（PE）147 家，占比 38.2%。披露管理资本量的机构共有 236 家，披露的管理资本量超过 1196 亿元，其中 VC 管理资本量为 779.5 亿元，占比 65.2%；PE 管理资本量为 416.7 亿元，占比 34.8%（见表 1）。

表 1　2014 年杭州市不同类型股权投资机构分布

机构类型	机构数量（家）	比例（%）	机构数量（家）	管理资本量（亿元）	比例（%）
VC	238	61.8	153	779.5	65.2
PE	147	38.2	83	416.7	34.8
合计	385	100.0	236	1196.2	100.0

来源：私募通，http://www.pedata.cn，2015-05

2. 杭州市股权投资机构募集资金情况分析

2014 年，杭州市共有 74 支基金完成募集，披露金额的基金数为 61 支，募资总金额为 31.72 亿美元，平均单支基金募资金额达到 0.52 亿美元。

（1）机构类型

2014 年，杭州市共有 42 支创业投资基金完成募集，披露金额的基金数为 37 支，披露的募资总金额为 24.27 亿美元，平均单支创投基金募资金额为 0.65 亿美元；共有 32 支私募股权投资基金完成募集，披露金额的基金数为 24 支，披露的募资总金额为 7.45 亿美元，平均单支私募基金募资金额为 0.31 亿美元（见表 2）。

表 2　2014 年杭州市不同类型股权投资机构募资情况

机构类型	新募基金数（支）	比例（%）	新募基金数（支）	募资总量（亿美元）	比例（%）	平均募资总量（亿美元）
VC	42	56.80	37	24.27	76.50	0.65
PE	32	43.20	24	7.45	23.50	0.31
合计	74	100.00	61	31.72	100.00	0.52

来源：私募通，http://www.pedata.cn，2015-05

（2）机构性质

2014 年，杭州市新募基金中，有 73 支基金由本土 VC/PE 机构募集，披露的募资总金额为 31.72 亿美元；仅有 1 支基金由合资机构募集，募资金额未披露（见表 3）。

表 3　2014 年杭州市不同性质股权投资机构募资情况

机构性质	新募基金数（支）	比例（%）	新募基金数（支）	募资总量（亿美元）	比例（%）	平均募资总量（亿美元）
本土	73	98.60	61	31.72	100.00	52.01
合资	1	1.40	—	—	—	—
合计	74	100.00	61	31.72	100.00	52.01

来源：私募通，http://www.pedata.cn，2015-05

(3)基金币种

在基金币种方面，共有 72 支基金为人民币基金，披露的募资金额为 29.72 亿美元；仅有 2 支美元基金募资，披露的募资金额为 2 亿美元。美元基金的平均募资规模高于人民币基金(见表 4)。

表 4　2014 年杭州市股权投资机构新募基金币种情况

基金币种	新募基金数（支）	比例（%）	新募基金数（支）	募资总量（亿美元）	比例（%）	平均募资总量（亿美元）
人民币	72	97.30	60	29.72	93.70	0.49
美元	2	2.70	1	2.00	6.30	2.00
合计	74	100.00	61	31.72	100.00	0.52

来源：私募通，http://www.pedata.cn，2015-05

3. 杭州市股权投资机构投资情况分析

2014 年，杭州市共发生 123 起投资案例，其中披露金额的案例数为 109 起，涉及投资总金额达到 16.41 亿美元。

(1)机构类型

2014 年，杭州市共发生创业投资案例 99 起，占总投资案例的 80.5%，披露金额的 95 起投资案例涉及总金额 7.06 亿美元；私募股权投资 24 起，占总投资案例的 19.5%，披露金额的 14 起投资案例涉及总金额 9.35 亿美元。PE 单起投资金额平均为 6677 万美元，远高于创业投资。

表5 2014年杭州市不同类型股权投资机构投资情况

机构类型	案例数（支）	比例（%）	案例数（支）	投资金额（亿美元）	比例（%）	平均投资金额（亿美元）
VC	99	80.50	95	7.06	43.00	0.07
PE	24	19.50	14	9.35	57.00	0.67
合计	123	100.00	109	16.41	100.00	0.15

来源：私募通，http://www.pedata.cn，2015-05

（2）投资行业

从投资行业来看，电信及增值业务、互联网、IT、生物技术/医疗健康、娱乐传媒是2014年杭州市股权投资企业重点关注的领域，这也与全国的VC/PE投资趋势相符。在平均投资金额方面，传统行业仍然处于较高水平，值得注意的是，2014年阿里创投投资华谊兄弟，导致娱乐传媒行业的平均投资金额排在了首位（见表6）。

表6 2014年杭州市股权投资机构投资行业分布

行业	案例数（起）	比例（%）	案例数（起）	投资金额（亿美元）	比例（%）	平均投资金额（亿美元）
电信及增值业务	33	26.80	30	1.69	10.30	0.06
互联网	31	25.20	30	3.05	18.60	0.10
IT	14	11.40	14	5.13	31.30	0.37
生物技术/医疗健康	10	8.10	8	0.45	2.80	0.06
娱乐传媒	9	7.30	3	2.60	15.80	0.87
其他	5	4.20	5	1.67	10.20	0.33
金融	4	3.30	4	0.21	1.30	0.05
化工原料及加工	4	3.30	4	0.29	1.80	0.07
半导体	3	2.40	3	0.48	2.90	0.16
房地产	2	1.60	1	0.10	0.60	0.10
建筑/工程	2	1.60	1	0.17	1.00	0.17
电子及光电设备	2	1.60	2	0.11	0.60	0.05
机械制造	2	1.60	2	0.17	1.00	0.08
清洁技术	1	0.80	1	0.11	0.70	0.11
能源及矿产	1	0.80	1	0.18	1.10	0.18
合计	123	100.00	109	16.41	100.00	0.15

来源：私募通，http://www.pedata.cn，2015-05

(3)投资阶段

从投资阶段来看,扩张期企业最受欢迎,共发生 49 起投资案例,披露的投资金额达到 4.28 亿美元;在平均投资金额方面,除去未披露阶段的项目外,投资于扩张期企业的金额最高,接近 1000 万美元(见表 7)。

表 7　2014 年杭州市股权投资机构投资阶段分布

投资阶段	案例数(起)	比例(%)	案例数(起)	投资金额(亿美元)	比例(%)	平均投资金额(亿美元)
扩张期	49	39.8	43	4.28	26.1	0.10
初创期	35	28.5	29	1.79	10.9	0.06
种子期	16	13.0	16	0.53	3.2	0.03
成熟期	13	10.6	11	0.78	4.7	0.07
未披露	10	8.1	10	9.03	55.1	0.90
合计	123	100.0	109	16.41	100.0	0.15

来源:私募通,http://www.pedata.cn,2015-05

4. 杭州市股权投资机构退出情况分析

2014 年,杭州市股权投资机构共实现了 52 起退出,披露的平均退出回报为 3.94 倍。从机构类型看,创业投资机构(VC)共实现 39 起退出,占 75%;私募股权投资机构(PE)共实现 13 起退出,占 25%。从机构性质看,共有 29 家本土机构实现退出,占比 56%;23 家外资机构实现退出,占比 44%。

(1)退出方式

2014 年杭州市股权投资机构的退出方式较为多元化,其中股权转让以 20 起退出成为最主要的退出方式,占全部退出案例的 38.5%;并购紧随其后,共有 19 起退出;尽管 2014 年 IPO 开闸,但 IPO 仍然未成为投资机构最主要的退出渠道,全年通过 IPO 退出的案例仅有 10 起(见表 8)。

表 8　2014 年杭州市股权投资机构退出方式分布

退出方式	案例数(起)	比例(%)
股权转让	20	38.5
并购	19	36.5
IPO	10	19.2
回购	2	3.9
管理层收购	1	1.9
合计	52	100.0

来源:私募通,http://www.pedata.cn,2015-05

(2)退出行业

从行业看,2014 年实现退出的行业主要集中在电信及增值业务、互联网、IT 三个领域,分别达到 13 起、10 起和 8 起,这也与杭州投资企业近年来所投的热点行业相符(见表 9)。

表 9　2014 年杭州市股权投资机构退出行业分布

退出行业	案例数(起)	比例(%)
电信及增值业务	13	25.0
互联网	10	19.2
IT	8	15.4
能源及矿产	3	5.8
生物技术/医疗健康	3	5.8
纺织及服装	2	3.8
汽车	2	3.8
清洁技术	2	3.8
房地产	2	3.8
建筑/工程	2	3.8
机械制造	2	3.8
教育与培训	1	2.0
电子及光电设备	1	2.0
金融	1	2.0
合计	52	100.0

来源:私募通,http://www.pedata.cn,2015-05

(三)2014年杭州政府及民间资本LP发展现状分析

我国经历了连续多年的高速经济增长,居民财富不断累积,千万富豪的数量不断增长。2013年,中国共有四个省市的千万富豪人数超过了10万,分别是北京、广东、上海和浙江。杭州一直以来都是浙江省富裕人群的聚集地之一,目前,杭州正借助这一优势,积极打造财富管理中心,以私募金融服务为核心和龙头,以场外交易市场、财富管理中介为两翼,构建杭州财富管理产业"金三角",并在此基础上进一步推动大众理财、公募理财和资产管理市场的发展,推动杭州从"金融大市"向"金融强市"迈进。

清科研究中心数据显示,2014年杭州市共有各类LP(有限合伙人)457家,其中企业是首要的LP来源,共有202家,占所有LP的44.2%;其次是投资公司(127家),占比为27.8%。在所有LP中,政府机构和政府引导基金共有30家,占LP总数的6.5%。

根据已披露的管理资本量来看,2014年杭州市LP的总管理资本量达到564.65亿元人民币,其中,企业和政府机构管理资本量规模较大,分别占总数的35.8%和24.7%(见表10)。

表10　2014年杭州市不同类型LP分布

LP类型	数量(总)	比例(%)	数量(金)	管理资本量(亿元)	比例(%)
企业	202	44.2	111	202.38	35.8
投资公司	127	27.8	99	57.90	10.3
VC/PE机构	63	13.9	36	59.40	10.5
上市公司	19	4.2	14	23.45	4.2
政府机构	17	3.7	12	139.65	24.7
政府引导基金	13	2.8	11	45.55	8.1
FOFs	6	1.3	6	14.90	2.6
其他	4	0.9	2	0.42	0.1
大学及其基金会	2	0.4	1	5.69	1.0
资产管理公司	2	0.4	2	0.16	0.0
银行	2	0.4	2	15.05	2.7
合计	457	100.0	296	564.65	100.0

来源:私募通,http://www.pedata.cn,2015-05

二、2014年杭州市天使投资市场发展分析

(一)2014年杭州天使投资发展回顾

2014年,杭州市天使投资在整体创业热潮的带动下蓬勃发展。

在创业环境方面:2014年,杭州市政府成立蒲公英天使引导基金,进一步明确对天使投资的扶持方式;同年"梦想小镇"开工建设,采用"互联网创业+天使基金"的"双镇联合"模式,通过"孵化+基金",紧紧抓住创业中最关键也是最艰难的两个环节,让"人才"与"资本"无缝对接。

在创业团队方面:以阿里巴巴为龙头的领军企业和以浙江大学为首的年轻群体共同形成了强大的创业群体,"新四军"(以浙江大学为代表的"浙大系"、阿里巴巴离职人员为代表的"阿里系"、以千人计划为代表的"海龟系"、以创二代和新生代为代表的"浙商系")正逐渐成为创业的中坚力量。

在投资机构方面:天使投资机构相继设立,知名风投也纷纷在杭州设立办公室,投资更加向早期项目倾斜。

截至2014年,杭州市共有7家天使投资机构,其中3家成立于2014年;天使投资机构共发生1起募资事件和10起投资事件,当年没有天使机构项目退出;共有4家杭州企业获得天使投资。

(二)2014年杭州天使投资政策环境分析

2014年被称为"中国创业元年",而杭州市更被认为是创业的"天使之城"。杭州市火热的创业氛围一方面得益于"阿里系"、"浙大系"形成的技术和人才基础,另一方面也得益于杭州市政府努力营造的良好天使投资氛围。

在创业企业培育方面:2014年,《杭州市大学生创业三年行动计划(2014—2016年)》发布,对大学生在杭自主创业提出了多项扶持政策,包括对创业项目无偿资助、培养创业人才,对创业项目进行融资扶持、经营场地补贴等。上述计划的实施,有效地提高了杭州市大学生创业的热情,同时也推动了杭州市"创新强市"的建设。

在天使投资机构扶持引导方面：2014 年，杭州市政府成立蒲公英天使投资引导基金，该基金是不以营利为目的的政策性基金，其宗旨是发挥财政资金的杠杆效应和引导作用，通过引导基金的跟进投资，鼓励天使投资机构（人）对初创期企业实施投资、提供高水平创业指导及配套服务，助推创新型初创期企业快速成长。基金从正式上线运营至 2014 年年底，实际已到位资金 1 亿元，目前已批复天使投资参股基金 10 家，总规模 49350 万元，天使投资引导基金协议出资 11450 万元，平均参股比例 23%，财政资金放大 4.3 倍。蒲公英天使基金所投的项目主要集中于科技型初创企业，大多数属于杭州本地项目。基金通过资金杠杆效应，引导资源流向具有创新性的优质企业，有效地推动了杭州市天使投资行业的发展。

（三）2014 年杭州天使投资发展分析

1. 杭州市天使投资机构现有规模分析

截至 2014 年年底，杭州市共有 7 家天使投资机构，均为本土机构，所关注的行业基本围绕互联网展开，如网络旅游、新媒体、电子商务等。7 家天使投资机构中，有 3 家成立于 2014 年（见表 11）。

表 11　2014 年杭州市天使投资机构列表

机构名称	资本类型	成立时间	行　业
迭代资本	本土	2014-10-28	互联网、手机 SNS、无线互联网服务
瞰澜投资	本土	2014-01-24	网络旅游
基本粒子投资	本土	2013-03-15	网络旅游
天使湾创投	本土	2010-09-29	互联网
米仓资本	本土	2014-10-15	早期移动互联网，智能硬件，数字影视传媒
Mr. I 电子商务创新基地	本土	2005-03-10	电子商务全产业链
传媒梦工场	本土	2011-10-31	新媒体内容提供、新媒体渠道、新媒体运营

来源：私募通，http://www.pedata.cn，2015-05

2. 杭州市天使投资机构募资情况分析

2014 年，杭州市天使投资机构仅发生一起募资事件：2014 年 4 月 16 日，杭州暾澜投资管理有限公司（暾澜投资）旗下的杭州中南暾澜投资合伙企业（有限合伙）进行募资，募资金额为 4000 万元，其 LP 为浙江中南控股集团有限公司。

3. 杭州市天使投资机构投资情况分析

2014 年，杭州市天使投资机构共发生 10 起投资，其中 5 起投资披露金额，披露的总投资金额为 146 万美元。从投资地域看，主要分布在上海、广东、浙江和北京；从投资行业看，电信及增值业务是最受关注的领域，其次是互联网、金融和电子及光电设备；从投资阶段看，共有 7 起投向种子期企业，2 起为初创期，1 起为扩张期。

4. 杭州市天使投资机构退出情况分析

2014 年杭州市天使投资机构没有退出事件。

(四)2014 年杭州初创企业天使融资发展分析

1. 杭州市企业融资规模分析

2014 年，杭州市企业共获得 4 起天使融资，其中 3 起披露融资金额，共融资 155 万美元，平均单起融资金额为 51.7 万美元。

2. 杭州市企业成功融资行业分布分析

在 2014 年发生的 4 起天使融资中，共有 3 起属于电信及增值业务，另外 1 起属于互联网行业。电信及增值业务披露的融资金额为 106 万美元，平均融资额为 35 万美元；互联网行业发生的 1 起融资金额为 49 万美元。

三、2014 年杭州市股权投资业退出环境分析

(一)2014 年杭州企业 IPO 现状分析

杭州市 2014 年共有 10 个项目通过 IPO 方式实现退出，IPO 成为继股权转让和并购之后的第三大退出方式，并呈现出以下特点：

创业投资退出更多：从机构类型来看，10 起退出中，共有 3 家 IPO 有私募股权投资机构支持，7 家有创业投资机构支持。

北京市居于首位：从被投企业所在地看，共有 4 家 IPO 企业位于北京市，3 家企业位于福建省，2 家位于浙江省，1 家位于湖南省。

境内和境外资本市场均成为上市目的地：10 家上市企业中，共有 3 家在深圳创业板上市，2 家在香港主板上市，2 家在纳斯达克证券交易所上市，2 家在深圳中小企业板上市，1 家在上海证券交易所上市，上市目的地更加多元化。

纳斯达克证券交易所退出回报最高：2014 年杭州股权投资机构通过 IPO 方式退出的平均账面回报为 4.6 倍。其中，在纳斯达克证券交易所 IPO 的退出回报为 8.08 倍；其次是深圳创业板，为 6.25 倍；在上海证券交易所、深圳中小企业板、香港主板的退出回报分别为 2.27 倍、2.76 倍和 1.70 倍。

退出行业分布广泛：在 10 个 IPO 项目中，退出项目所在行业包括互联网（3 家）、纺织与服装（2 家），汽车、能源及矿产、机械制造、IT、电信及增值业务各 1 家。

（二）2014 年杭州企业新三板挂牌现状分析

2014 年是新三板加速发展的一年。从行业上看，新三板挂牌企业主要集中在制造业、信息传输/软件和信息技术服务业两大领域；从地区分布看，北京、江苏、上海和广东是新三板挂牌企业的主要分布地。

截至 2015 年 5 月，杭州市新三板挂牌企业达到 44 家，其中有 VC/PE/天使支持的企业共 14 家。从行业看，挂牌企业主要集中于机械制造、IT、电子及光电设备、化工原料及加工等领域（见表 12）。

表 12　2014 年杭州市新三板挂牌企业行业分布

行　业	挂牌公司数量(家)	比例(%)
机械制造	9	20.5
IT	9	20.5
电子及光电设备	5	11.4
化工原料及加工	5	11.4

续表

行　业	挂牌公司数量(家)	比例(%)
清洁技术	3	6.7
生物技术/医疗健康	3	6.7
电信及增值业务	2	4.4
能源及矿产	1	2.3
纺织及服装	1	2.3
其他	1	2.3
互联网	1	2.3
房地产	1	2.3
娱乐传媒	1	2.3
半导体	1	2.3
连锁及零售	1	2.3
合计	44	100.0

来源:私募通,http://www.pedata.cn,2015-05

四、2014 年杭州市股权投资业发展特点分析

(一)利好政策频出,引导基金支持力度加大

2014 年 2 月,杭州市设立蒲公英天使投资引导基金,其宗旨是发挥财政资金的杠杆效应和引导作用,通过引导基金的跟进投资,鼓励天使投资机构(人)对初创期企业实施投资、提供高水平创业指导及配套服务,助推创新型初创期企业快速成长。

2014 年 9 月,杭州市发布《杭州市人民政府关于进一步推动企业利用资本市场加快发展的实施意见》,该政策的出台有利于推动企业利用资本市场做大做强,同时也为私募股权投资机构参与优秀企业运作、增加退出通道提供了便利。

2014 年 11 月,杭州市发布《杭州市人民政府关于推进互联网金融创新发

展的指导意见》，提出建设全国互联网金融创新中心的目标，支持市产业发展引导基金、市创业投资引导基金等政策性基金与境内外知名股权投资机构、金融机构合作，在杭发起设立互联网金融发展专项子基金，重点投向初创期、成长期互联网金融企业，支持社会资本在杭发起设立互联网金融产业领域的各类投资基金、并购基金、天使基金。

2014年12月，《杭州市人民政府办公厅关于进一步促进普通高校毕业生就业创业的实施意见》出台，提出降低创业准入门槛，落实税收减免政策，加大资金扶持力度，鼓励网络创业，加强创业教育和创业培训，实施"杭州市杰出创业人才培育计划"、"杭州市大学生就业创业师友计划"和"杭州市促进女大学生就业创业三年行动计划(2014—2016年)"，大力支持"梦想小镇"建设等等。

(二)市场信心提振，股权投资业迅猛增长

截至2014年年底，杭州市共有股权投资机构385家，披露的管理资本量超过1196亿元，而2012年杭州股权投资机构管理资本量约500亿元，两年之内即实现翻番。2014年，杭州市共有74支基金完成募集，披露金额的基金数为61支，募资总金额为31.72亿美元，平均单支基金募资金额达到5200万美元，募资规模远高于前几年的水平，显示出在政策利好的背景下，市场信心提振，更多资金涌入股权投资行业。

(三)创新创业环境优越，早期项目受热捧

2014年开工的梦想小镇采用"互联网创业＋天使基金"的"双镇联合"模式，提供免租办公场地、最高100万元的风险池贷款、30万元商业贷款贴息以及云服务、中介服务、人才租房等方面的多项优惠政策，启用以来已吸引多家创业团队和投资基金入驻；位于西湖区的云栖小镇以阿里巴巴为依托，打造中国首个富于科技人文特色的云计算产业生态小镇，将集聚基于云计算的创新企业，特别是在云上创业创新的企业和团队，涵盖云计算应用如APP开发、游戏、互联网金融、移动互联网、数据挖掘等各个领域，形成完整的云计算产业链。

2014年，杭州创投行业观察到的另一个现象是，早期项目越来越受到追

捧，这一方面是由于市场火热，优质成熟项目非常抢手，迫使投资机构更加转向偏早期的项目；另一方面是由于投资机构希望通过早期介入，加强投后管理，提高企业价值，从而使投资回报最大化。

（四）互联网引领信息经济，TMT 行业投资活跃

从 2014 年杭州股权投资机构所投行业来看，电信及增值业务、互联网、IT 是最热门的三大领域，无论是投资数量还是投资金额都远高于其他行业。从杭州企业融资情况看，这三个领域依然遥遥领先，其中互联网行业共发生 39 起融资，披露的金额为 6.5 亿美元；电信及增值业务行业共有 32 起融资，披露的金额为 4.0 亿美元；IT 行业共发生 15 起融资，披露的融资金额为 6900 万美元，三个领域融资案例数占总融资企业数量的将近 70%，由此也可看出杭州在 TMT（科技、媒体和通信领域）对投资机构的吸引力。

（五）退出渠道多元化，上市、并购、新三板“全面开花”

2014 年，杭州市股权投资机构共实现了 52 起退出，披露的平均退出回报为 3.94 倍，退出渠道更加多元化，股权转让、并购和 IPO 成为最主要的退出途径。根据清科研究中心统计，共有 10 个项目通过 IPO 方式实现退出，值得注意的是，境内和境外资本市场均成为上市目的地；2014 年，杭州市并购市场风起云涌，全年杭州企业共完成并购 94 起，披露金额的并购案例 87 起，涉及总金额 66.63 亿美元，共有 75 家注册在杭州的企业被收购，披露的总并购金额为 24 亿美元；而在新三板市场上，杭州企业同样表现突出，2014 年杭州市新三板挂牌企业达到 44 家，其中有 VC/PE/天使支持的企业共 14 家。

（六）股权投资业助推企业并购重组，推动产业资源整合

2014 年，杭州市发生的并购事件中，可以看到 VC/PE 的积极参与：在 75 起杭州市企业被并购的案例中，共有 10 起有 VC/PE 支持，如奇虎 360 科技收购杭州古北电子科技有限公司、康恩贝制药收购浙江珍诚医药在线股份有限公司等；在杭州企业实施的 94 起并购案例中，共有 11 起有 VC/PE 支持，如阿里巴巴集团收购高德软件和优酷土豆、浙江物产中大元通集团收购财通证券等。

此外，在火热并购市场现状下，“上市公司＋PE”模式逐渐兴起。2014 年以来，天堂硅谷先后参与华数传媒增发 0.48％股份、入股万马股份 0.70％股份、举牌精伦电子、接盘通威股份 4.83％股份、参与赞宇科技增发 3.84％股份、接盘鸿路钢构 4.10％股份、举牌浩物股份。在“上市公司＋PE”的模式下，PE 利用自身行业背景及财务法律优势为上市公司挑选优质并购标的，为上市公司并购重组提供财务顾问服务，同时也增加了 PE 退出的新路径。

五、2015 年杭州市股权投资行业发展趋势与重点工作建议

1. 积极落实丝绸之路经济带和长三角经济带战略，发挥与周边城市金融业协同与联动效应

杭州市拥有充裕的民间资本、发达的金融机制和国际化经营经验，两大战略的实施将成为杭州企业又一次“走出去”的机会。国务院批复杭州设立中国首个国家级的跨境电子商务试验区，依托跨境电商园区平台，入驻企业可以共享物流、信息和仓储等电商全产业链服务，让本土企业有更加迅捷的渠道走出去。与此同时，杭州金融机构也有更多机会参与其中，在兼并重组、联合上市公司实施产业链整合、开展“互联网＋”投资等领域都将大有所为。杭州市应当加强与周边城市的协同效应，推进基础设施联动互通、产业发展对接协作、资源要素双向流动，并强化金融行业在其中发挥的作用，形成政府联动、企业主动、民间促动的合力，最大限度地释放协同发展红利。

2. 明晰杭州金融业态，进一步突出财富管理中心的定位

2014 年杭州市提出《杭州财富管理中心建设 2014 年度行动计划》，要求大力推进金融改革与创新，以私募金融服务为龙头，以场外交易市场、财富管理中介为两翼，完善规范高效的资本转化机制和财富管理体系，发展独具优势的杭州财富管理产业，促进财富管理与实体经济发展有机结合，把杭州打造成为全省财富管理产业的核心集聚区，以及具有全国影响力、与上海国际金融中心良性互动的国内一流财富管理中心，大力提升全省和杭州金融业核心竞争力。

2015 年将是执行财富中心建设计划的关键一年，杭州市应进一步加强财富管理中心的定位，凸显杭州的优势和特色，进一步优化金融集聚区空间布

局，推动形成金融资源服务实体经济的良性循环，推动企业利用资本市场快速发展。推进钱江新城金融核心区、玉皇山南国际金融产业园、黄龙商圈、西溪谷、湘湖金融岛等园区建设，形成财富管理机构集聚效应。

3.扩大政府引导金规模，加强财政资金对股权投资业进一步支持

2014年杭州市成立的蒲公英天使投资引导基金，引导基金对资金的放大效应初显成效。未来，杭州市需继续扩大引导基金规模，以阶段参股和跟进投资的引导方式，吸引国内外投资业绩突出、资金募集能力强、管理经验成熟、网络资源丰富的品牌创业投资企业，将资金重点投向杭州市域内的电子信息、生物医药、新能源、新材料、环保、知识型服务业、高效农业等符合杭州市高技术产业发展规划的领域，推动杭州市实现经济发展转型和产业升级。

4.鼓励股权投资基金支持国有企业改革、中小企业发展和新型城镇化建设

浙江省是民营经济大省，杭州市的民营企业近年来发展迅速，成为带动全市经济发展的重要力量，但同时，民营企业也常常面临融资难的问题，而股权投资机构的参与有助于帮助中小型企业摆脱资金链困境，扶持其发展壮大，缓解金融市场上资金供需不平衡的问题。

目前，杭州市仍然具有较大的城镇化潜力，这对股权投资机构也意味着较大的机会，尤其是在基础设施建设、节能环保、智慧家庭、健康医疗、新娱乐等领域都需要投资私募基金和创业基金的积极参与。

5.继续改善创新创业环境，以股权投资业促进当地科技成果转化

在“大众创业、万众创新”的大潮下，杭州市可进一步强化对现有资源的整合与分配，改善创新创业环境：首先，加快对梦想小镇、云栖小镇等创业园区的建设，鼓励私募股权投资机构和创业投资机构入驻，以股权投资促进科技成果转化，完善“科技＋金融”的运作模式；其次，通过财政/税收杠杆给予创业企业以便利，提供更多的行政事务绿色通道；第三，加强机场、轨道交通、酒店、医疗等方面的基础设施建设，增强杭州市对外部优秀企业和高端人才的吸引力；最后，营造公平公开的市场环境，在提供政府扶持的同时，也给非政府力量以足够的空间，支持市场化运作的创业技能辅导、专业媒体推广、投融资顾问服务、人才招聘猎头服务、商务法律支持等。

6.推动股权投资资本与以TMT为核心的重点行业产融结合，促进杭州产业结构转型与升级

从2014年全国和杭州市的投资行业来看，TMT无疑是最大的热点，而杭州市在TMT领域一直都有强大的优势，尤其是在电子商务、互联网金融等方面，已形成了大大小小众多成功的创业企业。未来，杭州市应致力于推动股权投资与包括TMT在内的杭州重点产业的融合，通过引导基金运作，推动资金向重点产业的优质企业倾斜，以市场资本带动产业的转型与升级。同时，鼓励传统企业实施“互联网＋”战略，通过线上线下结合加速企业壮大，推动移动互联网、云计算、大数据、物联网等与现代制造业结合，促进电子商务、工业互联网和互联网金融健康发展。

2014年杭州市创投工作发展报告

杭州市创业投资引导基金管委会

2014年，围绕杭州市委、市政府的中心工作，杭州市创业投资引导基金管委会紧紧贴合智慧产业化、产业智慧化，加快信息化、工业化“两化”深度融合的主线，积极开展工作。在推进创业投资引导基金国际化和专业化方面取得突破，较好地完成了年度的工作目标，在带动创投机构、人才、资本集聚杭州，推动杭州市信息经济发展、促进创新创业的作用进一步体现。杭州市共引导基金投资的项目达225个，引导基金直接投资6.59亿元，带动社会资本47.45亿元，放大倍数7.2倍。所投项目中近2/3属于智慧经济领域。创投引导基金工作荣获中国有限合伙人联盟（CLPA）评选的2013—2014年度“十佳政府引导基金”称号，这是杭州市政府引导基金管委会连续第五年获此殊荣。

一、2014年杭州市创业投资引导基金工作进展情况

（一）阶段参股工作情况

1.阶段参股合作项目情况

至2014年12月31日，阶段参股新合作项目4个（盛维投资、华瓯3期、睦和2期、浙大友创），完成年度工作目标。目前市创投办累计已批复合作单位27家，其中已经签约设立25家。

2.阶段参股出资情况

已批复的27个合作项目基金总规模为39.25亿元（其中引导基金协议出资9.525亿元，实际出资6.38347亿元），其中已经签约设立25家，基金总规模37.25亿元（其中引导基金协议出资9.125亿元）。

3.阶段参股合作单位项目投资情况

至2014年12月31日,阶段参股合作创投企业当年共投资项目32个。阶段参股合作创投累计已投资项目169个,投资金额23.81亿元,带动社会联合投资金额22.01亿元,引导基金实际带动社会资本放大倍数达到近8倍。

所投资的项目中,杭州投资项目113个,占比66.9%;杭州项目投资金额15.88亿元,占比66.7%。杭州项目中,初创期项目68个,占比60.2%;金额9.53亿元,占比60%。所投项目中近2/3属于智慧经济领域。

2014年开展了对引导基金阶段参股合作基金的绩效统计,至2014年年底,引导基金阶段参股合作创投所投资项目累计已实现利润114亿元、税收47亿元,新创造就业岗位20000余个。

(二)跟进投资工作情况

2014年,泰邦创投引导基金跟进投资项目完成协议签署项目3个,签约金额1150万元,实际出资金额910万元,撬动社会资本5500万元。累计跟进投资项目56个,全部为初创期企业项目,签约投资金额11196.9万元,实际累计出资金额10383.9万元,实际撬动社会资本71094.60万元,放大倍数7倍多,有力地促进了社会资本投向初创期企业。

二、2014年创投引导基金工作特点

2014年,杭州市创投引导基金通过推进国际化、与产业园区对接、加强管理等工作,取得了实质性进展。

1.深化创新,探索国际化合作道路

2014年,市创投引导基金阶段参股积极引进国际品牌创投机构,推进国际化合作模式,引进了国际著名金融机构——硅谷银行直属的人民币投资基金管理机构盛维投资作为合作伙伴。盛维投资具有国际化的视野、创业投资专业经验及丰富的金融创新资源优势。盛维投资的引进使杭州市创投引导基金开始探索国际化合作的道路,对于推动杭州市高科技企业发展、产业提升具有直接促进作用。

2.服务本地,推进创投机构与产业园区无缝对接

密切关注杭州本地特色产业园区、创业园区,积极推进其与活跃在杭州本地的早期投资机构、国内外各创投机构的合作。重点与下城区进行合作,召集与引导基金合作过的二十多家国际国内知名创投机构与下城区高新技术产业园、创新中国产业园进行了对接,进一步提升了引导基金对接扶持杭州企业的广度和深度,储备了一批具有增长潜力的高科技企业和创新商业模式企业,促进了创投资本与本地产业项目的合作。

3.聚焦热点,加强对科技型小微企业融资服务

根据国家发改委《关于加强小微企业融资服务支持小微企业发展的指导意见》(发改财金〔2013〕1410 号),2014 年市创投引导基金聚焦热点,积极探索加强对科技型小微企业支持。在引导基金合作对象的选择方面,注重对科技型小微企业的支持。同时,认真研究鼓励合作创投企业支持小微企业的激励制度。

4.盘活存量,加快引导基金循环使用

引导基金按照《杭州市创业投资引导基金管理办法》要求严格托管、规范管理,在确保引导基金运作规范和资金安全的同时,为进一步提高财政资金的使用效率,积极寻找退出机会回收资金循环使用。2014 年完成对 1 家合作参股基金(深创投 1 期基金)的整体退出,以及 3 家合作参股基金的部分资金退出,退出金额超过 4100 万元。目前引导基金阶段参股累计已实现 3 个参股基金的完整退出和 7 个参股基金的部分资金退出,累计退回资金 1.33 亿元;跟进投资累计已实现退出的项目 19 个,累计回收投资本金 4069.75 万元,实现投资收益 425.946 万元。

5.强化管理,开展投后管理与绩效分析

引导基金运作已近 7 年,存量投资项目数量较大,为规范管理,2014 年加强了对所投资项目的跟踪统计,及时防范风险。为更好地实现市创投引导基金的政策目标,最大限度地提升财政资金的使用效率,2014 年市创投办开展了提升引导基金绩效的研究课题。对各引导基金合作机构投资项目绩效情况进行了全面的问卷统计调查,并对统计数据进行了专门研究分析,对引导基金合作创投机构投资绩效、支持本地项目成长效果进行了深入分析,为下一步工作

决策提供了量化指标的参考。

杭州市的创投引导基金工作虽然取得了一定成效，但还需要进一步完善，目前，最主要的问题是引导基金的规模，根据《杭州市创业投资引导基金管理办法》，引导基金的总规模为 10 亿元，为更好地发挥引导基金在产业转型升级方面的作用，提高财政资金的使用效率，应该进一步扩大引导基金的规模。

三、下一步工作任务

2015 年是新的五年规划的开局之年，也是强势推进“一号工程”的关键一年，围绕“发展信息经济、推进智慧应用”，进一步发挥引导基金作用，2015 年争取新增 4 个阶段参股合作项目。阶段参股投资项目达到 30 个以上，跟进投资达到 3 个以上。围绕市创投引导基金的总体目标，2015 年重点开展以下工作。

1. 贴合杭州市产业发展方向，深化基金专业化

进一步围绕杭州市“信息经济”、“智慧经济”发展战略目标，发挥创投引导基金引导作用，积极寻找国内外优秀品牌创投机构设立主要投资于互联网、信息与传媒、医疗健康、智慧城市的专业特色基金。

2. 加强市区联动，放大市创投引导基金的引导辐射作用

根据市领导的有关要求，积极推进“市区联动”，通过创投引导基金引导创投机构推动区、县(市)产业升级，扶持、引进优势企业。目前已经积极推进包括和未来科技城计划联动成立“硅谷银行盛维杭州科技基金”、“德同资本 TMT 早期基金”；和江干区联动成立“深创投杭州移动互联网基金”、“杭州复朴消费升级基金”等项目。

3. 探索内外联动，发挥硅谷孵化器平台对接作用

根据市委、市政府要求，杭州市硅谷孵化器已于 2014 年挂牌启动运行。2015 年将积极发挥硅谷孵化器平台作用，定期组织引导基金合作创投机构与海外孵化的优秀人才、项目对接，帮助意向回国创业的海外优秀创业人才、项目落实产业化所需要的资本投入，与合作创投共同助推海外优秀创业企业落户杭州快速成长。

4. 继续盘活存量，加快资金循环速度

积极推动已批复的合作创投加快签约设立及资金到位，已设立的合作创

投加快资金到位及投资进度。对于设立已满3年以上且已完成投资的合作创投，积极寻找退出机会，实现加快引导基金资金循环使用速度。

5.争取扩大引导基金规模，进一步发挥引导基金的作用

最近，国家决定设立400亿元国家新兴产业创业投资引导基金，以助力创业创新和产业升级。国务院常务会议明确，基金将实行市场化运作、专业化管理，公开招标择优选定若干家基金管理公司负责运营、自主投资决策。这标志着政府“给钱”的方式由原来的财政直接支持的“喂养式”帮扶，朝着“市场化方式”引导。这与杭州市创投引导基金的运作方式完全一致。目前，杭州市正在进行的专项资金整治，就是要改变政府对企业的扶持方式，变直接扶持为间接扶持，在这方面，杭州市创投引导基金已积累了比较丰富的经验。我们建议，结合杭州市专项资金的整合工作，转变财政资金扶持企业的方式，采用引导基金的形式，变直接扶持为间接扶持。

2014年杭州市上市公司并购报告

华媒研究院

一、并购目的分析

2014年杭州市上市公司并购重组事件总数量85起，以横向整合为主。以横向整合为目的的并购事件发生数量为47起，占总数一半以上，其比例(55.29%)基本与全国数据(54.35%)相近。这说明杭州市上市公司更倾向于并购属于同一产业或者行业内的企业，扩大生产规模，提高市场占有率，将现有产业做强做大。

1.杭州市并购事件目的分析

杭州市并购事件目的分析如图1和表1所示。

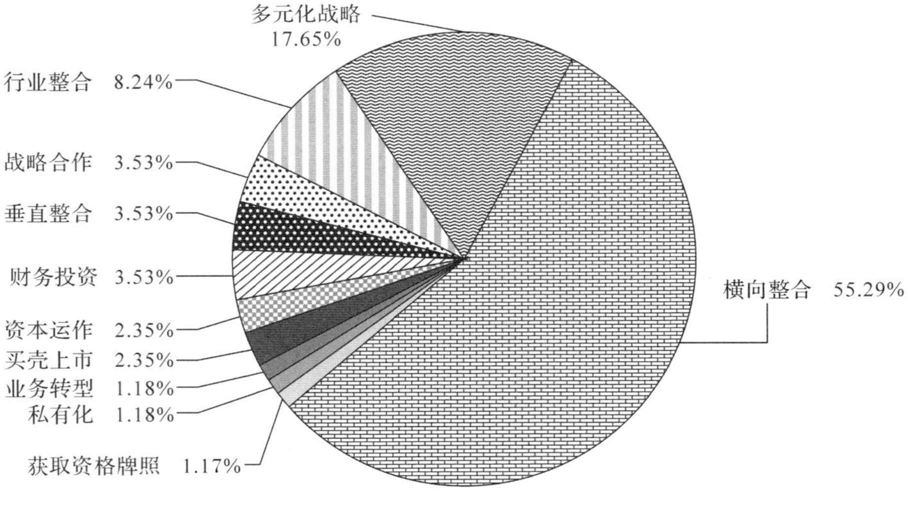

图1 杭州市2014年上市公司并购重组事件并购目的分析

表 1　杭州市 2014 年上市公司并购重组事件并购目的分析

并购目的	数量(起)
获取资格牌照	1
私有化	1
业务转型	1
买壳上市	2
资本运作	2
财务投资	3
垂直整合	3
战略合作	3
行业整合	7
多元化战略	15
横向整合	47

2. 杭州市并购事件跨行业并购分析

杭州市并购事件跨行业并购分析如图 2 所示。

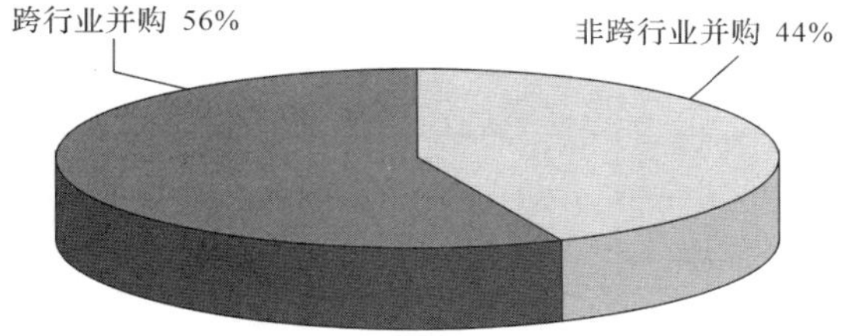

图 2　杭州市 2014 年上市公司并购重组事件跨行业并购分析

3. 全国并购事件目的分析

全国并购事件目的分析如图 3 与表 2 所示。

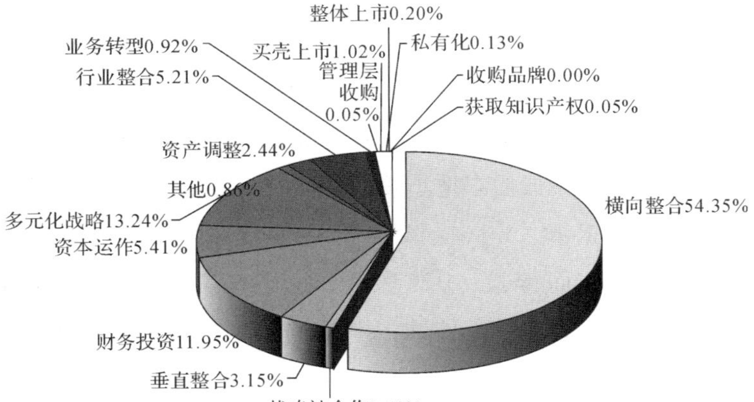

图 3　全国 2014 年上市公司并购重组事件并购目的分析

表 2　全国 2014 年上市公司并购重组事件并购目的分析

并购目的	合　计	
	数量(起)	金额(亿元)
合计	3934	23578.96
横向整合	2138	9512.46
战略合作	23	2034.28
垂直整合	138	442.05
财务投资	470	2679.99
资本运作	213	365.51
多元化战略	521	2295.38
其他	34	25.88
资产调整	96	152.85
行业整合	205	746.29
业务转型	36	468.94
管理层收购	2	0.88
买壳上市	40	2290.40
私有化	5	163.02
整体上市	8	2396.92
获取资质	1	0.10
收购品牌	0	0.00
获取资格牌照	2	3.46
获取知识产权	2	0.54

说明：

(1)上市公司“私有化”，是资本市场一类特殊的并购操作；与其他并购操作的最大区别，就是它的目标是令被收购上市公司除牌，由公众公司变为私人公司。通俗来说，就是控股股东把小股东手里的股份全部买回来，扩大已有份额，最终使这家公司退市。

(2)横向并购是指同属于一个产业或行业，或产品处于同一市场的企业之间发生的并购行为。横向并购可以扩大同类产品的生产规模，降低生产成本，消除竞争，提高市场占有率。

(3)垂直整合是指生产过程或经营环节紧密相关的企业之间的并购行为。纵向并购可以加速生产流程,节约运输、仓储等费用。

(4)买壳上市又称"后门上市"或"逆向收购",是指非上市公司购买一家上市公司一定比例的股权来取得上市的地位,然后注入自己有关业务及资产,实现间接上市的目的。一般而言,买壳上市是民营企业的较佳选择。

(5)资本运作又称资金运作。包括:连锁销售、资本孵化、民间合伙私募和互助式小额理财。通过买卖企业和资产而赚钱的经营活动,实现价值增值、效益增长的一种经营方式。简言之就是利用资本市场,以小变大、以无生有的诀窍和手段,通过买卖企业和资产而赚钱的经营活动。主要形式有:发行股票、发行债券(包括可转换公司债券)、配股、增发新股、转让股权、派送红股、转增股本、股权回购(减少注册资本),企业的合并、托管、收购、兼并、分立以及风险投资等,资产重组,对企业的资产进行剥离、置换、出售、转让,或对企业进行合并、托管、收购、兼并、分立的行为,以实现资本结构或债务结构的改善,为实现资本运营的根本目标奠定基础。

(6)财务投资是指以获取中短期财务价值为目的,主要通过溢价退出实现资本增值的交易行为,包括单一股权投资和混合型投资。其中,混合型投资系指交易结构中除股权类投资外,还包含债券类业务的交易类型。

(7)多元化战略又称多角化战略,是指企业同时经营两种以上基本经济用途不同的产品或服务的一种发展战略。多元化战略是相对企业专业化经营而言的,其内容包括:产品的多元化、市场的多元化,投资区域的多元化和资本的多元化。

二、并购方式分析

杭州市 2014 年上市公司并购重组方式以协议收购为主,其次是增资(见图 4 与表 3)。

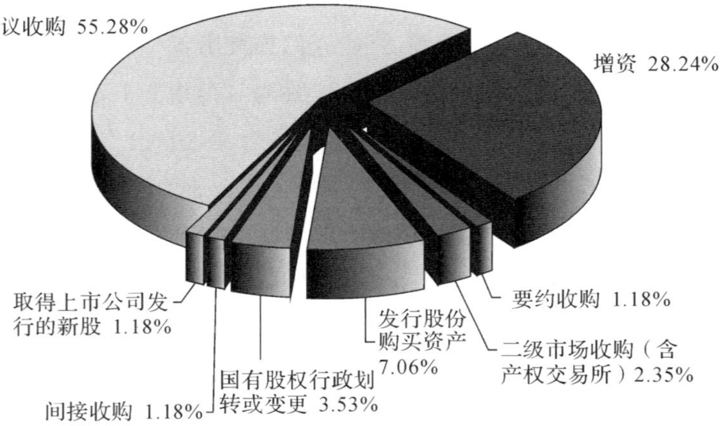

图 4　杭州市 2014 年上市公司并购重组事件并购方式分析

表 3　杭州市 2014 年上市公司并购重组事件并购方式分析

并购方式	数量(起)
协议收购	47
增资	24
发行股份购买资产	6
国有股权行政划转或变更	3
二级市场收购(含产权交易所)	2
间接收购	1
取得上市公司发行的新股	1
要约收购	1

三、股权转让比例分析

1. 杭州市 2014 年并购重组股权转让比例分析

2014 年杭州并购事件共 85 起，转让股权比例在 30%以下的占 35.29%，30%(含)以上的占 43.53%(见图 5 和图 6)，其中，100%股权转让占 1/3 左右。

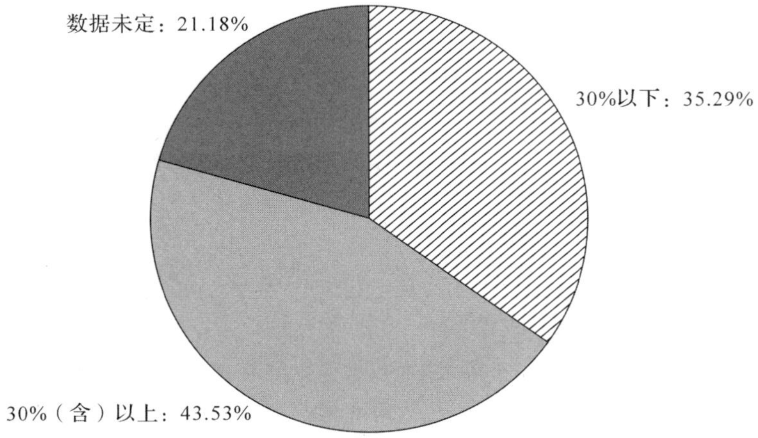

图 5　杭州市 2014 年上市公司并购重组事件股权转让比例分析(一)

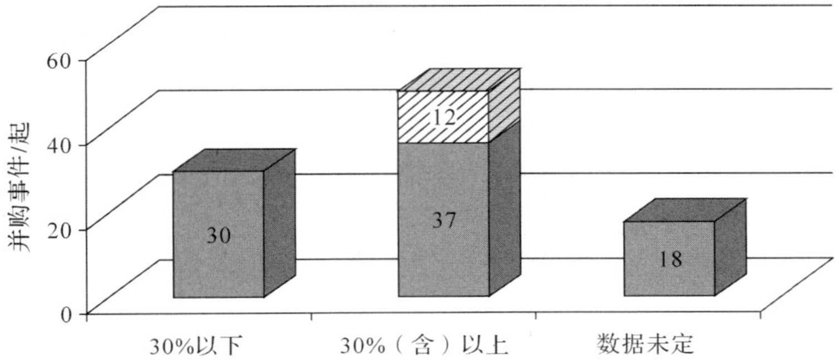

图 6　杭州市 2014 年上市公司并购重组事件股权转让比例分析(二)

2. 全国 2014 年并购重组 100%股权转让比例分析

2014 年全国并购事件共发生 3983 起，其中 100%股权转让事件为 786 起。在图 7 中可以看出，100%股权收购杭州占比 14.12%，低于全国 100%股权收购比例(19.73%)。

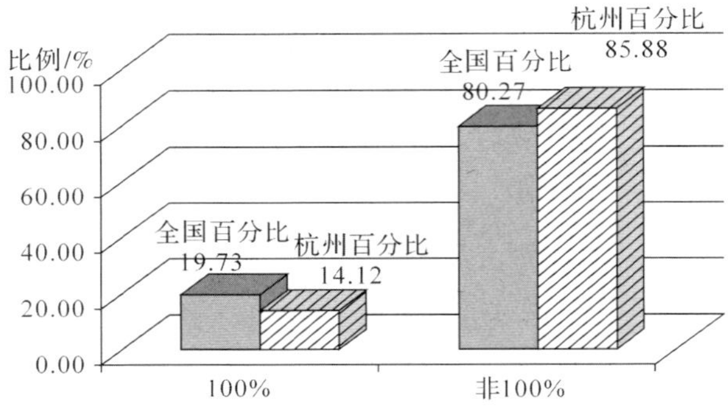

图 7　2014 年上市公司并购重组事件 100%股权转让比例分析

3. 杭州市 2014 年上市公司并购重组事件 100%股权收购案例

杭州市 2014 年上市公司并购重组事件 100%股权收购案例如表 4 所示。

表 4　杭州市 2014 年上市公司并购重组事件 100%股权收购案例

日　期	标的物	竞买方
2014-02-17	菲斯科 100%股权	万向集团
2014-02-18	华迪电子 100%股权	汉鼎股份(300300.SZ)
2014-02-26	通策义齿 100%股权	海骏科技
2014-04-08	吉天仪器 100%股权	聚光科技(300203.SZ)
2014-04-08	数字天域 100%股权	联络互动(002280.SZ)
2014-04-25	天胜信息 100%股权	中威电子(300270.SZ)
2014-08-22	海拓环境 100%股权	众合科技(000925.SZ)
2014-09-03	水美环保 100%股权	兴源环境(300266.SZ)
2014-10-10	良运环保 100%股权	杭锅股份(002534.SZ)
2014-12-03	杰之盟 100%股权	浙江亿富
2014-12-16	美科制药 100%股权	亿帆鑫富(002019.SZ)
2014-12-31	德农肥业 100%股权	万向三农

四、标的物地域分析

1. 境内并购重组事件地域分析

2014 年杭州市上市公司并购重组事件标的物实际总数为 97 个，其中华东区域标的物数量为 63 个，占比 64.95%。可以看出，杭州市上市公司境内并购重组标的物大多集中于华东地区(64.95%),其次为华北地区(10.31%)(见图8和表5)。

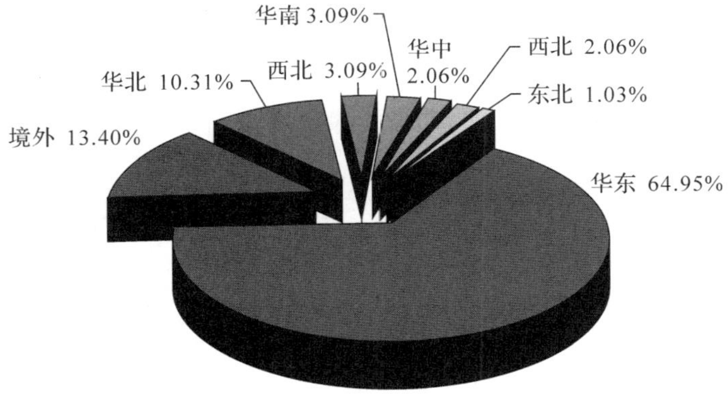

图8 杭州市2014年上市公司并购重组事件地域分析

表5 杭州市2014年上市公司并购重组事件地域分布

地域	东北	华东	华北	西南	华南	华中	西北	境外
数量	1	63	10	3	3	2	2	13

2.境内并购重组事件省区市分析

2014年杭州市上市公司并购重组事件标的物实际总数为97个,其中浙江省标的物数量为45个,占据总数一半左右。可以看出,杭州市上市公司更倾向于收购省内公司,其次为上海和北京(见图9)。

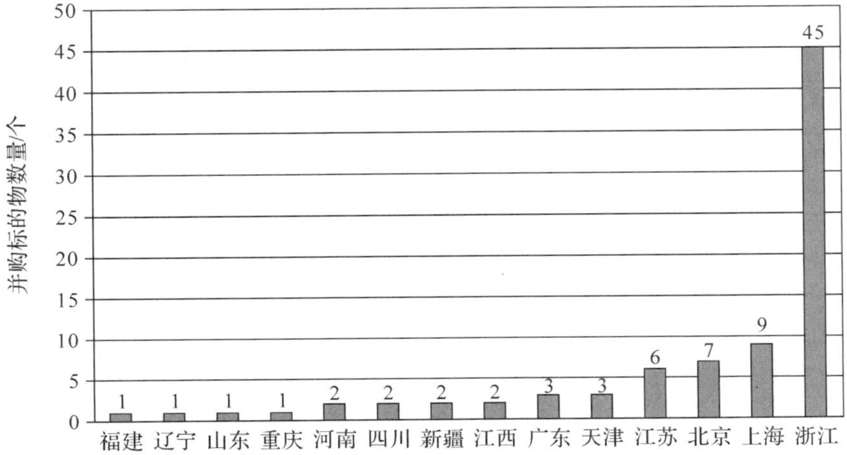

图9 杭州市2014年上市公司并购重组事件省区市分析

3. 境内并购重组事件城市分析

2014 年杭州市上市公司并购重组事件标的物实际总数为 97 个，其中浙江省标的物数量为 45 个，仅杭州市就有 40 个。由此可见，杭州市上市公司偏爱的收购城市为杭州，其次为上海、北京和天津（见图 10）。这四个城市的标的物占标的物总数比例高达 61.5%。

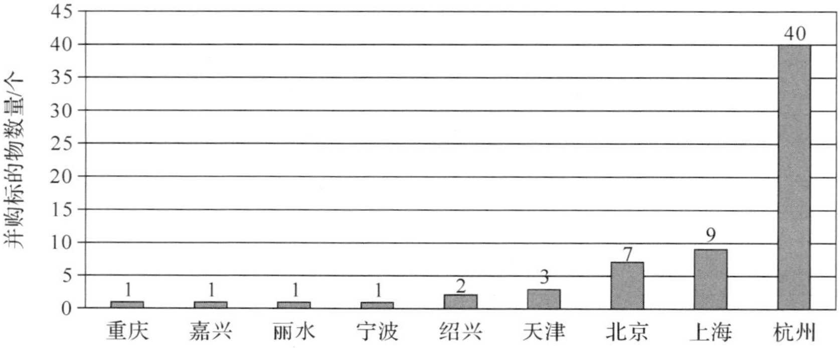

图 10　杭州市 2014 年上市公司并购重组事件城市分析

在杭州上市公司并购重组所有事件中，本地并购比例最高，当中有不可避免的地缘因素存在。说明杭州市上市公司对外兼并欲望和动力有待提高，更加倾向于收购身边熟悉的企业，并购视野和范围亟须扩大，未来更高的发展空间值得期待。

此外，在北京和上海发生的并购事件中，文创类（广告、电影、娱乐）行业比重最大（占 1/3 以上），说明杭州市上市公司偏向于收购北京、上海的可选消费行业。

4. 境外并购事件分析

杭州市 2014 年境外并购事件标的物总数为 13 个，占并购事件标的物比例为 13.40%（见图 11），全国范围内该比例为 6.93%。通过数据对比可以看出，杭州 2014 年整体跨境并购比例高于全国平均水平（见图 12）。

值得注意的是，在 13 起境外并购事件中，仅阿里巴巴集团发起的并购事件就有 7 起。除去阿里巴巴，杭州市 2014 年跨境并购事件占总并购事件的比例降为 6.19%，低于全国平均水平（6.93%），杭州市上市公司国际视野还有待扩展。

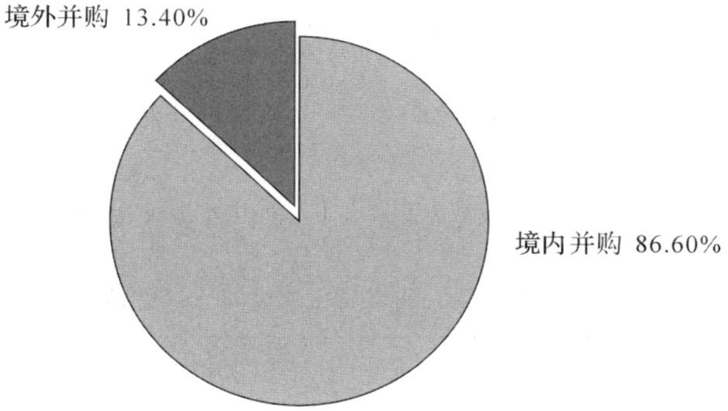

图 11　杭州市 2014 年上市公司境内与境外并购重组事件分析

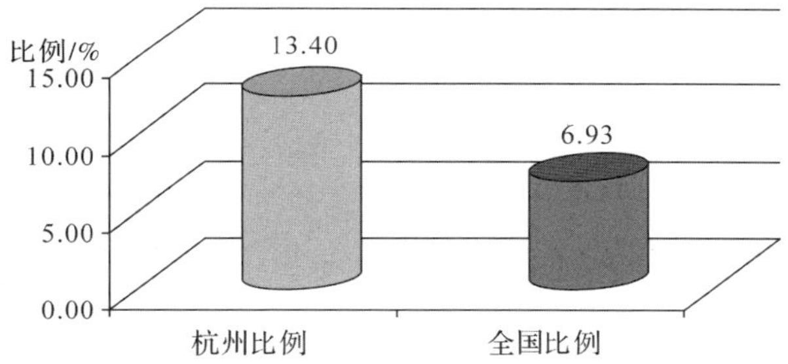

图 12　2014 年上市公司跨境并购重组事件杭州和全国比较分析

事实上，很难讲到底是阿里巴巴成就了杭州，还是杭州造就了阿里巴巴。浙江拥有国内最为庞大的中小型加工企业和制造企业群体，以及相关的产业链分工体系，整个长三角地区是中国加工制造能力最强的地区，也是日用消费品集中的地区。同时，浙江发达的民间融资体系和信用体系使得不少企业主能够接受互联网交易这种创新商业模式。除此之外，杭州具有集中的人才资源，这也是阿里巴巴留在杭州的因素之一。可以说，是杭州赋予了阿里成功的先决条件。

阿里巴巴也给杭州带来了巨大的影响。随着 2014 年阿里巴巴在美上市，杭州的互联网创业氛围愈加浓厚，带动了一大批新兴企业，也加速了许多上市公司奋进扩张的热潮。它的成功上市确实改变了杭州市的经济格局，给整座城市带来了浓厚的电商氛围和创业氛围。

正如数据显示，阿里巴巴的成功也应该给杭州的上市公司带来许多思考。

阿里巴巴目前领先全局，造成了主要的政府资源、社会资源、媒体资源都向其倾斜，阿里“一枝独秀”。杭州上市公司的国际视野和扩张实力是否真如数据显示的那样强？以2014年中国并购市场上市公司十大并购案例为例，仅杭州市就占3起，但3起并购方全部为阿里巴巴集团(见表6)。阿里是否能代表整个杭州？离开了阿里巴巴的杭州，到底还有哪些有实力的企业？值得深思。

表6 2014年中国并购市场上市公司十大并购案例

排名	并购方			被并购方			并购金额(亿美元)
	公司	地区	行业	公司	地区	行业	
1	五矿资源有限公司	中国北京	能源及矿产	LasBambas项目	秘鲁	能源及矿产	70.05
2	联想集团有限公司	中国北京	IT	摩托罗拉移动控股公司	美国	电信及增值业务	29.10
3	方正证券股份有限公司	中国湖南	金融	中国民族证券有限责任公司	中国北京	金融	21.05
4	阿里巴巴集团控股有限公司	中国浙江	互联网	高德软件有限公司	中国北京	电信及增值业务	15.00
5	京东方科技集团股份有限公司	中国北京	电子及光电设备	北京京东方显示技术有限公司	中国北京	电子及光电设备	13.87
6	阿里巴巴集团控股有限公司	中国浙江	互联网	优酷土豆股份有限公司	中国北京	互联网	10.88
7	中国移动通信集团公司	中国北京	电信及增值业务	True Corporation Public Company Limited	泰国	电信及增值业务	8.80
8	海通证券股份有限公司	中国上海	金融	恒信金融集团有限公司	中国上海	金融	7.15
9	阿里巴巴集团股份有限公司	中国浙江	互联网	银泰商业(集团)有限公司	中国北京	连锁及零售	6.92
10	百威英博啤酒集团	比利时	食品&饮料	四平金士百纯生啤酒股份有限公司	中国吉林	食品&饮料	6.17

5.杭州市2014年上市公司交易金额地域分析

根据表7和图13分析得出，2014年杭州市上市公司并购重组事件按照交易金额划分，主要集中在我国的华东区域(41.35%)、其他区域(43.99%)以及华北区域(11.81%)，按照地区划分主要集中在我国的浙江、香港、北京和上海以及美国。

其中根据单笔交易金额数据分析，香港成为收购单价最高的城市，单笔交易金额为 255706.08 万元，其次是福建（125000.00 万元）、美国(60952.26 万元)和北京(51141.11 万元)。

表 7　杭州市 2014 年上市公司并购重组事件地域交易金额统计分析

<table>
<tr><th>所在国家</th><th>标的物地域</th><th>地区</th><th>交易总价值（万元）</th><th>交易总价值（万元）</th><th>数量</th><th>单笔交易金额（万元）</th></tr>
<tr><td rowspan="15">中国</td><td>东北</td><td>辽宁</td><td>1000.00</td><td>1000.00</td><td>1</td><td>1000.00</td></tr>
<tr><td rowspan="2">华北</td><td>北京</td><td>357987.76</td><td rowspan="2">381987.76</td><td>7</td><td>51141.11</td></tr>
<tr><td>天津</td><td>24000.00</td><td>3</td><td>8000.00</td></tr>
<tr><td rowspan="6">华东</td><td>上海</td><td>259250.00</td><td rowspan="6">1337330.85</td><td>9</td><td>28805.56</td></tr>
<tr><td>浙江</td><td>881850.85</td><td>45</td><td>19596.69</td></tr>
<tr><td>江苏</td><td>59530.00</td><td>6</td><td>9921.67</td></tr>
<tr><td>山东</td><td>11700.00</td><td>1</td><td>11700.00</td></tr>
<tr><td>江西</td><td>0.00</td><td>2</td><td>0.00</td></tr>
<tr><td>福建</td><td>125000.00</td><td>1</td><td>125000.00</td></tr>
<tr><td rowspan="2">西南</td><td>四川</td><td>35124.00</td><td rowspan="2">36594.00</td><td>2</td><td>17562.00</td></tr>
<tr><td>重庆</td><td>1470.00</td><td>1</td><td>1470.00</td></tr>
<tr><td>中南</td><td>广东</td><td>4600.00</td><td>4600.00</td><td>3</td><td>1533.33</td></tr>
<tr><td>华中</td><td>河南</td><td>40839.40</td><td>40839.40</td><td>2</td><td>20419.70</td></tr>
<tr><td>西北</td><td>新疆</td><td>2520.00</td><td>2520.00</td><td>2</td><td>1260.00</td></tr>
<tr><td></td><td>香港</td><td>1022824.32</td><td>1022824.32</td><td>4</td><td>255706.08</td></tr>
<tr><td colspan="2" rowspan="3">其他国家</td><td>韩国</td><td>32318.63</td><td rowspan="3">399832.21</td><td>1</td><td>32318.63</td></tr>
<tr><td>澳大利亚</td><td>1800.00</td><td>2</td><td>900.00</td></tr>
<tr><td>美国</td><td>365713.58</td><td>6</td><td>60952.26</td></tr>
</table>

注：单笔交易金额$=\frac{\text{区域交易总价值}}{\text{交易笔数}}$

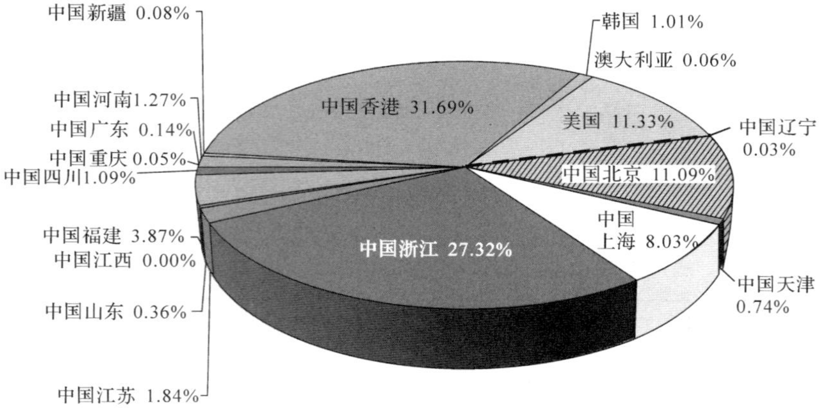

图 13　杭州市 2014 年上市公司并购重组事件地域交易金额统计分析

6. 杭州市 2014 年上市公司跨境收购案例

杭州市 2014 年上市公司跨境收购案例如表 8 所示。

表 8　杭州市 2014 年上市公司跨境收购案例

序号	日期	标的物	竞买方
1	2014-01-23	中信 21 世纪 54.3%股权	阿里巴巴集团;云锋基金
2	2014-02-11	高德软件 72%股权	阿里巴巴集团
3	2014-03-11	文化中国传播 59.32%股权	
4	2014-03-31	银泰商业 26.13%股权	
5	2014-08-01	Kabam 股权	
6	2014-08-09	SnapChat 股权	
7	2014-04-29	优酷土豆 18.5%股权	阿里巴巴集团;云锋基金
8	2014-09-01	永联国际 100%股权	杭锅股份(002534.SZ)
9	2014-10-09	NEW 15%股权	华策影视(300133.SZ)
10	2014-05-07	方达医药 69.84%股权	泰格医药(300347.SZ)
11	2014-09-04	BALFOUR DOWNS STATION 牧场的全部有效资产;	天马股份(002122.SZ)
12	2014-09-04	WANDANYA STATION 牧场的全部有效资产	
13	2014-02-17	菲斯科 100%股权	万向集团

五、标的物行业分析

数据显示，2014 年杭州市并购重组事件中，收购数量最多的是信息技术行业的标的物，其次是可选消费与金融行业（见图 14）；分析 2014 年全国数据可以得知，在全国范围内竞买方最偏向收购的是传统工业，排名第二名和第三名的分别是金融行业及信息技术行业（见图 15）。

杭州是中国三大互联网集散中心之一，阿里巴巴的上市给予了杭州更加活跃的互联网创业氛围和激情。杭州也是互联网金融的发源地，支付宝、余额宝等互联网金融启蒙产品均来自本地。根据数据分析得出，与全国上市公司对传统工业的偏爱相比，杭州上市公司更偏好于收购更加新兴的行业，如信息技术类行业、文创类行业及金融行业，这充分说明杭州市上市公司走在了时代和创新的前沿，带领了上市公司的并购重组风潮方向。

1. 杭州市数据分析

杭州市 2014 年上市公司并购重组标的物行业分析如图 14 所示。

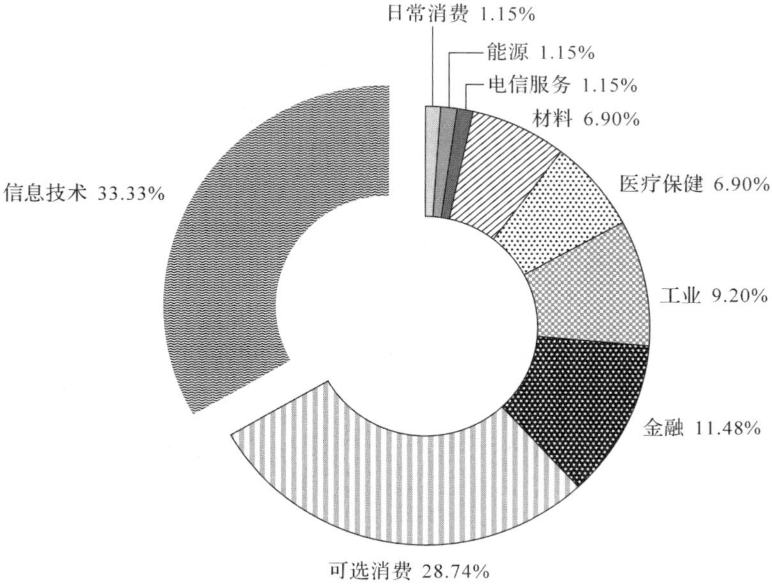

图 14　杭州市 2014 年上市公司并购重组标的物行业分析

2. 全国数据分析

全国 2014 年上市公司并购重组标的物行业分析如图 15 所示。

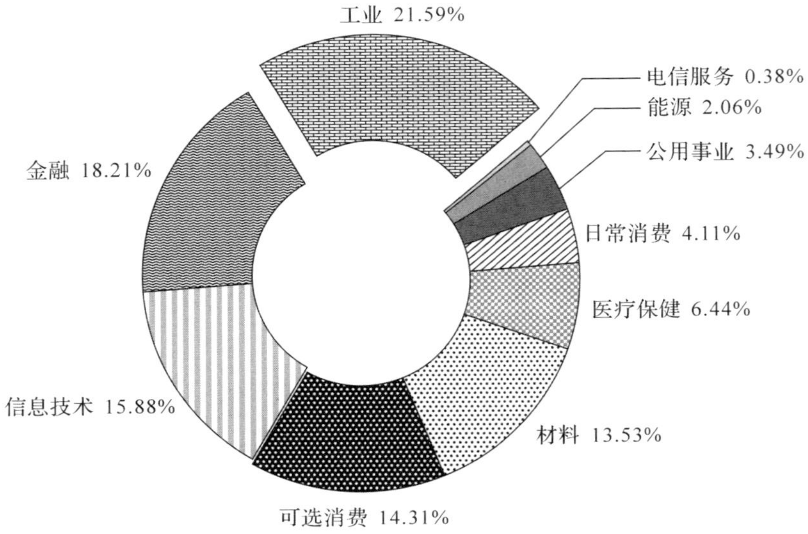

图 15 全国 2014 年上市公司并购重组标的物行业分析

说明：

(1)材料行业主要包括:化肥与农用化工、基础化工、化纤、贵金属与矿石、特种化工、纸制品等。

(2)可选消费行业包括:电影娱乐、百货商店、机动车设备、广告、家用器具与特殊消费品、摄影等。

六、交易金额分析

1. 杭州市并购重组事件交易金额分析

杭州市 2014 年上市公司并购重组事件中 50%交易金额在 1 亿元以内(43 起),其次集中在 1 亿～5 亿元之间,2014 年杭州市没有发生交易金额在 50 亿元以上的大金额并购事件(见图 16 和表 9)。

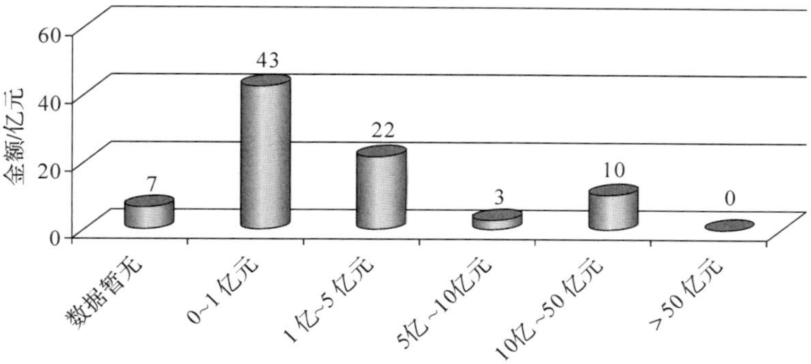

图 16　杭州市 2014 年上市公司并购重组事件交易金额分析

表 9　杭州市 2014 年上市公司并购重组事件按季度分析　　单位：起

交易金额	第一季度	第二季度	第三季度	第四季度	总数
数据未定	2	3	1	1	7
0～1 亿元	16	8	8	11	43
1 亿～5 亿元	1	5	7	9	22
5 亿～10 亿元	2	1	0	0	3
10 亿～50 亿元	3	5	1	1	10

2. 全国范围并购重组事件交易金额分析

如图 17、图 18、图 19 和表 10 所示，与全国数据比较得知，2014 年杭州市上市公司缺乏大手笔并购，超过 50 亿元规模的并购事件为 0，更加倾向于中小规模收购。并购规模和利用资本手段扩张的能力有待提升。

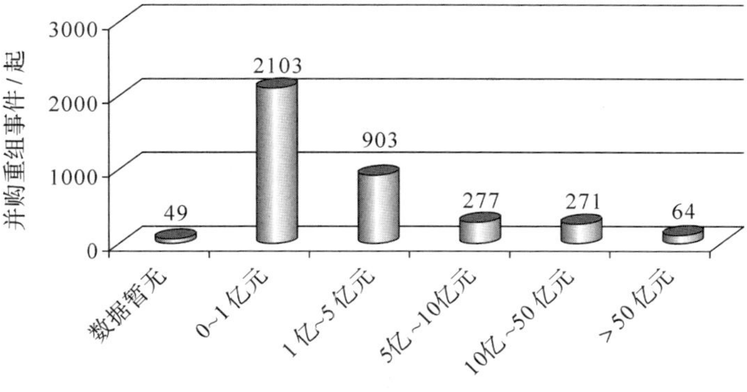

图 17　全国 2014 年上市公司并购重组事件交易金额分析

表 10　2014 年上市公司并购重组事件交易金额分析

交易金额	杭州		全国	
	交易数量	交易金额(万元)	交易数量	交易金额(亿元)
数据暂无	7	0.00	49	0.01
0～1 亿元	43	127030.64	2103	612.4023
1 亿～5 亿元	22	494148.13	903	2185.1176
5 亿～10 亿元	3	264791.08	277	1972.6642
10 亿～50 亿元	10	2423283.94	271	5893.0777
>50 亿元	0		64	12917.783

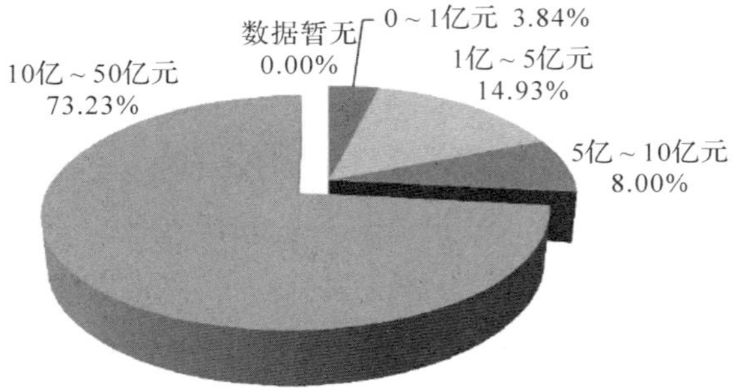

图 18　杭州市 2014 年上市公司并购重组事件交易金额占比分析

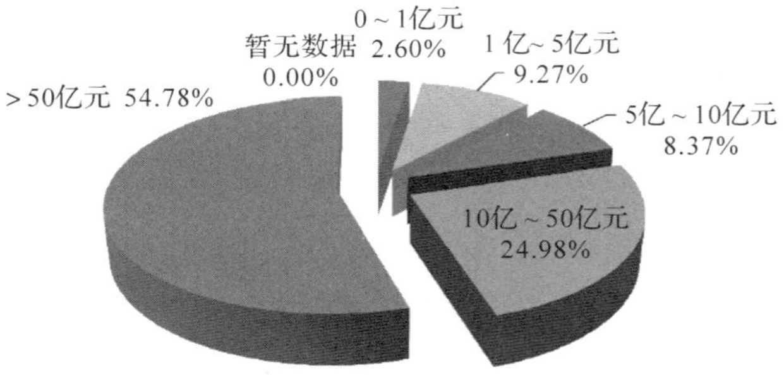

图 19　全国 2014 年上市公司并购重组事件交易金额占比分析

3. 杭州市 2014 年上市公司交易金额前十名单

杭州市 2014 年上市公司交易金额前十名单如表 11 所示。

表 11　杭州市 2014 年上市公司交易金额前十名单

首次披露日	交易标的	交易买方	交易总价值（万元）	币种	最新进度	股权转让比例	标的方所在地
2014-03-11	文化中国传播 59.32%股权	阿里巴巴集团	493909.19	人民币元	完成	59.32	中国香港
2014-03-31	银泰商业 26.13%股权	阿里巴巴集团	425697.93	人民币元	签署转让协议	26.13%	中国香港
2014-04-03	恒生电子 20.62%股权	融信网络	329900.00	人民币元	完成	20.62%	中国浙江
2014-08-23	兆讯传媒 100%股份；翔通动漫 100%股权；青雨影视 100%股权	万好万家（600576.SH）	302400.00	人民币元	发审委未通过	—	中国北京/福建/上海
2014-05-19	杭州日报传媒等 11 家公司股权	华媒控股（000607.SZ）	223115.86	人民币元	完成	—	中国浙江
2014-04-08	数字天域 100%股权	联络互动（002280.SZ）	212883.76	人民币元	完成	100.00%	中国北京
2014-04-29	优酷土豆 18.5%股权	阿里巴巴集团；云锋基金	122000.00	美元	进行中	18.50%	美国
2014-02-11	高德软件 72%股权	阿里巴巴集团	110000.00	美元	进行中	72.00%	美国
2014-01-23	中信 21 世纪 54.3%股权	阿里巴巴集团；云锋基金	103217.20	人民币元	董事会预案	54.30%	中国香港
2014-12-23	航天创投 100%股权；新湖投资 100%股权；新湖成长 100%股权；宁波轿辰 100%股权；浙江古纤道 100%股权；浙江万凯 100%股权	浙江新湖创投	100160.00	人民币元	董事会预案	—	中国江苏/浙江

七、持续并购分析

2014 年杭州上市公司并购事件数量为 85 起，交易竞买方公司数量为 54 家。其中 34 家公司并购数量为一起，20 家公司并购数量超过两起，为持续并购。

2014 年全国上市公司已知数据的竞买方数量为 2472 个，共发生并购事件 3776 起。其中，交易竞买方发生单次并购的数量为 1760，712 家公司发生了持续并购，占总竞买方数量的比例为 28.8%。

1. 杭州市持续并购分析

杭州市 2014 年上市公司并购事件持续并购分析如图 20 所示。

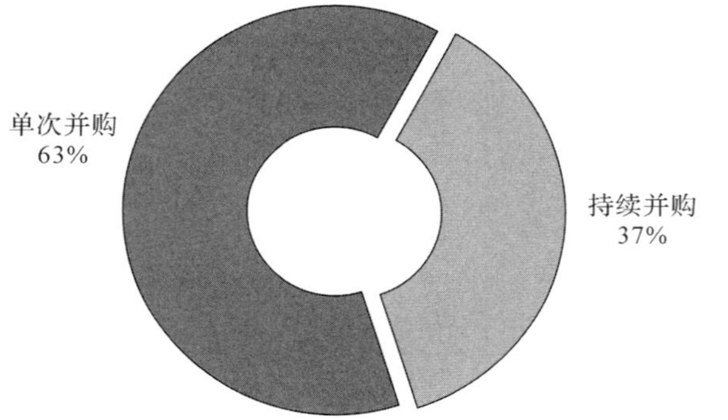

图 20　杭州市 2014 年上市公司并购事件持续并购分析

2. 全国持续并购分析

全国 2014 年上市公司并购事件持续并购分析如图 21 所示。

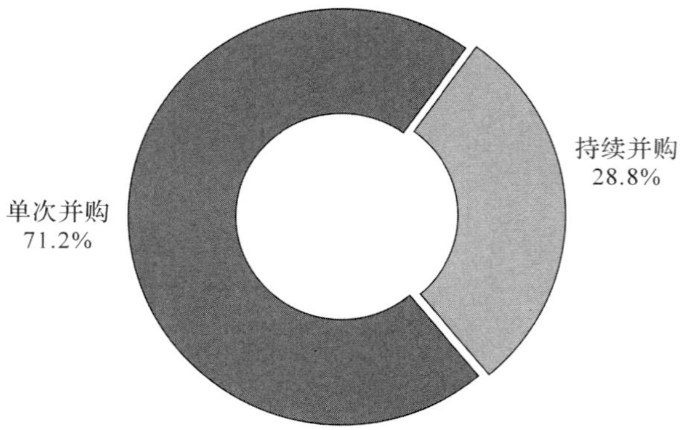

图 21　全国 2014 年上市公司并购事件持续并购分析

3.杭州市持续并购公司名单

杭州市持续并购公司名单如表12所示。

表12 杭州市持续并购公司名单　　单位:起

交易买方	并购数
阿里巴巴集团	7
华策影视(300133.SZ)	4
华数传媒(000156.SZ)	4
汉鼎股份(300300.SZ)	3
杭锅股份(002534.SZ)	3
顺网科技(300113.SZ)	3
银江股份(300020.SZ)	3
浙富控股(002266.SZ)	3
众合科技(000925.SZ)	3
云锋基金	2
迪安诊断(300244.SZ)	2
国贸集团	2
杭齿前进(601177.SH)	2
金固股份(002488.SZ)	2
巨星科技(002444.SZ)	2
宋城演艺(300144.SZ)	2
万向三农	2
物产中大	2
浙报传媒	2
中瑞思创(300078.SZ)	2

4.持续并购次数前三案例

杭州市持续并购次数前三案例如表13所示。

表 13　杭州市持续并购数前三案例

首次披露日	交易标的	交易买方	标的方所在行业	交易总价值（万元）	币种	最新进度	标的方所在地
2014-08-09	SnapChat 股权	阿里巴巴集团	家庭娱乐软件	—	—	失败	美国
2014-03-11	文化中国传播 59.32%股权	阿里巴巴集团	电影与娱乐	493909.19	人民币元	完成	中国香港
2014-03-31	银泰商业 26.13%股权	阿里巴巴集团	百货商店	425697.93	人民币元	签署转让协议	中国香港
2014-02-11	高德软件 72%股权	阿里巴巴集团	应用软件	110000.00	美元	进行中	美国
2014-08-01	Kabam 股权	阿里巴巴集团	家庭娱乐软件	12000.00	美元	进行中	美国
2014-04-29	优酷土豆 18.5%股权	阿里巴巴集团；云锋基金	互联网软件与服务	122000.00	美元	进行中	美国
2014-01-23	中信 21 世纪 54.3%股权	阿里巴巴集团；云锋基金	综合电信服务	103217.20	人民币元	董事会预案	中国香港
2014-07-16	上海银润股权	华数传媒（000156.SZ）	广告	25000.00	人民币元	达成转让意向	中国上海
2014-05-31	唐人影视 8.0645%股权	华数传媒（000156.SZ）	电影与娱乐	10000.00	人民币元	董事会预案	中国天津
2014-03-26	富阳网通 69.12%股权；余杭网通 50%股权	华数传媒（000156.SZ）	信息科技咨询与其他服务	2715.15	人民币元	完成	中国浙江

续表

首次披露日	交易标的	交易买方	标的方所在行业	交易总价值（万元）	币种	最新进度	标的方所在地
2014-07-16	视讯传媒51%股权	华数传媒（000156.SZ）	电影与娱乐	1020.00	人民币元	签署转让协议	中国新疆
2014-10-09	NEW 15%股权	华策影视（300133.SZ）	电影与娱乐	32318.63	人民币元	完成	韩国
2014-02-25	合润传媒20%股权	华策影视（300133.SZ）	广告	10400.00	人民币元	董事会预案	中国北京
2014-04-16	高格影视18.1%股权	华策影视（300133.SZ）	电影与娱乐	4000.00	人民币元	签署转让协议	中国上海
2014-11-06	天映传媒40%股权	华策影视（300133.SZ）	电影与娱乐	4000.00	人民币元	签署转让协议	中国天津

附录

附表 1　杭州市 2014 年上市公司并购重组事件总表

首次披露日	交易标的	交易买方	标的方行业	交易总价值（万元）	币种	最新进度	并购方式	并购目的	支付方式	股权转让比例（%）	标的类型	标的方所在地
2014-02-12	杭州合大 80%股权	金固股份(002488.SZ)	半导体产品	8,000.00	人民币元	完成	增资	行业整合	现金	80.00	股权	中国浙江
2014-04-17	河南杭氧 100 万股股份	杭氧股份(002430.SZ)	工业气体	249.4	人民币元	完成	协议收购	横向整合	现金	—	股权	中国河南
2014-08-04	江苏富春江环保热电有限公司	浙江富春江环保热电股份有限公司(002479.SZ)	复合型公用事业	1500	人民币元	签署转让协议	协议收购	横向整合	现金	30.00	股权	中国江苏
2014-11-13	上海语镜 12.5%股权	金固股份(002488.SZ)	信息科技咨询与其他服务	2,500.00	人民币元	董事会预案	增资	横向整合	现金	12.50	股权	中国上海
2014-01-02	英特集团 23.15%股权	国贸集团	保健护理产品经销商	—	—	签署转让协议	国有股权行政划转或变更	多元化战略	无偿	23.15	股权	中国浙江
2014-01-02	洛克能源 51%股权	莱茵置业(000558.SZ)	石油与天然气的炼制和销售	3550.00	人民币元	完成	协议收购	多元化战略	现金	51.00	股权	中国浙江
2014-01-21	重庆圣莱宝 49%股权	迪安诊断(300244.SZ)	保健护理服务	1470.00	人民币元	董事会预案	协议收购	横向整合	现金	49.00	股权	中国重庆
2014-01-23	中信 21 世纪 54.3%股权	阿里巴巴集团；云锋基金	综合电信服务	103217.20	人民币元	董事会预案	协议收购	行业整合	现金	54.30	股权	中国香港
2014-02-11	高德软件 72%股权	阿里巴巴集团	应用软件	110000.00	美元	进行中	要约收购	私有化	现金	72.00	股权	美国
2014-02-17	菲斯科 100%股权	万向集团	汽车制造	91091.08	人民币元	完成	协议收购	横向整合	现金	100.00	股权	美国

续表

首次披露日	交易标的	交易买方	标的方行业	交易总价值（万元）	币种	最新进度	并购方式	并购目的	支付方式	股权转让比例（%）	标的类型	标的方所在地
2014-02-18	华迪电子100%股权	汉鼎股份(300300.SZ)	通信设备	1000.00	人民币元	签署转让协议	协议收购	获取资格牌照	现金	100.00	股权	中国辽宁
2014-02-25	合润传媒20%股权	华策影视(300133.SZ)	广告	10400.00	人民币元	董事会预案	协议收购	横向整合	现金	20.00	股权	中国北京
2014-02-26	通策义齿100%股权	海骏科技	医疗保健设备	300.00	人民币元	董事会预案	协议收购	横向整合	现金	100.00	股权	中国浙江
2014-02-26	网新智能91%股权	众合科技(000925.SZ)	信息科技咨询与其他服务	3114.42	人民币元	董事会预案	协议收购	行业整合	现金	91.00	股权	中国浙江
2014-02-26	网新中控75.00%股权	众合科技(000925.SZ)	信息科技咨询与其他服务	7095.53	人民币元	董事会预案	协议收购	行业整合	现金	75.00	股权	中国浙江
2014-03-11	文化中国传播59.32%股权	阿里巴巴集团	电影与娱乐	493909.19	人民币元	完成	取得上市公司发行的新股	战略合作	现金	59.32	股权	中国香港
2014-03-11	国金租赁20%股权	浙江东方（600120.SHN600120.SH）	特殊金融服务	3580.00	人民币元	完成	二级市场收购(含产权交易所)	横向整合	现金	20.00	股权	中国浙江
2014-03-12	恒逸物流51%股权	恒逸集团(恒逸石化(股票代码,SHE:000703))	航空货运与物流	1116.90	人民币元	完成	协议收购	行业整合	现金	51.00	股权	中国浙江
2014-03-14	浙大正呈14.29%股权;微云通信40%股权;蜂助手60%股权	汉鼎股份(300300.SZ)	互联网软件与服务	5550.00	人民币元	董事会预案	协议收购	横向整合	现金	—	股权	中国浙江/浙江/广东
2014-03-19	天创环境5%股权	钱江水利(600283.SH)	电子设备和仪器	1750.00	人民币元	签署转让协议	增资	垂直整合	现金	5.00	股权	中国浙江

续表

首次披露日	交易标的	交易买方	标的方行业	交易总价值（万元）	币种	最新进度	并购方式	并购目的	支付方式	股权转让比例（%）	标的类型	标的方所在地
2014-03-26	富阳网通69.12%股权；余杭网通50%股权	华数传媒(000156.SZ)	信息科技咨询与其他服务	2715.15	人民币元	完成	协议收购	行业整合	现金	—	股权	中国浙江
2014-03-26	梦响强音40%股权	浙富控股(002266.SZ)	电影与娱乐	84000.00	人民币元	完成	协议收购	多元化战略	现金	40.00	股权	中国上海
2014-03-28	英特集团股权	国贸集团	保健护理产品经销商	—	—	进行中	国有股权行政划转或变更	横向整合	无偿	—	股权	中国浙江
2014-03-31	银泰商业26.13%股权	阿里巴巴集团	百货商店	425697.93	人民币元	签署转让协议	增资	战略合作	现金	26.13	股权	中国香港
2014-04-03	恒生电子20.62%股权	融信网络	应用软件	329900.00	人民币元	完成	间接收购	资本运作	现金	20.62	股权	中国浙江
2014-04-08	吉天仪器100%股权	聚光科技(300203.SZ)	电子设备和仪器	19465.00	人民币元	完成	协议收购	横向整合	现金	100.00	股权	中国北京
2014-04-08	数字天域100%股权	联络互动(002280.SZ)	系统软件	212883.76	人民币元	完成	发行股份购买资产	买壳上市	实物资产+股权	100.00	股权	中国北京
2014-04-09	婴童生活馆；比因美；丽儿宝各100%股权及注册商标及专利等无形资产	贝因美	专卖店	0	人民币元	完成	协议收购	行业整合	现金	—	股权资产	中国浙江
2014-04-09	在运油气田资产	浙富控股(002266.SZ)	能源	6600.00	人民币元	完成	协议收购	垂直整合	现金	—	资产	

续表

首次披露日	交易标的	交易买方	标的方行业	交易总价值（万元）	币种	最新进度	并购方式	并购目的	支付方式	股权转让比例（%）	标的类型	标的方所在地
2014-04-10	萧山农合银行0.86%股权	杭齿前进(601177.SH)	区域性银行	6192.63	人民币元	完成	协议收购	财务投资	现金	0.86	股权	中国浙江
2014-04-15	恒生科技5%股权	恒生电子（600570.SHN600570.SH）	信息科技咨询与其他服务	43.00	人民币元	完成	协议收购	横向整合	现金	5.00	股权	中国浙江
2014-04-16	高格影视18.1%股权	华策影视(300133.SZ)	电影与娱乐	4000.00	人民币元	签署转让协议	增资	横向整合	现金	18.10	股权	中国上海
2014-04-22	本末文化60%股权	宋城演艺(300144.SZ)	广告	—	—	董事会预案	协议收购	多元化战略	—	60.00	股权	中国浙江
2014-04-22	诸暨元通汽车95%股权	物产中大（600704.SHN600704.SH）	机动车零配件与设备	2565.00	人民币元	完成	协议收购	横向整合	现金	—	股权	中国浙江
2014-04-25	天胜信息100%股权	中威电子(300270.SZ)	信息科技咨询与其他服务	508.00	人民币元	完成	协议收购	横向整合	现金	100.00	股权	中国广东
2014-04-26	紫光环保14.335%股权	杭钢集团	环境与设施服务	—	—	董事会预案	增资	多元化战略	—	14.34	股权	中国浙江
2014-04-29	优酷土豆18.5%股权	阿里巴巴集团；云锋基金	互联网软件与服务	122000.00	美元	进行中	协议收购	多元化战略	现金	18.50	股权	美国
2014-04-30	唐人影视8.7719%股权	浙报传媒（600633.SH600633.SHN）	电影与娱乐	10000.00	人民币元	董事会预案	增资	横向整合	现金	8.77	股权	中国天津
2014-05-07	方达医药69.84%股权	泰格医药(300347.SZ)	西药	30622.50	人民币元	完成	协议收购	横向整合	现金	69.84	股权	美国
2014-05-08	中易和科技23.251%股权	巨星科技(002444.SZ)	电子设备和仪器	4589.00	人民币元	完成	增资	横向整合	现金	23.25	股权	中国浙江

续表

首次披露日	交易标的	交易买方	标的方行业	交易总价值（万元）	币种	最新进度	并购方式	并购目的	支付方式	股权转让比例（%）	标的类型	标的方所在地
2014-05-13	搜道网络 51%股权	汉鼎股份(300300.SZ)	互联网软件与服务	860.00	人民币元	董事会预案	协议收购	横向整合	现金	51.00	股权	中国浙江
2014-05-19	杭州日报传媒等 11 家公司股权	华媒控股(000607.SZ)	电影与娱乐媒体Ⅲ家庭娱乐软件广告出版多元化零售多领域控股	223115.86	人民币元	完成	发行股份购买资产	买壳上市	股权	—	股权	中国浙江
2014-05-31	唐人影视 8.0645%股权	华数传媒(000156.SZ)	电影与娱乐	10000.00	人民币元	董事会预案	增资	横向整合	现金	8.06	股权	中国天津
2014-05-31	炫彩互动 22%股权	顺网科技(300113.SZ)	综合类行业	22000.00	人民币元	完成	增资	横向整合	现金	22.00	股权	中国江苏
2014-06-20	凤凰光学 39.46%股权	中电海康	摄影用品	—	—	达成转让意向	国有股权行政划转或变更	资本运作	无偿	39.46	股权	中国江西
2014-06-23	中美华东 25%股权	华东医药(000963.SZ)	制药	89700.00	人民币元	完成	协议收购	横向整合	现金	25.00	股权	中国上海/浙江
2014-07-16	上海银润股权	华数传媒(000156.SZ)	广告	25000.00	人民币元	达成转让意向	增资	横向整合	现金	—	股权	中国上海
2014-07-16	视讯传媒 51%股权	华数传媒(000156.SZ)	电影与娱乐	1020.00	人民币元	签署转让协议	增资	横向整合	现金	51.00	股权	中国新疆
2014-07-30	四川圣达 8.54%股权	长城影视集团	电影与娱乐	30000.00	人民币元	完成	协议收购	多元化战略	现金	8.54	股权	中国四川
2014-08-01	Kabam 股权	阿里巴巴集团	家庭娱乐软件	12000.00	美元	进行中	协议收购	多元化战略	现金	—	股权	美国

续表

首次披露日	交易标的	交易买方	标的方行业	交易总价值（万元）	币种	最新进度	并购方式	并购目的	支付方式	股权转让比例（%）	标的类型	标的方所在地
2014-08-09	SnapChat 股权	阿里巴巴集团	家庭娱乐软件	—	—	失败	协议收购	多元化战略	—	—	股权	美国
2014-08-21	浮云网络 80%股权	顺网科技(300113.SZ)	互联网软件与服务	9360.00	人民币元	完成	协议收购	横向整合	现金	80.00	股权	中国浙江
2014-08-21	钜芯科技 25%股权	中瑞思创(300078.SZ)	电子元件	4950.00	人民币元	签署转让协议	协议收购	横向整合	现金	25.00	股权	中国江苏
2014-08-22	海拓环境 100%股权	众合科技(000925.SZ)	环境与设施服务	24700.00	人民币元	过户	发行股份购买资产	横向整合	股权+现金	100.00	股权	中国浙江
2014-08-23	兆讯传媒 100%股份；翔通动漫 100%股权；青雨影视 100%股权	万好万家(600576.SH)	电影与娱乐广告	302400.00	人民币元	发审委未通过	发行股份购买资产	业务转型	股权+现金	—	股权	中国北京/福建/上海
2014-08-26	东信移动 49%股权	东方通信(600776.SHN600776.SH900941.SH)	通信设备	6600.00	人民币元	董事会预案	协议收购	横向整合	现金	49.00	股权	中国浙江
2014-08-29	慈文传媒 4.5%股权	顺网科技(300113.SZ)	电影与娱乐	10800.00	人民币元	完成	增资	垂直整合	现金	4.50	股权	中国江苏
2014-08-30	淘宝天下 51%股权	浙报传媒(600633.SH600633.SHN)	广告	3201.96	人民币元	签署转让协议	二级市场收购(含产权交易所)	横向整合	现金	51.00	股权	中国浙江
2014-09-01	江西乐浩 45%股权；永联国际 100%股权	杭锅股份(002534.SZ)	电力多领域控股	0.0001	人民币元	董事会预案	协议收购	横向整合	现金	—	股权	中国江西/香港

续表

首次披露日	交易标的	交易买方	标的方行业	交易总价值（万元）	币种	最新进度	并购方式	并购目的	支付方式	股权转让比例（%）	标的类型	标的方所在地
2014-09-03	水美环保100%股权	兴源环境(300266.SZ)	环境与设施服务	36000.00	人民币元	完成	发行股份购买资产	多元化战略	股权＋现金	100.00	股权	中国浙江
2014-09-04	北京迪安49%股权	迪安诊断(300244.SZ)	生命科学工具和服务	5239.00	人民币元	董事会预案	增资	横向整合	现金	49.00	股权	中国北京
2014-09-04	BALFOUR DOWNS STATION牧场的全部有效资产；WANDANYA STATION牧场的全部有效资产	天马股份(002122.SZ)	食品加工与肉类	1800.00	澳大利亚元	签署转让协议	协议收购	多元化战略	现金	—	资产	澳大利亚
2014-09-05	凯恩股份部分股权	科浪能源	纸制品	10064.00	人民币元	签署转让协议	协议收购	多元化战略	现金	—	股权	中国浙江
2014-10-09	NEW 15%股权	华策影视(300133.SZ)	电影与娱乐	32318.63	人民币元	完成	协议收购	横向整合	现金	15.00	股权	韩国
2014-10-10	良运环保100%股权	杭锅股份(002534.SZ)	机动车零配件与设备	7121.75	人民币元	董事会预案	协议收购	多元化战略	现金	100.00	股权	中国浙江
2014-10-15	国自机器人26.94%股权	巨星科技(002444.SZ)	电子设备和仪器	4141.90	人民币元	签署转让协议	增资	横向整合	现金	26.94	股权	中国浙江
2014-10-16	广州创显10%股权	银江股份(300020.SZ)	电子设备和仪器	1000.00	人民币元	签署转让协议	增资	横向整合	现金	10.00	股权	中国广东
2014-10-16	天迈网络20%股权	银江股份(300020.SZ)	互联网软件与服务	300.00	人民币元	签署转让协议	增资	横向整合	现金	20.00	股权	中国浙江

续表

首次披露日	交易标的	交易买方	标的方行业	交易总价值（万元）	币种	最新进度	并购方式	并购目的	支付方式	股权转让比例（%）	标的类型	标的方所在地
2014-10-21	前进重机49%股权	杭齿前进(601177.SH)	工业机械	1365.00	人民币元	董事会预案	协议收购	横向整合	现金	49.00	股权	中国浙江
2014-10-22	天晟新材6.14%股权	杭州顺成	基础化工	15780.00	人民币元	签署转让协议	协议收购	财务投资	现金	6.14	股权	中国江苏
2014-10-25	上海绿泰4%股权	中瑞思创(300078.SZ)	电子元件	1000.00	人民币元	董事会预案	增资	横向整合	现金	4.00	股权	中国上海
2014-11-06	天映传媒40%股权	华策影视(300133.SZ)	电影与娱乐	4000.00	人民币元	签署转让协议	增资	横向整合	现金	40.00	股权	中国天津
2014-11-11	财通证券1.18亿股份	物产中大(600704.SHN600704.SH)	投资银行业与经纪业	35164.00	人民币元	股东大会通过	增资	多元化战略	现金	—	股权	中国浙江
2014-11-22	恒生聚源59%股权	第一财经；云汉投资；蚂蚁金服	数据处理与外包服务	39000.00	人民币元	达成转让意向	增资	横向整合	现金	59.00	股权	中国上海
2014-12-03	杰之盟100%股权(凯瑞德全资子公司)	浙江亿富	百货商店	11700.00	人民币元	董事会预案	协议收购	多元化战略	现金	100.00	股权	中国山东
2014-12-06	万向财务4%股权	万向三农	多元资本市场	13344.00	人民币元	股东大会通过	协议收购	横向整合	现金	4.00	股权	中国浙江
2014-12-09	中杂公司38%股权北歌公司20%股权	宋城演艺(300144.SZ)	电影与娱乐	—	—	达成转让意向	增资	横向整合	—	—	股权	中国北京
2014-12-10	科匠信息75%股权	信雅达(600571.SHN600571.SH)	信息科技咨询与其他服务	32250.00	人民币元	董事会预案	发行股份购买资产	横向整合	股权＋现金	75.00	股权	中国上海

续表

首次披露日	交易标的	交易买方	标的方行业	交易总价值（万元）	币种	最新进度	并购方式	并购目的	支付方式	股权转让比例（%）	标的类型	标的方所在地
2014-12-16	美科制药 100%股权	亿帆鑫富(002019.SZ)	西药	5124.00	人民币元	完成	协议收购	横向整合	现金	100.00	股权	中国四川
2014-12-16	莲花味精 10.36%股权	浙江睿康投资	食品加工与肉类	40590.00	人民币元	完成	协议收购	财务投资	现金	10.36	股权	中国河南
2014-12-18	新疆腾翔 0.95%股权	杭锅股份(002534.SZ)	贵金属与矿石	1500.00	人民币元	董事会预案	增资	横向整合	现金	0.95	股权	中国新疆
2014-12-26	浙江格睿 51%股权	浙富控股(002266.SZ)	工业机械	22950.00	人民币元	完成	协议收购	战略合作	现金	51.00		中国浙江
2014-12-23	航天创投 100%股权；新湖投资 100%股权；新湖成长 100%股权；宁波轿辰 100%股权；浙江古纤道 100%股权；浙江万凯 100%股权	浙江新湖创投	多领域控股基础化工贸易公司与工业品经销商化纤	100160.00	人民币元	董事会预案	协议收购	横向整合	现金	—	股权	中国江苏/浙江/浙江/浙江/浙江/浙江
2014-12-31	德农肥业 100%股权	万向三农	化肥与农用化工	108.00	人民币元	董事会预案	协议收购	横向整合	现金	100.00	股权	中国北京
2014-12-31	天尊信息 25%股权	银江股份(300020.SZ)	互联网软件与服务	350.00	人民币元	达成转让意向	增资	横向整合	现金	25.00	股权	中国浙江

2014年杭州市典当行业发展报告

杭州市商委

截至2014年12月31日，杭州市行政区域范围内共有典当企业80家，分支机构11家。根据各典当企业上报的《杭州市典当企业经营情况季报表》统计，列入杭州市商务委员会统计的67家典当企业，实现典当金额145.06亿元，同比下降7.99%，实现典当业务58484笔，同比下降8.30%，平均单笔典当业务金额24.80万元，同比基本持平。利息和综合服务费收入26209万元，同比下降9.28%。上缴税金4280万元，同比下降19.84%。实现利润总额8930万元，同比下降30.98%。亏损企业21家，比2013年增加10家，亏损额1097万元，同比2013年有较大幅度增加，亏损企业占统计的31.34%，同比增加14.42%。年末典当余额22.29亿元，同比增加9.69%。注册资金19.53亿元，同比增加3.39%。总资产27.79亿元，同比增加3.42%。从业人员547人，同比下降9.13%。

2014年杭州典当业又经历了一场寒冬，经营环境没有改观，经营情况与2013年相比又有一定幅度下滑，呈现如下特点：

一、经营企业有所增加，行业实力进一步增强

2014年省商务厅对长期不开展经营活动的浙江东瑞典当公司、浙江省中汉卓信典当公司萧山分公司、衢州立大萧山分公司撤销了经营许可证，进一步优化了杭州市典当队伍，对促进经营活动的开展有重大意义。2014年有5家新批企业陆续开业，同时浙江银通典当公司将注册资金增资到1.1亿元，期末行业净资产23.79亿元，同比增加5.45%，提高了杭州市典当企业的整体实力，年末典当余额在2013年突破20亿元的基础上2014年达到22.28亿元，

增幅 10%以上，典当行业为小微企业和居民个人提供短期融资服务的能力显著提高。

二、业务下降幅度超过预期，经营情况总体下滑的态势并未得到遏制

2014 年实现典当业务笔数比 2013 年下降 8.30%，连续两年跌幅超过 8%。这大大超乎预料。全年实现典当金额 145.06 亿元，其中：动产质押典当 16.60 亿元，同比下降 21.25%；民品典当 11.43 亿元，与 2013 年基本持平；财产权利质押典当 29.58 亿元，同比下降 21.83%；房地产抵押业务 98.89 亿元，与 2013 年持平。2014 年以来，国际黄金价格在低位徘徊，阻碍了民众黄金典当的热情。同时，当黄金价格下调，黄金典当是民品典业的主流业务，黄金出现滞当是导致整个典当业务出现大幅下滑的主要原因。另外，财产权利典当业务和房地产业务没有出现大的增长。财产权利典当业务因质押物实际价值很难评估，业务风险较难把控，各典当企业在无十足把握的情况下一般都不贸然介入，这项业务要有大的增长，比较困难。房地产抵押融资是借贷市场的主要业务，银行、小贷公司、信托公司、P2P 网贷都在争夺这项业务，激烈的市场竞争环境，典当企业能够保持现在的市场份额已很困难，要想再有大的突破几乎不太可能。因此，整体经营情况不容乐观。

三、业务收费水平在低位徘徊，收入出现了较大下滑

2014 年动产典当业务收费维持在 3.6%/月水平，房产典当业务平均费率为 1.7%/月，同比下降 2 个百分点，财产权利典当业务平均费率为 1.73%/月，同比下降 1.1 个百分点，远远低于国家规定的 2.7%/月和 2.4%/月的水平。全年营业收入 2.62 亿元，同比下降 9.28%，从资金收益率看，2014 年行业平均资金收益率（净资产/毛收入之比）为 11.02%，比 2013 年下降了 1 个百分点，同 2013 年相比，利润下降 30.98%。从市场趋势分析，在经济新常态情况下，低水平收费还将持续一段时间，何时出现拐点，尚难预料。对此，典当企业要有足够的心理准备。

四、业务发展不平衡，倚重房地产的情况更加突出

从典当金额分析，三大业务中，动产典当业务占比 11.11%，财产权利典当业务占 20.39%，房地产典当业务占 68.50%。房地产典当业务继续成为杭州典当的当家品种，是典当业务增长、效益增加的主要来源。67 家典当企业中有 54 家开展了房产典当业务。53 家开展了民品典当业务，比 2013 年增加了 4 家，全年民品典当总额在 500 万元以上的企业占了 30 家。38 家企业开展了财产权利典当业务，由于风控较难把握，开展这项业务的积极性不高。2014 年，有许多企业设想在民品典当和绝当品销售上做一些努力，把这项业务搞上去，为企业争取效益，协会也因势利导，推出了专家鉴定、评估服务，推出了绝当品合作销售模式，以绝当品销售促进民品典当，有一定效果，民品典当业务与 2013 年持平，没有大的滑坡，对此我们要有信心，持之以恒地搞下去，最终实现突破。

五、负债下降，资产风险加大

期末行业资产总额 27.79 亿元，同比增加 3.42%，增幅下降 7.67 个百分点；年末负债总额 4.06 亿元，资产负债率 14.61%，同比下降 2.69%。有 10 家企业向银行贷款 1.86 亿元，贷款额与 2013 年持平。

年末逾期的典当金额 6.61 亿元，同比增加 32.46%，占总资产的 23.78%，比 2013 年增加 5.21 个百分点，其中逾期超过一年的典当贷款 3.16 亿元，比 2013 年增加 5700 万元，占到总资产的 11.37%。这部分贷款中有可能出现无法偿还的情况，将影响典当企业的资金流动性，说明 2014 年借贷市场的环境进一步恶化，典当经营对风险的防范还需要进一步加强。

六、企业发展不平衡的情况比较突出

从典当金额看，2014 年有 27 家企业实现增加。从营业收入看，有 15 家企

业实现增长，其中浙江银通典当有限责任公司营业收入1368万元，同比增加29.91%；浙江浙商典当行有限公司营业收入2949万元，同比增长48.13%；浙江汇隆典当有限责任公司营业收入186万元，同比增加70.62%；浙江物产元通典当有限责任公司营业收入1481万元，同比增长77.41%；浙江轻工联典当有限责任公司营业收入393.41万元，同比增加122.80%；天灵典当有限责任公司营业收入186万元，同比增加210%。从实现利润分析，有23家企业实现利润增长。相比较，其他企业的经营情况就乏善可陈，无论从典当次数、金额、收入、利润等各项指标都有不同程度下降，有的降幅还比较大。

七、亏损企业数量增加，亏损额同比翻番

2014年有21家企业经营亏损，比2013年增加8家，亏损面占统计企业的31.34%。在亏损企业中出现了多张新面孔，这些企业有的确实是因为经营收入下降、入不敷出导致的亏损，这是真亏损。有的则是出现坏账报损导致的亏损，这类企业经营的整体情况还是好的，出现亏损只是暂时的，扭亏为盈指日可待。亏损额1197万元，是2013年的2.45倍，创下历年最高。

2014年杭州典当业经营呈现业务下降、收入缩水、亏损增加这样一个不利的局面，是金融危机以来经营成绩较差的一年，总体情况不容乐观。究其原因：一是国内经济处在转型期，发展速度在多年高速增长后，增幅放缓，实体经济的活跃度下降，对典当行业不利传导因素越演越烈；二是借贷市场竞争激烈，金融放开，各路资金争抢房产抵押借贷这块蛋糕，典当一家作为银行融资补充的格局被打破，典当优势丧失；三是典当的投资人和经营者在市场变化面前准备不足，心态调整不过来，有的则对典当经营、行业发展失去信心，注意力发生转移；四是企业转型发展步伐缓慢，对市场的反应能力明显偏弱。这四个因素，前两个因素是客观存在，我们无力改变，后两个因素是内在因素，需要典当同仁认真思考如何改进，如在这两个问题上不注意克服和改变，可以预见，2015年典当经营要出现较大改观是困难的。

政　策　篇

中共杭州市委　杭州市人民政府关于全面深化金融改革创新的若干意见

中共杭州市委〔2014〕15 号

为深化金融改革创新，加快推进区域金融服务中心建设，进一步提升我市金融服务实体经济和产业转型升级的能力，根据《国务院办公厅关于金融支持经济结构调整和转型升级的指导意见》（国办发〔2013〕67 号）、《中共浙江省委、浙江省人民政府关于加快金融改革发展的若干意见》（浙委〔2012〕83 号）和《中共杭州市委关于学习贯彻党的十八届三中全会精神全面深化重点领域关键环节改革的决定》（市委〔2014〕1 号）精神，现就全面深化我市金融改革创新提出如下意见。

一、深化金融改革创新的重要意义和总体目标

金融是经济发展的支撑和血液。深化金融改革创新，有利于转变经济发展方式，推动实体经济和智慧经济高效发展；有利于丰富金融业态，完善金融功能和服务体系；有利于引导资源集聚，增强区域竞争实力。各级各部门要统一思想，进一步深化对金融改革创新重要性的认识，以打造区域金融服务中心为目标，以建设财富管理中心、互联网金融创新中心为重点，建立健全与我市经济社会发展相适应的金融保障体系、金融机构体系、地方金融市场体系、地方金融管理体系，力争到 2018 年，金融业增加值占地区生产总值的比重达 12%以上，财富管理资产总量达到 1 万亿元，互联网金融交易额达到 100 万亿元，主要金融发展指标继续保持全国前列。

二、全力打造财富管理中心

以私募金融服务为核心和龙头，以场外交易市场、财富管理中介为两翼，构建杭州财富管理产业“金三角”，形成符合自身优势和特质、具备核心竞争能力的财富管理标志性业态。出台私募金融专项扶持政策，加大对各类投资基金、资产管理、财富管理等重点私募金融机构的招引扶持力度，支持私募金融机构创新转型，探索新型财富管理模式。规划建设基金小镇集群，推动大众理财、公募理财和资产管理市场的发展，构建高效的资本转化机制和财富管理体系。

三、着力构建互联网金融创新中心

依托杭州发展互联网金融的独特优势，围绕服务实体经济、破解“两多两难”、惠及服务民生等现实需求，积极推动互联网金融领域组织机构、产品服务、体制机制创新，打造互联网金融产业链，推动互联网金融产业集聚发展，以“两核多点、有源无界”为空间布局规划思路，重点打造西溪谷、钱江新城、未来科技城等互联网金融产业集聚区。深入实施《杭州市人民政府关于推进互联网金融创新发展的指导意见》(杭政函〔2014〕166 号)，支持互联网企业、电子商务企业、IT 企业和本地金融机构深度合作、跨界发展，开发和推广一批全国市场占有率较高的互联网金融创新产品。鼓励支持符合条件的企业发起设立或引进互联网金融机构；培育和发展一批具有全国竞争力的第三方支付机构、网络债权融资企业、网络股权融资企业、互联网金融门户以及互联网金融后台等新型互联网金融企业；构建和运作一批具有全国影响力和辐射力的互联网金融交易服务平台。

四、积极发展小微金融

支持小额贷款公司、农村合作金融机构、村镇银行、邮政储蓄银行及小微企业金融服务专营机构加快发展，促进小微金融经营主体的多元化。依托产业园区、科技园区建设小微信用体系，探索小微信贷创新模式、涉农金融创新产品，拓展小微企业债券融资与股权融资途径。建立健全主要为小微企业服务的融资担保体系，建立科学合理的小微、涉农金融风险分担机制，鼓励通过金融创新提升小微金融服务能力和效率。进一步完善科技金融扶持政策，加大服务科技型小微企业的银行专营机构的融资服务力度。鼓励列入试点的区、县(市)设立民间资本管理公司等民间融资服务机构，促进民间融资规范发展。

五、加强多渠道融资保障

深化与金融机构的战略合作，拓宽合作领域，加大合作力度，推动金融机构为全市经济发展提供融资保障。落实我市推动企业利用资本市场加快发展的专项扶持政策，建立“储备一批、培育一批、改制一批、辅导一批、申报一批、上市一批”的梯队培育机制，鼓励辖区企业改制为股份有限公司，并根据企业自身条件和发展定位到场外交易市场挂牌或赴境内外证券交易所上市实现直接融资。鼓励企业通过并购重组、股权融资等途径加快发展。鼓励企业积极运用各种债务融资工具，拓宽直接融资渠道。

六、进一步完善金融市场平台体系

出台推进金融要素市场发展政策，鼓励组建各类金融要素市场交易平台，推动各交易平台完善市场交易规则、健全风险控制机制，探索开展产品创新和技术创新。拓宽各类产权、股权、金融类资产和大宗商品的交易渠道，健全交易服务体系，鼓励推动金融机构与各金融要素市场平台的合作互动，满足服务实体经济发展需要。加强农村产权流转交易服务，逐步建立覆盖各区、县(市)的农村产权交易市场体系。发挥我市各类交易场所监督管理联席会议作用，建立健全日常监管制度和风险预警、应急处置机制，推进我市各类交易场所规范发展。

七、做大做强金融服务机构

出台专项政策推进金融服务业招商，设立或引进一批具有雄厚资金实力与行业影响力的法人金融机构和金融机构地区总部。支持设立消费金融公司、征信公司、商业保理公司、资产管理公司等新型金融服务机构。推动本地法人金融机构利用资本市场做大做强。推动优质小额贷款公司业务模式创新，进一步提升服务“三农”和小微企业的业务能力。大力支持辖区村镇银行成为服务县域经济特别是“三农”的新生力量。积极推动具备条件的民间资本依法发起设立中小型银行、融资租赁公司等金融服务机构。

八、强化金融人才工程

研究制定加快金融人才队伍建设的实施意见，建立与区域金融服务中心建设相适应的金融人才队伍。积极引进金融专业人才与管理人才，支持金融人才申报国家或省“千人计划”。符合条件的金融人才可享受杭州市高层次人才引进培养政策，加快形成金融人才集聚效应。积极支持在杭高校、院所开设财富管理、互联网金融等特色金融学科，并依托高校院所逐步完善金融培训体系，推进本土金融人才培养。搭建金融人才互动交流平台，建立金融行业专家库，为金融业改革创新提供决策咨询。

九、优化金融服务保障

充分发挥市完善创新金融服务体制机制改革小组（办公室设在市金融办）作用，加强对全市金融业发展重大事项的统筹协调，指导督促各区、县（市）有效推进辖区金融服务发展。各区、县（市）进一步健全完善政府金融工作机构职能，加强工作机构力量配备，积极落实市委、市政府加快推进金融服务业发展的各项工作部署，认真实施全市金融服务业发展规划，不断优化辖区金融服务业发展环境。充分发挥市现代服务业专项资金作用，加大对金融服务业发展的扶持力度。建设全面反映全市金融服务业发展现状及企业融资状况的统计分析体系,打造金融信息服务公共平台。举办金融服务业高端论坛活动,集聚业界精英力量,关注杭州区域金融服务中心建设,进一步营造良好的金融发展环境。加强与在杭金融管理部门的沟通协调,切实发挥监测预警、协调化解、善后处置等工作机制的作用,有效防范和化解企业资金链风险。会同在杭金融监管部门加强行业监管,严厉打击非法集资行为和非法金融活动,切实营造有序规范的金融发展环境。

2014 年 12 月 23 日

杭州市人民政府关于进一步推动企业利用资本市场加快发展的实施意见

杭政〔2014〕39 号

各区、县(市)人民政府,市政府各部门、各直属单位:

为进一步鼓励和引导我市企业通过资本市场实现资源优化配置和制度创新,支持企业转型发展、做大做强,成为服务我市经济社会发展和改革创新的骨干力量,根据国务院、省政府关于推进资本市场改革发展的部署和市委市政府关于健全"个转企、小升规、规改股、股上市"各项政策配套体系的要求,现就进一步推动我市企业利用资本市场加快发展提出以下意见。

一、总体思路

充分利用当前资本市场改革发展的有利时机,积极引导和推动企业加快改制,创造条件赴境内外证券市场上市或赴场外股权交易市场挂牌,借助资本市场的力量实施并购重组,促进资源优化整合与产业转型升级,加快提升我市企业法人治理水平和综合竞争力,培育和做强优势产业,推动全市经济又好又快发展。

二、工作原则

(一)政府引导,加强政策扶持

充分发挥政府在推动企业股改、上市、挂牌过程中的引导作用,出台必要的扶持政策,建立有效的协调机制,加强对企业利用资本市场的指导、协调、扶持和服务工作。

(二)企业自主,开展市场化运作

充分尊重企业的自主决策权,鼓励企业按市场化原则做好利用资本市场工作,提升企业利用资本市场的认识和能力,形成优势企业与重点产业提升间的良性互动。

(三)部门合力,优化发展环境

各级政府部门要与证券监管部门、证券交易所、场外交易市场建立合作机制,开展合格市场主体培育和推介对接、宣传培训等工作,共同营造良好环境。

(四)中介助推,强化服务质量

营造良好环境,引导证券中介机构提升服务多层次资本市场的能力,发挥证券中介机构在多层次资本市场建设中的助推作用。

三、加大政策引导和扶持力度

(一)鼓励企业改制为股份有限公司

鼓励符合国家和我市产业政策导向、特别是属于我市重点扶持和发展产业的企业改制为股份有限公司,建立现代企业制度,推进规范经营和法人治理。对已与证券公司(或交易场所认可的推荐商)、会计师事务所、律师事务所签订上市或挂牌服务协议的新设股份有限公司,可享受以下扶持政策:

1.对设立股份有限公司并完成工商注册登记的企业,分两类情况给予一次性30万元的补助:对拟上市企业,在完成上市辅导备案后兑现补助;对拟挂牌企业,在场外交易市场成功挂牌后兑现补助。

2.在企业股份制改造过程中,对符合税法规定的资本公积金转增个人股本,不征收个人所得税。

3.在企业改制重组过程中,凡符合特殊性重组规定条件的,财务核算可按原有计税基础计价,暂不缴纳企业所得税。

(二)推进企业到场外交易市场挂牌

对暂不具备上市条件的企业,鼓励其到全国中小企业股份转让系统、浙江股权交易中心等场外交易市场挂牌,发挥场外交易市场的作用,推进企业多元化融资和规范发展。

1. 鼓励有限责任公司赴浙江股权交易中心创新板挂牌,支持浙江股权交易中心创新融资品种,开展投融资对接和教育培训活动,为活跃区域性股权市场交易创造条件。

2. 支持股份有限公司在全国中小企业股份转让系统、浙江股权交易中心成长板挂牌。对挂牌企业给予一次性 20 万元补助。股份有限公司在场外交易市场间转板,不重复享受此项补助。

(三)支持企业上市融资

支持符合条件的企业赴境内外证券交易所上市融资,鼓励外地上市公司尤其是浙商控股上市公司迁址杭州,打造上市公司"杭州板块"。

1. 企业向中国证监会递交首发上市申请材料并获受理,或以直接上市方式向境外交易所递交上市申请材料并获受理的,给予一次性 50 万元补助。此项补助每家企业仅限享受一次。

2. 企业在境内外证券交易所成功上市的,给予一次性 100 万元补助。企业由场外交易市场转板至交易所上市的,差额享受此项政策。

3. 外地上市公司注册地和纳税登记地迁入杭州的,给予一次性 200 万元补助。

(四)推进企业开展持续资本运作

鼓励企业通过并购重组、股权融资等途径开展持续资本运作,不断提升企业的竞争力和综合实力。

1. 上市公司通过配股、增发新股等方式实施股权再融资的,按不超过募集资金规模 1‰的比例给予一次性补助。单个上市公司年度再融资补助金额不超过 50 万元。

2. 上市公司实施并购重组，并达到中国证监会关于《上市公司重大资产重组管理办法》规定的重大资产重组标准的，给予一次性 150 万元补助。上市公司享受补助后 5 年内将注册地迁出杭州的，要求退还此项补助。

3. 挂牌企业实施直接股权融资，按实际到位资金 5‰的比例给予一次性补助。单个企业年度补助资金不超过 50 万元。

4. 挂牌企业实施重大并购重组，对其次年度地方财政贡献比上年度增长部分通过项目给予补助，最高补助金额不超过 50 万元。挂牌企业享受补助后 5 年内将注册地迁出杭州的，要求退还此项补助。

四、强化企业梯队培育和服务机制建设

(一)明确责任部门

由市金融办负责组织协调全市企业上市的培育推荐、改制和报会工作，牵头推进地方资本市场建设，进一步加强对企业利用资本市场的指导、协调和服务工作。各区、县(市)政府要明确责任部门，落实专项经费，加强工作力量，建立考核机制，出台和完善相关扶持政策，扎实推进辖区内企业利用资本市场加快发展。

(二)建立协调服务机制

建立全市企业利用资本市场协调服务机构，由市政府分管领导牵头，负责研究解决企业改制、上市、挂牌进程中遇到的重大困难和问题。协调服务机构下设办公室(设在市金融办)，负责落实协调服务机构研究确定的事项，并做好与人民银行、证监、海关、法院等单位的沟通协调工作。协调服务机构具体成员及运作方案由市金融办报市政府批准后另行发布实施。各级发改、经信、人力社保、税务、工商、房管、国土资源、环保、公安、国资等部门要对企业改制、上市、挂牌需办理的变更手续、证明性材料等事项开辟“绿色通道”，简化办事程序，提高办事效率。

(三)完善梯队培育机制

各区、县(市)要将辖区内符合产业政策导向、特别是属于我市重点扶持和发展产业的企业纳入企业后备培育库。要根据企业发展情况对企业后备培育库进行补充、调整和更新,建立起“储备一批、培育一批、改制一批、辅导一批、申报一批、上市一批”的梯队培育机制。市金融办要将具有良好发展前景和增长潜力、产品竞争力强、有上市挂牌计划的企业纳入市级重点培育计划,加强跟踪服务和政策兑现工作。

(四)注重分类指导服务

市金融办要建立和完善资本市场专家库,积极组织专家库专家为我市企业开展咨询、辅导等服务,普及资本市场知识,引导企业正确定位,帮助企业合理利用资本市场。各级金融(上市)服务部门要根据企业发展的不同阶段,加强对后备培育库企业的分类指导和专项培育,对具有创新能力和行业带动性、注重自主品牌建设的企业,要积极指导其在境内上市;对产品外向度较高的上市后备企业,要积极帮助其引进境外战略投资者,引导企业境外上市;对暂不具备上市条件的后备企业,要积极引导其赴场外交易市场挂牌。同时,要积极搭建后备培育库企业与金融、投资、中介等机构的对接交流平台。

(五)实施要素保障倾斜

企业通过上市、并购重组等方式实现主营业务扩大或产业转型升级的,各有关部门要优先保障土地、电力、科技研发等要素资源的供给,改善金融和信贷融资服务。各级政府要优先支持上市公司的产品和服务纳入政府招标采购,优先支持上市公司享受我市金融创新相关扶持政策。上市公司、挂牌企业及拟上市企业引进高级管理人才的,可享受我市人才招引的相关政策。

(六)提升中介服务质量

市金融办要协助证券监管部门共同支持境内外证券公司、会计师事务所、律师事务所、投资公司等中介机构在我市开展业务,为企业上市、挂牌提供优质服务，并根据上市成功率、执业质量、职业道德等综合信息建立中介机构业绩档案，及时通报各类中介机构的业绩和服务水平；对资信良好、执业能力强的中介机构，要向社会和后备培育库企业宣传、推荐；对弄虚作假、不认真履行合同、给企业造成重大损失的中介机构，要通过通报、列入黑名单等形式，提醒企业审慎与其开展合作。

（七）加强宣传培训活动

各级金融（上市）服务部门要会同证券监管部门、证券交易所、场外交易市场加强对国家有关资本市场发展政策法规、相关要求及成功案例的宣传，调动企业利用资本市场的积极性；会同有关部门、媒体，根据不同梯次企业的要求，不定期举办各种形式的讲座、培训班、研讨会等，为企业搭建与证券交易所、场外交易市场、证券公司、会计师事务所、律师事务所、股权投资机构等进行沟通交流的平台。

本意见中涉及的补助和扶持资金由市财政及有关区、县（市）财政共同承担。其中，涉及上城区、下城区、江干区、拱墅区、西湖区、杭州高新开发区（滨江）、杭州经济开发区、钱江经济开发区、杭州西湖风景名胜区的，由市财政和当地财政按各50%的比例承担；涉及萧山区、余杭区和五县（市）的，由市财政和当地财政按照25%和75%的比例承担。

本意见中涉及的政策兑现操作办法，由市金融办会同市财政局另行制定。

本意见由市金融办负责牵头组织实施，自发布之日起30日后施行，有效期至2018年12月31日。前发《杭州市人民政府关于促进企业上市的若干意见》（杭政〔2007〕7号）同时废止。

杭州市人民政府

2014年9月17日

杭州市人民政府关于推进互联网金融创新发展的指导意见

杭政函〔2014〕166号

各区、县（市）人民政府，市政府各部门、各直属单位：

为推进我市全国互联网金融创新中心建设，丰富区域性金融服务中心内涵，完善现代金融服务体系，根据《中共杭州市委关于学习贯彻党的十八届三中全会精神全面深化重点领域关键环节改革的决定》（市委〔2014〕1号）和《中共杭州市委、杭州市人民政府关于加快发展信息经济的若干意见》（市委〔2014〕6号）的精神，特制定本意见。

一、发展目标

顺应金融业发展趋势，坚持市场主导与政府服务、自身发展与服务经济、创新发展与风险防控相结合，创新组织机构、产品服务、体制机制，积极推动互联网金融产业全面发展，力争到2020年，规划和建设一批具有全国影响力的互联网金融集聚区（含产业园、孵化器、专业楼宇，下同），构建和运作一批具有全国辐射力的互联网金融交易服务平台，培育和发展一批具有全国竞争力的互联网金融企业，开发和推广一批全国市场占有率高的互联网金融创新产品，基本建成全国互联网金融创新中心。

二、发展重点

重点培育发展互联网金融机构和五类互联网金融企业，从市级金融服务业专项资金中统筹安排资金，重点用于扶持互联网金融集聚区和基础设施建设、互联网金融企业培育等。鼓励各区、县(市)设立配套专项资金,支持互联网金融产业发展。通过市、区、集聚区三级联动,落实行业准入、人才培养、信用建设等方面的扶持政策,强化行业管理和风险防控,营造宽松、包容的创新创业氛围和良好、有序的行业发展环境。

(一)互联网金融机构

指经国家金融监管部门批准设立、具有独立法人资格的网络银行、网络保险公司或其他网络金融机构,以及经国家金融监管部门批准,由银行业、证券业、保险业等传统金融机构发起设立的主要从事互联网金融相关业务的功能性总部。

(二)五类互联网金融企业

1.第三方支付机构:指获得中国人民银行颁发的《支付业务许可证》,依托互联网在收付款人之间转移货币资金的法人非金融机构。

2.网络债权融资企业:指以依托互联网平台开展资金借贷及相关融资中介等金融服务为主要业务的法人企业。

3.网络股权融资企业:指以依托互联网平台开展股权融资及相关融资中介等金融服务为主要业务的法人企业。

4.互联网金融门户:指主要通过运营互联网门户网站提供综合性金融咨询服务,或主要通过运营互联网金融交易服务平台提供综合性金融产品销售与财富管理服务的法人企业。

5.互联网金融后台:指主要通过金融大数据采掘加工提供增值服务或提供互联网金融业务专业技术支撑的法人企业。

三、企业培育

(一)支持互联网金融机构设立发展

支持符合条件的企业申请互联网金融经营资质,在杭发起设立互联网金融机构，开展互联网金融业务。支持银行业、证券业、保险业等传统金融机构设立从事互联网金融相关业务的法人机构或功能性总部。积极招引外地互联网金融机构来杭发展。对在杭新设立或新迁入的互联网金融机构，按照杭州市金融机构招商政策给予补助，相关高级管理人员按照金融机构招商政策享受落户、子女教育等方面的待遇。

(二)加大互联网金融企业培育力度

支持符合条件的企业依法申请互联网金融业务许可，在杭发起设立互联网金融企业，开展互联网金融业务。积极招引外地互联网金融企业来杭发展。

对在杭各类互联网金融企业，根据其行业特点、规模实力、经营效益等情况，由属地政府认定并视其地方贡献情况给予项目补助。特别重大的互联网金融发展项目，经市、区两级政府认定，由属地政府按“一企一策”的原则在项目推进各方面给予优惠扶持，市政府将视实际情况予以适当支持。

(三)支持互联网金融企业利用资本市场加快发展

支持市产业发展引导基金、市创业投资引导基金等政策性基金与境内外知名股权投资机构、金融机构合作，在杭发起设立互联网金融发展专项子基金，重点投向我市初创期、成长期互联网金融企业。支持社会资本在杭发起设立互联网金融产业领域的各类投资基金、并购基金、天使基金，引导金融资源和社会资本加大对我市互联网金融企业的投入力度。

支持互联网金融企业实施股份制改造，鼓励符合条件的互联网金融企业挂牌、上市，并按照《杭州市人民政府关于进一步推动企业利用资本市场加快发展的实施意见》(杭政〔2014〕39 号)享受相关扶持政策。

(四)鼓励互联网金融企业创新产品服务

激发互联网企业创新内在动力，鼓励互联网金融企业以服务实体经济为方向，探索针对小微企业和个人多元化投融资需求开展产品创新、技术创新、服务创新、管理创新和模式创新。支持互联网金融企业申报列为杭州市“雏鹰计划”、“青蓝计划”、“瞪羚计划”等培育对象，鼓励符合条件的互联网金融企业申报软件企业、高新技术企业、技术先进型服务企业等方面认定，按照规定享受相关财税优惠政策。

四、产业集聚

（一）规划建设互联网金融集聚区

按照"有核无界"的布局原则，重点在西溪谷、钱江新城、未来科技城等地建设互联网金融集聚区，由相关区、县（市）政府牵头制订发展规划和具体行动计划，完善各类配套服务设施，落实商务楼宇等互联网金融企业发展空间。支持民间资本建设互联网金融集聚区，支持符合条件的互联网金融集聚区申报科技型企业孵化器，逐步形成互联网金融"多点集聚"的发展局面。

（二）合力促进互联网金融企业集聚发展

互联网金融集聚区条件成熟后，可向市政府申请授予市级互联网金融集聚区称号。

市级互联网金融集聚区纳入市级金融服务业专项资金支持对象。市政府根据其实际建设投入和对企业扶持情况，通过转移支付方式，按一定比例给予属地政府一次性资助，最高额度不超过200万元，用于支持互联网金融企业集聚发展。

市级互联网金融集聚区应针对互联网金融企业发展需求和各自特色定位，制定扶持政策，采取落户补助、房租补贴等优惠措施，吸引互联网金融企业合理集聚，落实专人管理，促进集聚区健康发展。具体扶持政策由属地政府会同市级互联网金融集聚区制定实施。

五、环境营造

（一）支持互联网金融企业注册登记

除需国家金融监管部门批准设立的互联网金融机构外，对经区、县（市）政府认定的互联网金融企业，有关部门应在注册登记等环节提供便利，允许其在工商登记企业名称中使用“互联网金融”或“网络金融”字样，在经营范围中使用“互联网金融服务”字样（由国家金融监管部门核准的金融核心业务除外）。

（二）培育、吸引互联网金融人才

鼓励互联网金融企业、金融机构和科研机构开展互联网金融学术研究、创新交流合作和培训研讨活动。引导在杭高校培养互联网金融人才，鼓励有条件的市属高校开设互联网金融相关专业和课程，加快培养创新型、复合型、应用型金融人才。吸引互联网金融企业的高级管理人员和高级技术人才来杭发展。经区、县（市）政府认定的互联网金融企业，其符合条件的高级管理人员和高级技术人才可享受杭州市人才引进政策或申报杭州市有关高层次人才项目。

（三）健全互联网金融信用体系

鼓励、支持设立第三方互联网金融信用信息服务机构或服务平台，加快培育和发展征信机构，加强信用产品研发和服务创新，为互联网企业提供信用信息服务。支持互联网金融信用信息服务机构或服务平台与市公共信用信息服务平台、人民银行征信系统开展合作，促进公共信用信息、互联网金融信用信息、社会信用信息互动共享。推动会计、审计、法律、咨询等中介服务机构发展，为互联网金融企业提供优质、专业的中介服务。

（四）搭建互联网金融行业交流合作平台

为在杭互联网金融机构、互联网金融企业、相关金融机构、中介服务机构搭建交流合作平台，倡导遵守互联网金融行业经营和风险防范规范，加强与人民银行、各金融监管部门、地方政府及相关部门的互动对接，促进互联网金融行业自律管理、有序发展。

（五）打响杭州互联网金融品牌

加大互联网金融产业宣传力度，充分发挥在杭互联网金融企业的积极性，鼓励其与国内外知名金融媒体、财经信息平台等开展战略合作，依托具有较大影响力的互联网金融论坛、峰会举办各类研讨、推广活动，打造杭州互联网金融品牌。

六、风险防范

（一）建立互联网金融企业监督管理机制

落实国家关于互联网金融领域的监管制度和标准规范，会同人民银行和各金融监管部门加强对互联网金融企业的规范管理。依托互联网金融协会加强对互联网金融企业的自律监督。

推动互联网金融企业规范开展客户资金存管，按要求存放和使用备付金等客户资金，促进互联网金融企业提升内控管理水平，防范资金风险。推行互联网金融企业信息报告和披露制度，经区、县（市）政府认定的互联网金融企业应当定期向属地政府报告经营情况和经审计的财务情况，同时按规定向投资者公开披露真实的资金流向和项目情况。

（二）健全互联网金融风险防范处置机制

会同人民银行和各金融监管部门，加强对消费者、投资者的风险教育，探索建立互联网金融行业风险监测、预警和应急处置机制，严厉打击互联网金融领域的违法犯罪活动，引导互联网金融企业严守政策红线，确保不发生区域性、系统性金融风险。研究第三方监测评估机制，开展金融机构信息系统安全等级保护工作，提升互联网金融企业风险防控和信息安全防护能力，强化对企业金融数据和客户信息的安全保护。

区、县（市）政府为互联网金融企业风险处置的第一责任人，牵头处置辖区内互联网金融企业的金融风险，组织开展互联网金融企业纠纷排解、争议处置和消费者维权等协调工作。

七、工作保障

完善互联网金融产业发展工作机制，由市完善创新金融服务体制机制改革小组（办公室设在市金融办）研究确定全市互联网金融产业发展的重大举措，协调解决互联网金融产业发展中遇到的困难和问题。

本意见自发布之日起30日后施行，由市金融办负责牵头组织实施。本意见所涉互联网金融企业认定标准、扶持政策操作规程及申报指引等由市金融办牵头制定实施。

杭州市人民政府

2014年11月14日

杭州市人民政府办公厅关于印发杭州市企业资金链风险防范与化解工作方案的通知

杭政办函〔2014〕87号

各区、县(市)人民政府,市政府各部门、各直属单位:

《杭州市企业资金链风险防范与化解工作方案》已经市政府同意,现印发给你们,请认真组织实施。

杭州市人民政府办公厅

2014年6月16日

杭州市企业资金链风险防范与化解工作方案

为积极应对复杂多变的经济形势,进一步加强我市企业资金链风险防范与化解工作,围绕"长短结合、标本兼治"的目标,及时采取有效措施,把风险降到最低程度,切实维护良好的经济发展秩序和金融生态环境,特制订本工作方案。

一、工作目标

坚持市场取向、依法行政和协调服务的理念,整合各相关部门、各区县(市)政府,杭州经济开发区、杭州钱江经济开发区、杭州之江度假区、杭州西湖风景名胜区(以下简称开发区)管委会,以及国家部委驻杭派出机构的资源,准确掌握企业资金链异动信息,分析研判企业资金链风险形势,积极应对,努力将风险隐患防范在萌芽阶段,将已发生的问题化解在"少损失、防蔓延、快处置、保稳定"的可控状态,切实履行政府公共服务职能,确保不发生区域性、系统性金融风险。

二、工作原则

（一）坚持企业主体的原则。企业作为市场主体，是资金链风险的源头，应积极主动地防范、化解，应对自救。

（二）坚持属地负责的原则。对已发生的资金链风险问题，原则上以属地政府（管委会）为主，设立专门的工作组进行应对和处置。对特别重大的企业资金链风险，上升至市级层面处置。

（三）坚持行业指导的原则。市级行业主管部门根据行业管理分类，加强对区、县（市）及开发区企业资金链风险处置工作的业务指导。

（四）坚持多方联动的原则。区分不同情况，确定联动重点，视情启动企业突发信贷风险会商机制，突出政府、银行、司法等多方联动化解功能。

（五）坚持舆论引导的原则。引导媒体开展正面报道，营造帮助、支持企业发展的良好舆论氛围。

三、工作措施

（一）建立监测预警机制。

1.成立两级监测预警工作组。市级监测预警工作组由市金融办、经信委、建委、贸易局、交通运输局、住保房管局、公安局、国税局、地税局、统计局、市场监管局、人力社保局以及市法院、杭州金融仲裁院、国网杭州供电公司、市水务集团、杭州海关、人行杭州中心支行、浙江银监局等单位组成，负责汇总企业资金链异常的动态信息，开展综合分析研判；对可能发生的资金链风险事件，及时转入协调化解机制进行防范、化解；指导各区、县（市）及开发区开展风险监测预警工作。

各区、县（市）及开发区要成立相应的监测预警工作小组，负责做好辖区内企业资金链风险的监测、预警和研判工作。

2.明确市级成员单位职责。

（1）市金融办负责监测预警工作组的日常事务，牵头召开企业资金链风险监测预警联席会议，并做好在杭金融管理部门的联系协调和研判信息报送工作；

(2)市经信委、建委、贸易局、交通运输局、住保房管局负责各自主管行业内重点企业生产经营和资金链异常的动态数据收集和分析研判；

(3)市公安局负责提供企业及其负责人涉嫌赌博且数额较大、涉及高额民间借贷纠纷案件、涉嫌经济犯罪以及因欠薪、劳资纠纷等引发的不稳定因素等信息；

(4)市国税局、地税局负责提供企业欠税、骗税、欠费等信息；

(5)市统计局负责提供资产负债率高的规模(限额)以上企业名单；

(6)市市场监管局负责提供涉嫌虚假出资、虚报注册资本或抽逃注册资本及列为关注企业的股权变更、法定代表人变更等信息；

(7)市人力社保局负责提供企业欠薪、群体性劳资纠纷等信息；

(8)市法院、杭州金融仲裁院负责提供涉企民商诉讼案件等信息；

(9)国网杭州供电公司负责提供欠缴电费3个月及以上工业企业名单；

(10)市水务集团负责提供欠缴水费3个月及以上工业企业名单；

(11)杭州海关负责提供企业走私违规案件和海关税收欠缴情况等信息；

(12)人行杭州中心支行、浙江银监局负责提供企业担保、欠息、贷款逾期等信息,并进行分析研判。

3.及时报送信息。市级工作组各成员单位、各区县(市)政府及开发区管委会要根据各自职责,原则上于每月10日前向市级监测预警工作组的牵头部门报送相关监测、预警信息,并确保信息的及时性、准确性、有效性。

4.召开联席会议。建立联席会议制度,不定期召开会议,对报送的相关监测、预警信息进行综合评估和分析研判,形成分析报告。

5.加强两级机制衔接。市级监测预警工作组要加强对各区、县(市)及开发区监测预警工作的指导。各区、县(市)政府及开发区管委会要按照属地负责的原则,发挥基层基础作用,积极开展风险企业排查工作,分析涉险企业的信息。两级工作组应确保渠道畅通、信息共享。

(二)建立协调化解机制。

1.成立协调化解工作组。市级协调化解工作组由市经信委、建委、贸易局、交通运输局、住保房管局、公安局、金融办,市委宣传部、市委维稳办以及市法院、浙江银监局、浙江省银行业协会等单位组成,负责根据企业风险程度,协调市级行业主管部门防范、化解市级企业资金链风险问题或转入善后处置机制；指导各区、县（市）及开发区处置属地企业资金链风险问题。

各区、县（市）及开发区要成立相应的协调化解工作小组，按照“谁主管、谁负责”的原则，积极稳妥地开展属地企业资金链风险问题处置。

2.明确市级成员单位职责。

（1）市经信委负责协调化解工作组的日常事务，牵头召开企业资金链风险协调化解工作联席会议；

（2）市经信委、建委、贸易局、交通运输局、住保房管局分别牵头负责协调化解各自主管行业内、市级企业资金链风险，并指导各区、县（市）及开发区处置属地企业资金链风险问题；

（3）市公安局根据工作要求，依法协助相关部门收集相关信息、证据，必要时依法对企业主的人身及个人资产采取限制措施，参与做好协调化解工作；

（4）市委宣传部负责引导新闻媒体进行客观公正的宣传报道，澄清不实信息等；

（5）市法院在符合法律规定的前提下，根据工作组的建议，协调指导基层法院配合做好企业资金链纠纷诉讼受理工作；

（6）市委维稳办负责做好协调化解过程中的维稳工作；

（7）市金融办、浙江银监局根据工作需要，与债权银行进行沟通与协调；

（8）浙江省银行业协会对符合条件的企业启动突发信贷风险会商帮扶机制，协调银行机构统一开展帮扶工作。

3.采取灵活处置手段。协调化解工作组要根据监测预警工作组提供的信息，及时按行业、属地组织摸排、核实涉险企业情况，形成重点风险企业名单；研判评估市级企业风险性质，理清企业债务关系，协调主管部门提出相应处置方案；择机启动银行业企业突发信贷风险会商帮扶工作机制，采用盘活土地等存量资产、税费减免或缓交、项目资助补助、推动企业脱保还贷转向其他融资手段、注入企业负责人个人资产、国有担保公司或平台有条件介入、切断互保链风险、协调债权银行平移担保负债、积极引入战略投资者或资产管理公司参与、充实并发挥市和区县（市）两级企业应急周转资金等手段灵活处置企业资金链风险问题。

4.召开联席会议。建立联席会议制度，根据需要及时召开会议，按照“会商、分类、分摊”的原则，对企业资金链风险处置工作进行研判、协调和部署，并形成报告。

5.开展分类处置。协调化解工作组要加强对企业资金链风险的研判，实行分类快速处置，阻止风险扩散蔓延。对主业经营良好、暂时出现资金链紧张，或由于涉及担保、个别银行抽贷导致资金周转困难的企业，要协调银行不简单采取抽贷、压贷、缓贷、减贷、起诉等不利于整体处置工作的行为，不搞“一刀切、急刹车”，灵活办理企业转贷；对由于过度融资、杠杆率高引发资金链风险，但产品有市场、有品牌、影响大的企业，要及早介入，采取行政协调、司法集中管辖、“企业瘦身”、市场重组等手段，加大帮扶力度；对产能过剩、无救助价值的企业，要及时转入启动善后处置机制，为进入司法程序处置创造条件。

6.实行分级负责。各区、县(市)及开发区要切实承担起属地责任，积极调动各方资源，实行分级处置。对涉及本地企业的资金链风险，由各区、县(市)及开发区协调化解工作小组负责分类处置；对涉及多个区域、社会影响面广、金额特别巨大、对行业或区域经济可能造成较大影响的重大企业资金链风险，由属地协调化解工作小组报市级协调化解工作组界定企业风险程度后，经市政府同意上升至市级协调化解工作组处置。

(三)建立善后处置机制。

1.成立两级善后处置工作组。市级善后处置工作组由市委维稳办，市经信委、建委、贸易局、交通运输局、住保房管局、公安局、人力社保局、国土资源局、信访局、国税局、财政局(地税局)、国资委、金融办，市委宣传部以及市法院、浙江银监局、浙江省银行业协会等单位组成，负责协调行业主管部门处理市级企业破产清算或司法重组相关工作，指导各区、县(市)及开发区处理属地企业破产或司法重组工作。市委维稳办牵头负责市级善后处置工作组的日常工作。各区、县(市)及开发区要成立相应的善后处置工作小组。

2.强化司法保障。协调相关部门强化司法案件的集中管辖工作机制，合法简化涉及企业资金链案件的审判程序，督办进展缓慢的案件，妥善处置贷款抵质押物，以市场化为导向促进产业结构调整，充分发挥管理人制度的作用，加快金融案件的处置进度。加大对债务人资金流向的追查力度，依法追究债务人逃废债等行为。及时冻结相关企业资产，加快对不良贷款的处置，保护合法债权。

3. 积极做好维稳工作。建立风险化解维稳协作机制，密切关注形势变化，及时沟通相关信息，引导舆论导向，合力做好企业资金链风险维稳化解工作。搭建沟通交流、协调处理的平台，对因企业资金链风险引起的劳资、民间债务等纠纷，积极协调相关部门及时化解、处置，防止群体性事件的发生，保障区域金融安全，维护社会稳定。

4. 推进企业重组重整。在产权明晰、债务剥离、风险可控等前提下，协调土地储备机构或做地主体收储风险企业土地，签订收储协议后可支付部分收储成本。协调相关部门开设绿色通道，鼓励企业实施重组，盘活存量，并给予一定的税费规费减免。通过竞争机制引入战略投资者，实现资源优化配置。指导、监督管理人制度发挥作用，为司法重组提供条件。

5. 支持不良贷款核销。协调财税部门根据《财政部关于印发〈金融企业呆账核销管理办法（2013 年修订版）〉的通知》（财金〔2013〕146 号）规定，研究制定支持银行机构加快核销不良贷款的优惠举措，加快中小企业不良贷款的核销，调动银行机构承担差别化债权清偿率、配合推进风险企业司法重整的积极性，帮助债权银行机构减轻负担，更好地与相关方开展合作。

6. 形成两级合力。市级善后处置工作组要指导各区、县（市）及开发区善后处置工作小组有效运行，两级善后处置工作组要协同配合、上下联动、分级负责，严谨细致、依法合规地推进善后处置工作。

四、工作保障

（一）加强组织领导。

企业资金链风险防范与化解工作事关全市经济健康稳定发展大局，各级各部门要高度重视，明确分管领导，落实部门或专人负责相关工作。各牵头部门要切实负起责任，加强指导和协调，及时分解落实各项任务。各工作组成员单位要认真履行职责，确保各项工作落到实处。同时，要积极吸取其他地区的经验，及时提出意见和建议。各区、县（市）政府及开发区管委会要认真落实属地责任，加强领导，结合实际，建立健全相应体系。确保两级工作机制发挥作用。

（二）深化机制联动。

市和区县（市）及开发区两级监测预警工作组、协调化解工作组和善后处置工作组要根据各自职能和分工要求，分级、分段负责，加强沟通协调、合作联动，顺应市场规律，尊重法律法规，稳妥细致、依法合理地做好企业资金链风险处置工作。

（三）强化舆论引导。

充分利用报刊、电视、广播、网络等传媒载体，引导媒体进行正面宣传、客观报道，提升社会各界对防范与化解工作的认识，对金融知识的了解，增强企业经营者信心，有效遏制各类谣言的发生及传播，消除社会负面影响，切实保障媒体的知情权和监督权，形成有利于风险防范与化解工作的良好舆论氛围。

（四）严守工作纪律。

各工作组成员单位、区县（市）政府及开发区管委会要妥善保管企业资金链风险防范与化解工作的各类信息，做到专人负责，严防因信息泄露，影响企业正常生产经营和后续风险处置。探索建立企业风险信息统一对外发布工作制度。对未经批准、故意泄露相关信息造成严重后果的，要追究相关人员的责任。

本方案自公布之日起30日后施行，由市金融办、市经信委、市委维稳办共同负责组织实施。

杭州市人民政府办公厅关于印发杭州财富管理中心建设2014年度行动计划的通知

杭政办函〔2014〕93号

各区、县(市)人民政府,市政府各部门、各直属单位:

《杭州财富管理中心建设2014年度行动计划》(见附件)已经市政府同意,现印发给你们,请认真组织实施,并做好以下工作:

一、各级各部门要根据《浙江省人民政府办公厅关于杭州财富管理中心2014—2018年实施纲要的复函》(浙政办函〔2014〕25号)精神,对杭州财富管理中心建设予以高度重视,结合《杭州财富管理中心建设2014年度行动计划》,加强组织领导,加快工作进度,加大督查力度,确保杭州财富管理中心建设工作顺利推进。

二、各级各部门要按照《杭州财富管理中心2014—2018年实施纲要》的任务要求,大力推进金融改革与创新,以私募金融服务为龙头,以场外交易市场、财富管理中介为两翼,完善规范高效的资本转化机制和财富管理体系,发展独具优势的杭州财富管理产业,促进财富管理与实体经济发展有机结合,把杭州打造成为全省财富管理产业的核心集聚区,以及具有全国影响力、与上海国际金融中心良性互动的国内一流财富管理中心,大力提升全省和杭州金融业核心竞争力。

杭州市人民政府办公厅

2014年6月27日

附件

杭州财富管理中心建设2014年度行动计划

序号	工作任务	具体内容及要求	责任单位	配合单位
1	建立协调推进和组织保障机制	1.建立省级层面的协调推进机制。成立省金融办牵头，省发改委、省财政厅、省商务厅、省地税局、省工商局、人行杭州中心支行、浙江银监局、浙江证监局、浙江保监局和杭州市政府参加的杭州财富管理中心建设协调推进联席会议。	市金融办	
		2.与省级层面的协调推进机制相对应，建立市级层面的工作组织保障机制。	市金融办	
2	研究起草相关激励和扶持政策	3.研究省级层面激励政策。请省财政厅、省地税局等部门研究杭州金融机构、财富管理机构高管人才在税赋优惠等方面的激励扶持政策。	市财政局	市金融办
		4.完善市级层面扶持政策。出台我市推进金融创新发展的指导意见，修订财富管理机构等金融机构总部招商政策，调研金融要素市场发展政策。	市金融办	市财政局
3	推进重点集聚区建设	5.加快钱江新城金融核心区(钱江金融城)项目建设，推进金融总部招商工作。	市钱江新城管委会、江干区政府、市金投集团	
		6.推进玉皇山南国际金融产业园建设，重点招引、培育私募股权、私募证券机构。	上城区政府	
		7.推进黄龙商圈、西溪谷建设，加速财富管理中介机构的集聚。	西湖区政府	
		8.加快湘湖金融岛建设，招引、培育金融机构、财富管理机构。	萧山区政府	
		9.鼓励未来科技城招引私募股权基金，促进私募金融助推科技创新发展。	余杭区政府	
4	推进私募金融和资产管理机构发展	10.继续壮大政府设立的投资基金规模，加强知名私募股权投资机构的招引。	市财政局、市科委、市金投集团	

续表

序号	工作任务	具体内容及要求	责任单位	配合单位
4	推进私募金融和资产管理机构发展	11. 支持浙商创投、天堂硅谷等机构开展业务创新，推动本土投资机构加快发展。	市金融办	
		12. 支持在杭证券公司、期货公司设立资产管理子公司，开展资产管理和证券化业务。	市金融办	
		13. 支持公募基金在杭设立子公司，开展专项资产管理和专户理财业务，鼓励浙商基金管理公司业务创新发展。	市金融办	
		14. 推进设立消费金融公司。	杭州银行	市金融办
		15. 推进设立网商银行。	阿里巴巴电子商务公司	市金融办
5	着力培育金融要素市场体系建设	16. 支持浙江金融资产交易中心、浙江股权交易中心加快发展。	市金融办	江干区政府
		17. 推进杭州产权交易所、杭州农村产权交易所开展各类资产、产权、大宗商品、特色产品的场外交易。	市金投集团	市金融办、江干区政府
		18. 推进杭州文化产权交易所开展文化艺术品交易，探索建立文创产业投融资服务体系。	市文创办、西泠印社社委会	市金融办、余杭区政府
		19. 争取省政府支持，探索在杭设立各类金融要素交易场所。	市各类交易场所监督管理联席会议各成员单位	
6	引导民间资金更好地服务实体经济	20. 鼓励民间资金进入公共和基础设施领域，推进市政债、私募债等发行。	市金融办	市发改委、市财政局
		21. 支持在杭商业银行、保险公司、信托公司参与政府性项目融资。	市金融办	市发改委、市财政局
		22. 进一步健全交流服务平台，推进私募股权基金投资杭州科技创新企业和中小企业。	市科委、市经信委	市金融办
7	优化财富管理发展环境	23. 召开杭州财富管理中心建设推进动员会。	市金融办	

续表

序号	工作任务	具体内容及要求	责任单位	配合单位
7	优化财富管理发展环境	24.推进我市民间融资管理试点工作。	西湖区、拱墅区、余杭区、桐庐县政府	市金融办
		25.开展财富管理宣传等活动。	市金融办	市委宣传部
		26.举办中国有限合伙人峰会暨杭州财富管理中心推进会。	市金融办	上城区政府、市金投集团
		27.支持举办第九届浙江省金融理财博览会。	市金融办	
8	探索建立信息统计体系	28.探索建立全市财富管理行业信息统计体系。	市金融办	市统计局、省金融业发展促进会

说明:根据省级部门负责的工作,确定相对应的市级部门为责任单位,负责做好协调对接工作。

杭州市金融办　杭州市农办　省农信联社杭州办事处关于促进杭州市农村普惠金融发展的指导意见

杭金融办函〔2014〕13号

萧山区、余杭区、桐庐县、淳安县、建德市、富阳市和临安市金融办、农办、各农信机构：

为贯彻落实党的十八届三中全会精神，促进我市农村地区普惠金融发展，推动城乡金融服务均等化，结合我市实际，特提出如下指导意见：

一、重要意义

《中共中央关于全面深化改革若干重大问题的决定》明确提出发展普惠金融，其要旨就是要构建为社会所有阶层和群体提供均等服务的金融体系，让金融改革与发展成果更多更好地惠及所有地区尤其是贫困、后进地区，惠及所有人群，实现金融业可持续发展。长期以来，金融资源在城乡间的配置失衡成为阻碍农村地区经济社会发展的突出问题，发展农村普惠金融，让农户获得一定的资金资源、享有必要的金融服务，有利于帮助农民依靠自身力量走上创业致富道路、提升消费水平、改善居住环境，对于缩小城乡差距、统筹城乡发展有着重要的基础性作用。

二、指导思想

着眼于构建发展农村普惠金融的体制机制，突出农信机构等涉农金融组织的主体作用，加强政府和金融管理部门的政策扶持，为金融机构践行普惠金融营造更加良好的外部环境，鼓励金融机构加大创新力度，研发推广适合农村地区的金融服务产品，进一步改善农村金融基础建设，加大金融资源供给力度，使我市农村地区广大农民平等享有金融服务的权利，平等享有参与经济社会发展的机会。

三、工作重点

1. 建立多层次涉农担保体系。支持政策性农业信用担保机构做大做强，扩大业务覆盖面，运用风险补偿等政策，鼓励担保机构向农业企业、农村专业合作社、种养殖大户等提供融资担保。各县市要安排农村信用资金进行财政支持，其中 2014 年落实市级财政专项资金 1000 万元，重点扶持 16 家农业信用担保机构，实现担保总额超过 35 亿元。鼓励政府和民间资本出资参与组建由农业部门指导、乡镇政府牵头的互助性农村担保机构。鼓励商业性担保机构向镇、村一级延伸业务。探索建立由政府、金融机构和民间资金联合组建的再担保机构，以分散担保风险。

2. 创新金融服务产品。依托信用体系建设成果，引进吸收先进小微贷技术，对小额资金需求和信用等级较高的农户提供信用贷款。加大小额信用贷款和农户贷款的投放力度，2014 年发展 30 万元以下小额信用贷款户达到 5 万户、贷款余额 35 亿元，农户贷款户达到 17 万户、贷款余额 360 亿元，小微企业户达到 1.6 万户、贷款余额 800 亿元。积极发展林权抵押贷款等不存在法律障碍的业务，县(市)政府要建立林权服务平台，完善业务流程，加强抵押物的监督管理，为开展林权抵押贷款业务创造必要条件，有条件的县(市)可建立森林资源收储中心，为林权抵押贷款提供担保或反担保，以降低林权抵押信贷风险。持续加大对林业发展的有效信贷投入，2014 年全市农信系统林权抵押贷款余额达到 2 亿元。按照中央和省、市关于农村产权改革的部署，积极开展农户承包土地经营权抵押贷款，探索农民集体资产股份抵押贷款和农民住房财产权抵押贷款等新业务。探索产品订单、保单、仓单以及大型农用生产设施等财产抵(质)押贷款业务。发挥杭州农村综合产权交易所等农村产权交易平台作用，建立不良抵押的退出机制，为金融机构开展业务创新提供配套服务。

3. 深化农村信用体系建设。以信用成果应用为核心，充分挖掘信用资源，体现信用价值，营造信用环境，实现信用价值化。深入开展信用户、信用村、信用乡镇评定，2014 年新评定市级信用村（社区）35 个、市级信用乡镇（街道）10 个，力争到 2014 年年末，农户经济档案建档率达到 75%以上。实施差别化优惠措施，提高农村信用评定数据在贷款授信、资金定价等方面的应用率，提升信用工程质量。积极推进农民专业合作社、个体经营户的信用等级评定，拓展信用工程覆盖范围，2014 年制订完成《加快推进全市农民专业合作社信用体系建设的指导意见》，新评定市级信用专业合作社 10 个。

4. 加强农村产权流转交易服务。依托现有杭州农村综合产权交易所的区域性产权交易市场，逐步建立覆盖各县（市）的产权交易平台，并向乡镇一级延伸，形成市、区（县、市）、乡镇（街道）三级联动、覆盖全市的农村产权交易市场体系。县（市）有关部门要规范业务流程，依法高效为农村产权流转交易办理审核、查档、权属确认、出具文书、登记等手续。各地政府应出台鼓励政策，引导农户承包土地经营权、林权、集体资产股权等农村产权进入交易市场公开、公平、规范进行流转交易。

5. 完善金融便民服务。全面着眼于物理网点、自助银行、手机银行、网上银行和电话银行等载体，加强金融便民服务体系建设。规范发展银行卡助农服务，持续推进小额取款、代理转账等业务的应用，推动服务点功能综合化，实现"基础支付服务不出村"。加大自助服务机具布放力度，其中农信系统 2014 年投放 ATM 机不少于 100 台。深化"刷卡无障碍示范区、示范镇、示范县"创建工作，加大 POS 机具投放力度，推动银行卡在商贸、旅游、农村公共服务和农业企业等领域的应用，改善银行卡受理环境。大力推进农村地区网上支付、手机支付业务应用，力争 2014 年年底全市农村地区网银用户数、交易量均同比增长 30%以上，手机支付用户数同比增长 1 倍以上，交易量同比增长 2 倍以上。2014 年开展"丰收村村通工程"建设，在实现 100%入驻村级便民服务中心的基础上，整合强化村级便民服务中心金融服务点、银行卡助农取款服务点功能，探索创建人工与自助结合的全能型金融便利店。完善市民卡功能，加大农村地区应用拓展，不断提升市场份额。

四、保障措施

1. 健全工作机制。各县(市)要从全局性和长远性的高度充分认识发展农村普惠金融的重要意义,把这项工作纳入城乡区域统筹发展战略的总体布局中,纳入各县(市)的重点工作中,采取强有力的措施加以推进,并列入考核体系分解下达任务。市金融办、市农办等部门将每年制定年度行动项目指标,持续推动全市农村普惠金融的实施。

2. 出台配套政策。推进农村产权制度改革,逐步形成归属清晰、权责明确、保护严格、流转顺畅的现代农村产权体系,为农村资产的盘活创造必要条件。各县(市)要安排专项资金支持农村普惠金融工作,支持农村合作金融机构开展乡镇财政国库集中支付、社保卡、公务卡、农村养老保险、农村医疗保险、种粮直补等财政业务代理和政府惠民资金代理发放工作,在向金融机构分配政府资源如财政性存款时,更加重视金融机构对当地普惠金融做出的贡献,调动金融机构从事农村普惠金融的积极性。

3. 实行差异化监管。在杭金融监管部门对从事农村普惠金融的机构应实行更加灵活、差异化的监管政策。人民银行各分支机构应落实支农再贷款、再贴现、优惠存款准备金率、差别准备金动态调整等货币信贷政策,对涉农金融机构发展普惠金融进行定向支持。银监部门应落实好对农信机构的差异化监管。

4. 改革内部管理。金融机构应进一步下沉业务重心,深入了解农村金融需求,实现服务与需求的有效对接。要鼓励创新符合农村经济特点、低成本、可复制、易推广的金融产品和服务方式。在内部管理上,应改革“包放包收”等不利于创新的规章制度,提高对信用贷款及其他创新产品的不良容忍度,并制定以此为导向的内部考核制度。

杭州市金融办　杭州市农办　省农信联社杭州办事处

2014 年 5 月 21 日

附件

2014年农村普惠金融行动项目

序号	项目内容	责任单位
1	发展互助性农村担保机构。	萧山、余杭区和五县(市)政府、相关乡(镇)政府、两区五县(市)农业和林业部门
2	落实市级财政专项资金1000万元,重点扶持16家政策性农业信用担保机构,实现担保总额超过35亿元。	杭州市农办,萧山、余杭区和五县(市)政府
3	30万元以下小额信用贷款户达到5万户,余额达到35亿元。农户贷款户达到17万户,余额达到360亿元。小微企业户达到1.6万户,余额达到800亿元。	省农信联社杭州办事处、各农信机构
4	全市农信系统林权抵押贷款余额达到2亿元。	省农信联社杭州办事处、各农信机构
5	深入开展信用户、信用村、信用乡镇评定,2014年新评定市级信用村(社区)35个、市级信用乡镇(街道)10个,力争到2014年年末农户经济档案建档率达到75%以上。	省农信联社杭州办事处,各农信机构,萧山、余杭区和五县(市)农办、人民银行、相关乡(镇)政府
6	制订完成《加快推进全市农民专业合作社信用体系建设的指导意见》,新评定市级信用专业合作社10个。	省农信联社杭州办事处,各农信机构,萧山、余杭区和五县(市)农办
7	加强农村产权流转交易服务,建立完善农村产权交易平台。	萧山、余杭区和五县(市)政府
8	出台促进农村普惠金融发展的政策,如对信用镇村建设、农业性互助担保公司、发放信用贷款进行奖励补贴,优先分配财政性存款等。	萧山、余杭区和五县(市)政府
9	开展"丰收村村通工程"建设,探索创建人工与自助结合的全能型金融便利店。	省农信联社杭州办事处、各农信机构、相关乡(镇)政府
10	加大自助服务机具布放,其中农信系统2014年投放ATM机不少于100台。	中国人民银行杭州中心支行及各县(市)支行、省农信联社杭州办事处、各农信机构

续表

序号	项目内容	责任单位
11	大力推进农村地区网上支付、手机支付业务应用，其中2014年全市农村地区网银用户数、交易量均同比增长30%以上，手机支付用户数同比增长1倍以上、交易量同比增长2倍以上。	中国人民银行杭州中心支行及各县(市)支行、各涉农金融机构
12	推动“刷卡无障碍示范区、示范县、示范镇”创建，巩固银行卡助农服务，推动银行卡在商贸、旅游、农村公共服务和农业企业等领域的应用。	中国人民银行杭州中心支行及各县(市)支行、各涉农金融机构

中国人民银行杭州中心支行关于印发《浙江省“普惠金融服务年”活动方案》的通知

杭银发〔2014〕58号

人民银行各市中心支行、杭州辖内各县(市)支行,各政策性银行浙江省分行,各国有商业银行浙江省分行,浙商银行,浙江省农村信用社联合社,交通银行浙江省分行,各股份制商业银行杭州分行,邮政储蓄银行浙江省分行,杭州银行,各城市商业银行杭州分行,杭州联合银行,各外资银行杭州分行,各资产管理公司杭州办事处,在杭各信托公司、金融租赁公司、财务公司:

为贯彻落实党的十八届三中全会、中央经济工作会议、人民银行工作会议和全省经济工作会议精神,大力发展普惠金融,充分发挥金融在促进浙江经济持续健康发展与社会和谐稳定中的作用,决定在全省金融系统开展“普惠金融服务年”活动。现将《浙江省“普惠金融服务年”活动方案》(见附件)印发给你们,请各单位结合自身实际贯彻落实。

中国人民银行杭州中心支行

2014年3月20日

附件

浙江省“普惠金融服务年”活动方案

一、指导思想

根据十八届三中全会关于“发展普惠金融”的总体要求，围绕我省“创业富民、创新强省”总战略，大力发展普惠金融，着力加大对“三农”、小微企业、城乡居民和社会弱势群体的金融支持，提升金融服务的广度与深度，使信贷资金、金融服务以及金融改革发展的成果更多更好地惠及广大人民群众和经济社会发展薄弱环节，促进浙江经济持续健康发展与社会和谐稳定。

二、活动主题

“支农支小，扶贫扶弱；普惠金融，惠及民生”。

三、活动目标

2014年是我省大力推进普惠金融服务的第一年，省内各级人民银行和金融机构要以支农支小、扶贫扶弱为重点，通过加大信贷支持、创新金融产品、提升金融服务、优化信用环境、加大政策扶持，使全省涉农贷款和小微企业贷款增速继续高于全部贷款平均增速，力争全省小微企业贷款户数增长10%以上，农户贷款覆盖率有效提升，社会弱势群体的信贷资金可获得性不断提高，金融产品种类不断丰富，金融服务效率和便利化程度进一步提升，为今后一段时期我省建立广覆盖、高效率、可持续的普惠金融服务体系打下良好基础。

四、活动内容

（一）发展农村小额信贷，支持“三农”发展与改革

在农村地区大力发展小额贷款和“阳光信贷”。积极开展农户建档、评级和授信工作，提高农户小额贷款的覆盖面。推广农户小额贷款“一站式”服务，推进农户授信评议和授信公示制度，努力实现农户贷款流程公开化、透明化、

阳光化。进一步扩大农村抵押担保物范围，继续推广林权、农用生产设备、农业订单、保单等抵质押贷款，积极稳妥推进农村土地承包经营权、农民住房财产权抵押试点。加大对家庭农场、农民专业合作社、种养大户、农业产业化龙头企业等新型农业经营主体的信贷扶持，创新发展"新型农业经营主体＋农户"的农业产业链融资模式。依托政策性农业保险，推广信贷与保险相结合的金融产品，提升农业抗风险能力。

（二）创新金融产品，支持小微企业发展与转型升级

进一步深化小微企业金融产品和服务方式创新，鼓励开展小微企业信用贷款，扩大信用贷款覆盖面。推广动产、仓单、应收账款、股权、知识产权、商位使用权抵质押贷款业务。积极开展循环贷款、年审制贷款、分段式、宽限期等小微企业还款方式创新。大力发展科技金融，加强银行机构与股权投资、风险投资机构的合作，积极扶持科技型小微企业发展。加强小微企业信贷专营机构建设，进一步下沉服务重心，推广小微企业"信贷工厂"模式，实现小微企业贷款审批标准化、流程化和批量化操作，提高授信审批效率。探索利用互联网技术，提升小微企业金融服务效率。进一步扩大跨境人民币结算业务覆盖面，积极推动个人跨境贸易人民币结算试点，提升小微企业和个体工商户贸易便利化程度。

（三）推广个人创业贷款，支持城乡居民创业促就业

进一步推动金融服务向社区和基层下沉，大力发展个人小额信贷，推广适合小额信贷的差异化信贷技术、业务流程和评审标准，加强面向社区和基层的小额信贷网点和队伍建设，加大对基层小额信贷业务的引导激励力度，着力扩大个人创业贷款覆盖面，支持创业富民。加强金融部门与就业管理部门的合作，完善创业培训和小额担保贷款联动机制，积极推广针对高校毕业生、失地农民、进城务工人员、大学生村官等的小额担保贷款业务，扩大小额担保贷款支持范围和覆盖面。

（四）加大金融扶贫力度，服务贫困地区与弱势群体

以全省29个欠发达县（市、区）为重点，坚持开发式扶贫方针，加大对欠发达县特别扶持项目的资金支持，促进贫困地区不断增强造血功能。完善小额扶贫贴息贷款机制，扩大小额扶贫贷款支持范围。推动金融机构网点向贫困

地区延伸，扩大贫困地区金融服务覆盖面。对暂不具备设立网点的偏远山村，可采用流动服务的方式，提供流动驻点的存、取、汇款服务。积极支持欠发达地区下山脱贫、扶贫搬迁、农房改造等项目建设。完善金融服务方式，更好地满足弱势群体的金融服务需求。

（五）推进支付体系建设，促进金融服务便利化

深化推进农村“易(e)支付工程”，大力发展网上支付、手机支付等电子支付业务，进一步提高社会大众支付便利化水平。规范发展银行卡助农服务，持续推进小额取款、代理转账等业务的应用，实现“基础支付服务不出村”。深化“刷卡无障碍示范街、示范镇、示范县”创建工作，加大POS机具投放力度，推动银行卡在商贸、旅游、公共服务等领域的应用，改善银行卡受理环境，便利大众消费。鼓励并引导支付机构开展面向城乡居民、小微企业、电子商务、公共服务等领域的支付业务创新，提高支付服务的便捷化程度。

（六）完善城乡信用体系，优化社会信用环境

持续深化农村信用体系建设，深入开展“信用户、信用村（社区）、信用乡（镇、街道）”创建工作，建立完善农户信用档案和“三信”创建成果的转化机制，将其作为贷款额度提高、利率优惠等支农惠农措施的重要依据，并探索推广“整村批发、集中授信”等信贷支农新模式。进一步加强信用知识宣传，不断增强农户、居民和小微企业等经济主体的诚信意识，持续改善城乡金融生态环境。

（七）用好央行政策工具，加大对普惠金融的定向支持

灵活运用再贷款、再贴现、差别准备金动态调整等货币政策工具，加大对普惠金融的定向支持。统筹调配支农再贷款限额，重点向涉农贷款比例高、资金相对不足的欠发达地区倾斜。对县域符合条件的农村合作金融机构，执行比同类机构低1个百分点的优惠存款准备金率。对符合条件的农业银行“三农金融事业部”改革试点县支行，执行比农业银行低2个百分点的优惠存款准备金率。对发展普惠金融成效显著的地方法人金融机构，在差别准备金动态调整上给予倾斜。积极运用支小再贷款等工具，满足金融机构支持小微企业和个人创业的流动性需求。支持符合条件的法人金融机构发行小微企业专项金融债、参与信贷资产证券化试点，提升支持小微企业的能力。联合有关部门

完善农业贷款、小微企业贷款风险补偿以及小额担保贷款、扶贫贷款贴息等政策，进一步增强政策的引导作用。

（八）加强宣传推广，普及金融产品与金融知识

加强金融产品的宣传推广和金融知识的教育普及，着力解决金融信息不对称问题。通过宣传培训、专题讲座、集中设摊、媒体广告、热线电话等多种形式，推动金融知识进农村、进社区，为城乡居民提供金融普及教育，将金融政策、知识、产品、服务“送上门、送进家、送到手”，帮助城乡居民更好地运用金融工具，分享普惠金融成果。鼓励各地依托互联网工具，建立普惠金融网络宣传平台。

五、活动安排

省内各级人民银行和金融机构要把发展普惠金融作为今后一段时期贯彻落实十八届三中全会精神的一项重要工作，总体谋划、分步实施，力争通过五年时间的努力，在全省构建起广覆盖、高效率、可持续的普惠金融服务体系。

各级人民银行和金融机构应于2014年3月底前将“普惠金融服务年”活动方案报送人民银行杭州中心支行；于每季后15日前上报活动开展情况及主要成效；于2014年12月20日前上报服务年活动总结报告。人民银行杭州中心支行将总结和评估各单位活动开展情况及效果，并进行通报表彰。

六、活动要求

（一）精心组织，上下联动

省内各级人民银行和金融机构要切实加强组织领导，在系统内广泛宣传动员，制订广泛参与、上下联动的活动方案，完善工作机制，整合系统内资源，结合各地实际扎实开展服务年活动。加强沟通交流，及时将好的经验、做法宣传推广。

（二）一行一品，务求实效

坚持转变作风、求真务实，增强活动的针对性和实效性，把改进作风的要求贯穿于活动始终。省内各级人民银行和金融机构要按照“一行一品”的总体思路，开发和推广符合当地实际的普惠金融特色产品，将普惠金融的各项措施落到实处。

（三）深入基层，进村入企

省内各级人民银行和金融机构要深入基层、贴近群众，精心组织形式多样、内容丰富的“进村入企”活动，推动金融服务“进乡村、进社区、进小微企业”。

（四）强化指导，认真总结

省内各级人民银行和金融机构要加强活动开展情况的总结评估，加强对分支机构的督促指导，建立相应的激励机制，切实提升分支机构参与活动的主动性和积极性。人民银行杭州中心支行将通过深入调研、定期通报等方式，加强对活动开展情况的跟踪指导，及时总结推广各地好的经验和做法。各金融机构的活动开展情况，将作为人民银行实施金融机构信贷政策导向效果评估的依据。

中国人民银行杭州中心支行办公室关于进一步推进小额贷款公司信用评级结果应用和扩大信用评级覆盖面的通知

杭银办〔2014〕94 号

人民银行各市中心支行，杭州市各小额贷款公司，有关信用评级机构：

2013 年，全省小额贷款公司信用评级试点工作取得了积极成效。为更好地促进小额贷款公司的健康、稳定发展，根据《中国人民银行办公厅关于扩大小额贷款公司和融资性担保公司信用评级工作试点范围及相关工作的通知》（银办发〔2014〕114 号），经商浙江省金融办，决定在推动评级结果应用的同时，进一步扩大全省评级覆盖面。现将有关事项通知如下：

一、进一步推进小额贷款公司信用评级结果应用

在对小额贷款公司的行政管理和外部融资等事项中应用信用评级结果是改进行政管理方式，促进小额贷款公司健康规范发展的重要内容。2014 年，着重抓好以下几方面工作：

（一）接入和查询人民银行征信系统方面。根据《征信业管理条例》以及人民银行总行有关文件规定，进一步完善全省小额贷款公司接入和查询人民银行征信系统工作机制，加强对信用等级在 BBB 及以上小额贷款公司的征信业务辅导，优先考虑信用等级高的小额贷款公司接入征信系统并给予更多的查询便利。

（二）促进小额贷款公司外部融资方面。结合信用评级，探索和拓展小额贷款公司外部融资方式，推动评级结果在小额贷款公司债券发行、资产证券化等创新试点中的应用。同时，引导金融机构合理运用评级结果，加大对信用等

级较高、信用水平较好的小额贷款公司的支持力度。

（三）完善小额贷款公司行业监管方面。深化评级结果在小额贷款公司日常管理和各项政策扶持中的应用，推动行业分类监管制度的建立。对于信用等级在A及以上的小额贷款公司在同业拆借、定向借款、资产转让等方面给予优先和鼓励；对于信用等级在BBB以下的小额贷款公司，进行重点监管并给予指导帮助。

二、进一步扩大小额贷款公司信用评级覆盖面

根据人民银行总行工作部署和省政府领导的有关指示精神，在总结试点经验的基础上，2014年将在全省范围内推进小额贷款公司信用评级工作，进一步扩大评级覆盖面。

（一）评级范围及对象。全省范围内开展小额贷款业务满2年及以上的具有独立法人资格的小额贷款公司（已参加过信用评级且评级结果仍在有效期内的小额贷款公司除外）根据自愿原则参加信用评级。其余小额贷款公司也可根据业务发展需要参加信用评级。

（二）评级机构。评级工作由在人民银行杭州中心支行备案，且在浙江省开展信贷市场信用评级业务满2年及以上的评级机构（具有小额贷款公司信用评级经验的优先）负责开展。人民银行各市中心支行根据当地实际情况，按照“确保市场秩序、保持合理竞争、提升评级质量”的原则，选择1～2家评级机构开展评级作业。

（三）评级指标体系。参照2013年制定的《浙江省小额贷款公司信用评级指标体系》，将根据实际应用情况，会同评级机构对其作适当调整。

三、有关要求

（一）已开展信用评级的地区，要着力推动评级结果的应用，鼓励创新，并及时将评级结果应用情况报人民银行杭州中心支行。新开展信用评级的地区，要做好宣传发动工作，稳妥推进辖内信用评级工作。人民银行各市中心支

行要及时反馈有关问题，并于 2014 年 12 月 15 日前，上报辖内小额贷款公司信用评级工作总结报告。

（二）参与小额贷款公司信用评级的评级机构，按照全省统一的标准和规范的流程开展评级作业，切实提高评级工作质量。2014 年的小额贷款公司信用评级工作应在 11 月底前完成。小额贷款公司信用评级结果有效期为 1 年，鉴于小额贷款公司的特殊性，各评级机构应适当加大跟踪评级力度，原则上 6 个月跟踪评级一次。

（三）各小额贷款公司要充分认识信用评级的重要意义，积极参与信用评级，主动配合评级机构开展评级作业，不断提高自身信用管理水平。

中国人民银行杭州中心支行办公室

2014 年 7 月 22 日

中国人民银行杭州中心支行　浙江省农业厅
关于开展农村土地经营权抵押贷款工作的意见

杭银发〔2014〕165 号

各市、县（市、区）人民银行、农业局（农办），各政策性银行浙江省分行，各国有商业银行浙江省分行，浙商银行，浙江省农村信用社联合社，交通银行浙江省分行，各股份制商业银行杭州分行，邮政储蓄银行浙江省分行，杭州银行，各城市商业银行杭州分行，杭州联合银行：

为贯彻落实党的十八届三中全会精神以及《中共中央 国务院关于全面深化农村改革加快推进农业现代化的若干意见》（中发〔2014〕1 号）、《中共浙江省委 浙江省人民政府关于全面深化农村改革加快推进农业现代化和城乡发展一体化的实施意见》（浙委发〔2014〕7 号）、《浙江省人民政府办公厅关于完善农村土地承包制度搞活承包经营权权能的意见》（浙政办发〔2014〕91 号）等文件精神，进一步拓宽"三农"融资渠道，深化农村金融改革和创新，根据《中华人民共和国农村土地承包法》、《中华人民共和国物权法》、《中华人民共和国担保法》等法律法规，现就开展农村土地经营权抵押贷款工作提出如下意见：

一、提高对开展农村土地经营权抵押贷款工作的认识

农村土地经营权抵押贷款是指借款人以合法途径取得的农村土地经营权及地上（含地下）附着物作为抵押物，在遵守国家有关法律、法规和信贷政策前提下，向金融机构申请贷款的融资活动。当前我省正处于农村改革加快推进、农业现代化加快发展、城乡发展加快融合的关键时期，开展农村土地经营权抵押贷款工作，对深化农村金融改革、拓宽"三农"融资渠道、加快推进农业现代化、促进城乡发展一体化具有重要意义。省内各级人民银行和农业部门要进

一步统一思想认识，按照因地制宜、有序推进、风险可控的原则，不断完善各项配套制度和扶持政策，有计划、有步骤、稳妥地推进农村土地经营权抵押贷款工作。各地可通过先试点、后推广的方式，在辖内稳步扩大业务覆盖面，着力加大对“三农”发展的金融支持力度，为我省深入推进社会主义新农村建设、促进经济社会协调健康可持续发展创造良好的金融服务环境。

二、农村土地经营权抵押贷款的对象和条件

农村土地经营权抵押贷款对象为从事农业生产经营的组织或个人。向金融机构申请抵押贷款必须符合以下条件：

（一）具备一定生产规模和持续生产能力的种植（养殖）业、设施农业、现代休闲农业及其他符合抵押条件的农村土地经营权；

（二）土地承包或流转程序合法，行为规范；

（三）合法取得土地经营权，并依法取得农村土地承包经营权证或农村土地承包流转经营权证等证件；

（四）依法经营，未改变土地的农业用途；

（五）抵押土地所在的村集体经济组织及流出方同意抵押并在贷款无法归还时进行处置。

有下列情形之一的农村土地经营权不得设定抵押：

（一）权属有争议的；

（二）已依法公告列入城镇规划建设、征地拆迁范围或已被依法征用的；

（三）依法被查封、扣押、监管或受其他形式限制的；

（四）其他不符合法律法规规定的。

三、农村土地经营权抵押贷款的用途、期限和利率

借款人取得的农村土地经营权抵押贷款必须用于农业生产经营业务。抵押贷款期限和金额由借贷双方协商确定，贷款期限不得超过该抵押土地经营权的剩余使用年限。抵押贷款利率按中国人民银行利率政策和贷款人相应的利率定价机制确定。

四、农村土地经营权抵押贷款的办理程序和要求

（一）抵押贷款申请受理。由借款人向金融机构提出土地经营权抵押贷款申请，金融机构对符合条件的申请予以受理。

（二）抵押物价值评估。农村土地经营权的价值可由具备资质条件的中介机构进行评估，也可由借贷双方委托有关专家测算确定或由借贷双方协商确定。抵押物评估价值应充分考虑土地经营权及租金实际支付剩余期限、流转价款、支付价款、地上（含地下）附着物价值及预期收入等因素，流转价款可参照设定抵押时当地农村土地流转服务交易机构的同类土地平均交易价格。金融机构应根据借款人信用状况、生产经营需求和抵押物评估价值等要素合理确定贷款额度及抵押率。

（三）抵押贷款合同签订。经金融机构审查批准抵押贷款的，借款人与金融机构签订抵押贷款合同，明确双方当事人的权利义务。

（四）抵押贷款登记。农村土地经营权抵押贷款应依法办理抵押登记手续。金融机构和借款人应当在抵押贷款合同签订后，持相关材料向所属县（市、区）人民政府授权的部门或有关机构申请办理抵押登记。

（五）抵押贷款发放。农村土地经营权抵押登记后，金融机构应当按照有关规定向借款人发放贷款。

（六）抵押合同变更、解除及终止。抵押合同内容发生变更的，双方当事人应当重新签订抵押合同，并持有关材料到原抵押登记机关申请办理抵押变更登记。抵押合同解除或终止后，抵押双方当事人应持有关材料到原抵押登记机关办理抵押注销登记手续。

（七）抵押物管理。农村土地经营权抵押期间，未经金融机构同意，借款人不得将抵押物再次抵押或流转。金融机构应加强抵押物监管，如因抵押人原因影响土地经营权价值或抵押有效性时，金融机构有权要求抵押人、借款人追加担保，确保信贷资产安全。抵押登记注销前，抵押登记机关不得为该农村土地经营权重复办理抵押登记，农村土地流转服务交易机构不得为其办理再次流转登记手续。

五、农村土地经营权抵押贷款的处置方式

借款人到期不能清偿债务的，金融机构可依法处置抵押的农村土地经营权，并就处置所得优先受偿。处置所得优先受偿后仍有剩余的，应当退交抵押人；不足偿还贷款本息的，金融机构有权向借款人追偿。抵押土地经营权的原承包方、土地所属村集体经济组织或其他成员享有优先受让权，具体可采取以下方式进行处置：

（一）转让。借贷双方协商，由金融机构依法将抵押物进入交易流转市场，获取转让收益清偿贷款本息。

（二）变更。金融机构依法将抵押物进入交易流转市场，通过变更方式，在不改变土地用途的情况下，变更土地经营权人，由新的土地经营权人履行还贷业务。

（三）回购。由土地经营权的流出方回购抵押物，回购收入用于清偿贷款本息。

（四）仲裁或诉讼。当借贷双方不能通过协商方式处置抵押的土地经营权时，借贷双方通过申请仲裁或诉讼方式解决。

（五）其他合法形式。

六、开展农村土地经营权抵押贷款工作的保障措施

（一）优化抵押贷款服务。各级人民银行分支机构要加强窗口指导和管理服务，用好支农再贷款、支小再贷款、再贴现、差别准备金动态调控、优惠存款准备金率、涉农信贷政策评估等货币信贷政策工具，深化农村信用体系建设，支持和引导金融机构开展农村土地经营权抵押贷款业务。开办农村土地经营权抵押贷款业务的金融机构，要结合本单位实际，建立和完善抵押贷款业务的内部管理制度，在风险可控的前提下，优化程序、简化手续、改进服务，提高贷款办理效率，不断提升金融支农服务水平。

（二）规范土地流转管理服务。各级农业部门要认真抓好农村土地承包制

度完善工作，正确引导土地流转，规范流转行为，创新流转机制，加强流转服务，进一步健全土地流转市场，为开展农村土地经营权抵押贷款业务创造良好的条件。

（三）加大政策扶持力度。各级人民银行分支机构和农业部门要加强与当地财政部门的沟通合作，通过建立风险补偿、贷款贴息等制度，加大对农村土地经营权抵押贷款业务的政策扶持力度。鼓励金融机构与担保公司、保险公司或政府设立的担保基金开展合作，共同分担农村土地经营权抵押贷款风险。

（四）形成部门工作合力。各级人民银行分支机构与农业部门要加强协作，建立信息沟通机制，及时会商农村土地经营权抵押贷款面临的新情况和新问题，共同研究完善农村土地经营权抵押贷款的政策措施。各级人民银行分支机构、有关金融机构要定期将农村土地经营权抵押贷款情况向农业部门通报，各级农业部门要定期将农村土地流转情况向同级人民银行分支机构、有关金融机构通报。

本意见适用于开展农村土地经营权抵押贷款试点工作。请各市、县（市、区）在当地政府的统一部署下，根据本意见要求，结合实际开展工作。业务开展中的有关情况要及时上报。

中国人民银行杭州中心支行　浙江省农业厅

2014 年 9 月 25 日

中国银监会浙江监管局关于进一步深化“提升信用品质　服务实体经济”主题活动的通知

浙银监发〔2014〕6号

机关各处室、各银监分局、各直辖监管办，各政策性银行浙江省分行（营业部），各国有商业银行浙江省分行（营业部、交行太平洋信用卡中心杭州分中心），浙商银行、各股份制商业银行杭州分行，邮储银行浙江省分行、杭州市分行，各金融资产管理公司杭州办事处（浙江分公司），杭州银行、各城市商业银行杭州分行，省农信联社、杭州辖内各农村中小金融机构，各外资银行杭州分行，各信托公司、财务公司（浙江分公司）、金融租赁公司，省银行业协会：

当前，浙江经济结构调整和转型升级正处于关键时期，企业资金链、担保链风险压力依然较大，社会信用环境建设仍须大力推进，银行业自身信用管理也需要持续提升。2014年，浙江辖内各银行业金融机构要进一步深化“提升信用品质 服务实体经济”主题活动，以改革创新为统领，以服务实体经济为着力点，扎实提升信用品质，积极推进“普惠金融、绿色金融、平安金融”建设，更好地服务全省经济社会发展。

一、围绕主题主线，进一步丰富活动内涵

新形势下，政府、市场、社会运行理念、机制和行为模式正在发生深刻调整，信用的地位和价值将进一步突显，辖内各银行业金融机构要积极顺应形势发展，坚持不懈，精耕细作，持续提升信用品质，不断增强金融服务能力。

（一）推改革。各银行业金融机构要深刻认识银行业改革发展面临的倒逼形势和严峻挑战，以深化自身改革、服务全面综合改革为己任，破解制约发展的羁绊和难题。建立深化改革领导工作机制，确定相应牵头部门和职责分工，

采取科学举措，精心谋划、统筹推进。

（二）强基础。各银行业金融机构要大力推进精细化管理和规范化发展，苦练内功，夯实基础，提升管理能力。强化底线思维，坚守“合规、风险”两个底线，坚决不碰政策红线。以人为本，畅通渠道，提高制度执行力，确保内控规定和监管要求及时、准确传导至基层一线。

（三）优创新。各银行业金融机构要把业务创新作为深化改革的重要内容，纳入顶层设计和总体规划，完善创新组织管理体系和激励机制。围绕市场需求，按照实质重于形式的原则，创新推出真正符合实体经济需求和百姓民生的金融产品和服务，坚决杜绝监管套利行为。

（四）促转型。各银行业金融机构要充分认识市场机制的作用强化后，对银行业金融机构经营自主决策、利率自主定价、风险自主担责等方面产生的重大影响，及早谋划，转型发展，并以银行业自身转型升级倒逼和助推经济社会转型升级。

二、突出重点难点，进一步增强措施针对性

2014 年，各银行业金融机构要围绕主题活动方案确定的“三增三提”目标任务和“三方面 12 项”重点工作，并结合以下几方面内容，持续认真抓好贯彻落实。

（一）大力发展普惠金融。发展普惠金融是党的十八届三中全会提出的一项改革任务，也是今年银行业支持实体经济发展的重要着力点。关键要在小微企业、“三农”和城乡中低收入居民、创业大学生、创业青年的金融服务上有新突破，让他们能够便利、平等、有尊严地享受金融服务。按照商业可持续原则，进一步扩大农村金融服务覆盖面，推进基础服务进一步向村一级延伸；加快微贷技术在农村地区推广应用，加强银保合作和抵质押担保创新，探索发展农业产业链金融，促进现代农业发展，支持新型城市化和美丽乡村建设。深化小微金融服务机制建设、创新产品服务，激发民营经济活力。稳步推进社区支行、小微支行建设，加强社区金融服务。充分考虑特殊群体金融服务需求，关爱特殊金融消费群体。顺应网络金融发展浪潮，综合运用金融功能，支持人民

生活改善和消费升级，以消费扩内需、促生产、强服务。

（二）全面服务产业升级。围绕省委、省政府提出“五水共治”（“五水共治”指治污水、防洪水、排涝水、保供水、抓节水）和“五措并举”（“五措并举”是指坚定不移地走产业升级之路，统筹推进新型城市化和新农村建设，加快构建开放型经济发展格局，切实保障和改善民生，着力营造有利于改革发展的良好环境）重大战略举措，大力推进绿色金融发展，积极促进生态环境改善。以浙江省创新驱动发展、“四换三名”（“四换三名”是指全面推进腾笼换鸟、机器换人、空间换地、电商换市，培育名企、名牌、名家）工程为重点，倾斜金融资源，大力支持战略性新兴产业、高新技术产业、先进制造业、现代信息技术产业、清洁能源、电子商务等领域发展，形成导向效应，促进和倒逼经济结构调整和产业升级。积极探索通过收回再贷、兼并重组、资产证券化、支持直接融资置换贷款、批量处置不良资产和呆账核销等方式盘活存量，将新增可贷款资金优先用于产业结构调整，服务实体。

（三）深化治理体系改革。加强银行业治理体系建设，推进完善公司治理、业务治理、风险治理和行业治理体系建设。统筹推进体制机制改革，重点推进地方法人银行业金融机构积极吸收优质民间资本，优化股权结构，增强资本抵补能力，完善公司治理，建立与市场化相适应的，制衡有效、激励相容的运行机制。同步推进理财业务和同业业务治理，回归代客理财本源和同业短期融通功能，实现理财规范化、阳光化发展。推进理财业务条线事业部制和同业业务专营部门改革，建立单独机构组织体系和业务管理体系，实现统一的归口管理。建立风险防范隔离墙，实现理财业务与存款贷款业务机构和运营彻底分离，严格执行理财资金不得与自有资金混用、不得购买本行贷款、不得开展资金池业务“三不规定”。发挥好考核指挥棒作用，立足长远，健全完善绩效考核办法及薪酬管理，提高发展转型类、合规经营类和风险管理类项目考核权重，增强自我纠偏能力。

（四）加强信用文化建设。以信用文化建设为龙头纽带，深入推进授信管理机制改革，切实抓好加强和改进授信风险管理、规范异地授信业务、授信担保风险管理等一系列指导意见落地生根，有效推进联合授信管理机制建设，逐步扩大主办行制度试点，积极构建过度授信风险防范及良好信贷文化建设规范体系，回归本源文化。用足用好财政部、银监会关于呆账核销、不良处置新政，优化不良贷款处置机制和流程，加快推进不良处置，提升资产质量。大力推进管理精细化，进一步夯实管理基础，牢固树立合规创造价值理念，切实强化合规管理，提高制度执行力。持续开展“整顿银行业市场秩序”活动，加强同业协作和自律监督，营造和维护良好竞争环境。抓好柜面服务满意度，推进服务标准化，提高服务效率，提升服务体验。以人为本，加强宣传教育，健全制度流程，科学考核评价，加强员工行为管理。通过开展“信用文化大讨论、信用知识大比拼、信用口号大征集、信用教育大开展”等专项活动，让诚信意识融入全行、全员日常行为习惯中，“内化于心、外化于行、固化于制”。

（五）加大消费者权益保护力度。以深入推进《银行业消费者权益保护工作规划纲要（2012—2015）》、《银行业消费者权益保护工作指引》贯彻落实为抓手，按照“预防为先、教育为主、依法维权、协调处置”工作原则，完善消费者权益保护工作制度、措施、程序及操作流程，建立消费者权益保护长效工作机制。变“要我”消保为“我要”消保，提高自觉性和主动性，牢固树立“买者自负、卖者尽责”理念。广泛开展金融知识宣传普及，实现常态化，加强对普通民众，尤其是农村偏远地区、青少年以及社区老龄人群的基础金融知识宣传，提高消费者金融知识和风险防范意识。

三、做到真干实干，确保活动取得实效

“提升信用品质 服务实体经济”是一项系统工程，各银行业金融机构、银监部门要立足当下，着眼长远，齐心协力，持续深化推进主题活动。

（一）提高认识，进一步增强责任意识。要深刻领会开展主题活动的现实意义和深远影响，各银行业金融机构是实施主题活动的第一责任主体，要切实增强维护良好信用环境的自主意识和责任意识，强化行业自律监督。通过主题活动促进发展，以发展深化主题活动推进。各级银监部门是监督主体，要充分发挥监管“四两拨千斤”作用，加强督导引领。

（二）真抓实干，进一步落实行动计划。各银行业金融机构要将“提升信用品质 服务实体经济”作为一项长期任务和重点工作来抓，纳入本单位发展战

略规划。加强事前沟通，各级机构都要制订切实可行的行动计划，明确时间表和任务表，落实部门职责分工，并报当地监管部门备案。

（三）加强督导，进一步促进活动实效。各级银监部门要加强指导，强化考核，深入督查，“一行一策”辅导，全程跟踪推进。要及时总结各地区、各机构好的经验做法，树典型、立标杆，找差距、齐步走。对推进不力的银行业金融机构要采取必要的监管措施，确保活动实效。

请各银监分局和银行业金融机构根据通知要求，结合本单位实际，制订具体行动计划，于 2014 年 2 月 28 日（星期五）前正式行文报我局。

联系人：边缘，林祖松；电话：87189081，87189662。

中国银监会浙江监管局

2014 年 2 月 13 日

中国银监会浙江监管局关于深化“五水共治”金融服务的指导意见

浙银监发〔2014〕152号

机关各处室、各银监分局、各直辖监管办，各政策性银行浙江省分行（营业部）、各国有商业银行浙江省分行（营业部），浙商银行、各股份制商业银行杭州分行，各金融资产管理公司浙江分公司（杭州办事处），邮储银行浙江省分行、杭州市分行，杭州银行、各城市商业银行杭州分行，省农信联社、杭州辖内各农村中小金融机构，各信托公司、财务公司（浙江分公司）、金融租赁公司，省银行业协会：

为切实贯彻落实浙江省委、省政府关于“五水共治”的重大战略部署，充分发挥银行业金融机构支持“五水共治”的金融服务功能，推动浙江生态文明建设和经济转型升级，现提出如下意见：

一、充分认识金融支持“五水共治”的重要意义

（一）金融支持是“五水共治”战略顺利推进的重要保障，也是浙江银行业服务实体经济、践行绿色金融、履行社会责任的具体要求和重要载体。“五水共治”是浙江以治水为突破口，全面深化改革，实现调结构、促转型、优环境、惠民生的重大战略举措，是“建设美好浙江、创造美好生活”的重要工作抓手。浙江银行业金融机构要深刻领会“五水共治”的战略意义，认真贯彻浙江省委、省政府的战略部署，强化金融要素保障，以支持“五水共治”为着力点，进一步优化信贷结构、转变经营模式、深化金融创新，持续提升金融服务水平和核心竞争力，实现经济与金融的协调、可持续发展。

二、找准切入点，加大信贷支持力度

（二）积极支持“五水共治”重点项目建设。银行业金融机构要围绕“411”重大项目计划和“十百千万治水大行动”，结合自身业务定位和现实条件，有侧重、分层次地提供差异化信贷支持。政策性银行应当充分发挥政策性金融功能，在业务范围内主动对接战略性、基础性水利建设项目，积极开展水利建设中长期政策性贷款业务。大型商业银行应当利用资金规模优势，积极介入符合市场化运作要求的“五水共治”重大项目，加强对优质大型客户的信贷支持力度，并延伸带动上下游中小企业金融服务。中小商业银行要充分发挥机制灵活优势，综合运用表内外融资工具和创新产品组合，提供适合“五水共治”项目特点的个性化融资服务。农村中小金融机构应当积极支持具备商业化运作条件的农村饮水安全工程、小型农田水利建设、农村水源污染治理等项目建设，加强对技术先进、经营良好、竞争力强的节能环保类中小企业的金融服务。信托公司、金融租赁公司要充分发挥功能优势，通过多元化金融工具，引导民间资本参与“五水共治”重大项目建设，加大对水务等民生领域的融资租赁投放力度。

（三）切实发挥绿色信贷倒逼转型升级作用。银行业金融机构应当将“五水共治”金融服务纳入绿色信贷发展战略，进一步丰富绿色信贷内涵，重点围绕“清三河、两覆盖、两转型”污水治理工程，提升绿色信贷工作的针对性和有效性。要按照区别对待、有保有控的原则，加大对污水治理、节排供水工程、节能环保技术改造和转型升级项目的信贷支持力度，在同等条件下优先支持污水处理、节能环保设备生产和环保服务型企业；对环评不达标项目、违法违规排污企业实行一票否决制，不得提供任何形式的新增授信；对拟关停淘汰的重污染高耗能企业，有序做好信贷压缩、退出和资产保全工作，合理运用金融杠杆倒逼企业转型升级。

（四）进一步强化“五水共治”信贷政策倾斜。银行业金融机构应当明确将“五水共治”作为当前及今后一个时期信贷投放的重点领域，通过盘活信贷存量、争取信贷规模倾斜、单列信贷计划等方式强化信贷保障工作。在风险可控、合规审慎的前提下，探索设立“五水共治”信贷审批绿色通道，对“五水共治”重点项目融资优先受理、优先评审、优先放贷，适当下放审批权限，优化审贷流程，提高业务审批效率。按照商业可持续原则，对“五水共治”优质项目和企业给予优惠利率支持。

三、深化金融创新，拓宽融资渠道

（五）深化金融创新。银行业金融机构应当在有效控制风险和商业可持续的前提下，积极开展“五水共治”金融服务创新，完善和推广排污权质押、供水收费权质押等担保方式创新产品，探索开展“三权”抵押贷款支持农村污水治理。要充分利用好中央支持水利改革发展的有关政策，进一步拓宽水利建设项目贷款的抵（质）押物范围和还款来源。允许以水利、水电、供排水资产等作为合法担保物，探索开展水利项目收益权质押业务。允许水利建设贷款以项目自身收益、借款人其他经营性收入作为还款来源。经地方政府同意，地方水资源费、地方水利建设基金、土地出让收益中计提的用于农田水利建设的资金也可以作为水利建设项目贷款的还款来源。

（六）拓宽融资渠道。银行业金融机构应当加强同业协作，进一步加大对“五水共治”建设项目的银团贷款支持力度；加快发展投资银行业务，支持地方政府自主发债筹集“五水共治”建设资金，帮助符合条件的企业通过上市、发行债券和债务融资工具进行直接融资；积极稳妥开展并购贷款业务，支持重污染高耗能企业通过兼并重组实施转型升级。商业银行要加强与信托公司、金融租赁公司、证券、保险、基金等其他金融机构的合作，在合规经营、风险可控的前提下，创新金融服务模式，探索多样化融资方式对接“五水共治”领域合理的融资需求。

四、完善制度管理，落实保障措施

（七）制订发展规划。银行业金融机构应当根据自身发展战略、市场定位、体制机制、资金规模等实际情况，科学制订“五水共治”金融服务发展规划，明确支持方向、重点、目标和进度。银行业金融机构分支机构应及时向总行报告浙江“五水共治”重大战略决策和实施情况，积极争取信贷政策倾斜与配套资源支持。

（八）强化组织保障。银行业金融机构应当成立由单位负责人牵头的“五水共治”金融服务工作领导小组，落实责任部门，明确职责与权限，配备相应资源，组织开展与归口管理“五水共治”各项工作。要加强专业队伍建设，对相关管理、业务人员定期开展培训，切实提高“五水共治”金融服务能力。

（九）规范业务运作。银行业金融机构应当根据“五水共治”金融服务特点，制定专门的业务管理办法，或将与“五水共治”相关业务准入、退出标准嵌入现有授信业务流程，切实加强内控管理，确保合规有序开展相关业务。

（十）完善考核激励。银行业金融机构应当将“五水共治”金融服务开展情况纳入年度绩效考核体系，科学设定考核指标和办法，采取对分支机构和相关业务部门落实“五水共治”的激励约束措施，确保“五水共治”金融服务持续有效开展。

（十一）加强统计监测。银行业金融机构应当建立“五水共治”信贷统计监测制度，强化IT系统支持，定期监测包括银行贷款、票据融资、企业债券、信托计划、理财产品等在内的“五水共治”全口径资金支持情况。加强对金融支持“五水共治”经验做法的总结和宣传，并及时向监管部门报送相关情况。

五、加强风险防控，严格执行政策要求

（十二）切实做好贷款“三查”和风险处置。银行业金融机构应当加强对贷款申请人及融资项目的尽职调查和授信审查，确保项目审批手续的合规性、有效性和完整性，科学测算项目现金流，合理设定贷款期限和还款方式。要切实加强贷后管理，持续跟踪项目建设和现金流动态变化情况。对于以地方财政资金为部分还款来源的项目，要综合考虑地方政府债务水平和还款能力，有效防范地方政府债务风险。对于因重污染高耗能企业关停淘汰造成的不良贷款，要采取多种方式加大处置力度。

（十三）认真执行宏观调控政策和监管要求。银行业金融机构在开展“五

水共治”金融服务过程中，应当严格落实国务院关于金融支持经济结构调整和转型升级、化解产能严重过剩等政策要求，认真执行国家宏观调控政策和监管部门关于地方政府融资平台贷款、项目融资、理财同业业务等相关领域的监管政策，严格授信准入条件，坚持合规审慎经营，坚守风险底线，推动实现经济金融的长期可持续发展。

六、强化监管引领，注重协同配合

（十四）充分发挥监管导向作用。各级监管部门应当加强对银行业金融机构“五水共治”金融服务的监测和评估，将评估结果作为银行业金融机构监管评级、机构准入、业务准入的依据，通过实施差异化监管政策，引导银行业金融机构积极稳妥推进“五水共治”金融服务工作。

（十五）加强与政府部门沟通协作。各级监管部门应当主动加强与相关政府部门的联系，积极争取地方政府支持，推动形成有利于“五水共治”金融服务的外部环境。努力构建常态化的信息共享机制，帮助银行业金融机构及时了解“五水共治”项目规划和建设情况，有针对性地落实融资安排。进一步推动政银企合作，引导银行业金融机构对接政府部门推荐的优质项目和企业。

中国银监会浙江监管局

2014 年 7 月 29 日

中国银监会浙江监管局关于推进授信总额联合管理机制试点工作的意见

浙银监发〔2014〕168号

各银监分局，各政策性银行浙江省分行（营业部）、各国有商业银行浙江省分行（营业部），浙商银行、各股份制商业银行杭州分行，邮储银行浙江省分行、杭州市分行，杭州银行、各城市商业银行杭州分行，省农信联社、杭州辖内各农村中小金融机构，各外资银行杭州分行，省银行业协会：

为推动浙江银行业切实加强银企协作，完善授信管理长效机制，合理引导企业融资和担保，更好地服务实体经济，我局决定在浙江辖内全面开展授信总额联合管理试点。现提出如下工作意见：

一、提高认识，把握原则

（一）高度重视。各银行业金融机构要从提升浙江整体信用水平的高度，充分认识此项工作的重大意义。自觉维护市场竞争秩序，持续完善风险管理机制，不断积累授信总额联合管理经验，科学有效地开展信贷管理机制创新。

（二）明确含义。授信总额联合管理机制，是指根据银行对企业的授信情况，原则上确定1家银行作为授信主办行，牵头组织各授信银行，定期测算、核定银行对企业的授信总额及企业的对外担保总额，各授信银行在授信总额内对企业进行授信管理，引导企业合理控制对外融资担保总额的信贷管理机制。

（三）把握原则。各银行业金融机构推进授信总额联合管理要把握好“总额控制、联合管理、共控风险”的原则。总额控制，应涵盖企业在银行的表内外各项授信业务；联合管理，应体现银行间授信信息的透明、共享、互通；共控风险，应引导企业科学合理融资，银企共同维护良好的社会信用环境。

（四）着眼机制。各银行业金融机构推进授信总额联合管理，要结合我局关于加强企业资金链风险管理、异地授信管理、授信担保风险管理、授信风险管理等指导意见，针对授信管理机制中存在的弊端，逐步提升授信总额联合管理水平。

二、突出主体，明晰责任

（五）银行主导。各银行业金融机构要在推进授信总额联合管理的工作中发挥主导作用，主动促进自身经营转型，自觉提高风险防控水平。各行要加强研究并尽快建立配套机制，包括主办行与参与行的协商调解机制、银行与企业的沟通合作机制、银行向社会各界的宣传解读机制等。各行高管层要高度重视，明确落实职能部门，建立联络员制度，制订实施方案，落实具体措施。

（六）各方协作。各级监管部门要将该工作列入年度重点工作，明确分管领导，落实牵头部门和人员，推动工作开展。各地银行业协会要搭建好交流平台，完善监测机制，加强指导引领。

三、总额控制，联合管理

（七）分类实施。各地应结合辖内实际，分类分步推进授信总额联合管理。既可以对辖内企业分批实行“名单制”管理，先期实施企业的标准可参考《企业授信总额主办行管理试点办法》（浙银协〔2013〕123 号）规定的“存量授信总额或拟授信总额在 1 亿元以上（含）且授信银行在 3 家（含）以上的企业”的标准，逐步扩大实施企业范围。也可以先期选择辖内部分县域开展试点，逐步扩大实施区域范围。

（八）区别对待。各地可按照“老贷老办法、新贷新办法”，区别对待新增企业和存量企业。根据划断的时点，存量企业若既有授信已超过核定总额或企业资金需求的或对外担保已超过企业净资产的，可保持现有授信总额或担保总额，但必须在一定宽限期内逐步调整到位，原则上不超过三年；新增企业要求全部实现授信总额联合管理。同时，各银行业金融机构要加强困难企业帮扶，防范借授信总额联合管理机制名义，简单抽资、压贷等行为。

（九）管控总额。在推进授信总额联合管理过程中，各银行业金融机构要审慎评估授信风险，严格授信审批条件。对存在既有债权行超过 5 家、资产负债率偏高、对外投资超过净资产 50%、主营业务不突出、关联关系或担保关系较为复杂、短贷长用现象明显等情形的企业，审慎进行授信；对于存在流动资金贷款需求测算结果为负数、有大量民间借贷、既有债权银行超过 10 家（银团贷款、原债权行退出型置换贷款除外）、生产性企业资产负债率超过 75%或对外担保超过净资产的 40%等情形的企业，一般不新增授信。

（十）严格担保。各银行业金融机构要强化授信企业对外提供担保的约束，审慎评估授信企业的实际担保能力。要深入调查授信企业和被担保人关联关系，防范操作风险和欺诈风险。严格限制盲目担保和过度担保行为，防止担保链条过长。授信企业对外担保总额（包括对所有金融机构和其他任意民事主体提供担保）原则上不得超过其净资产；每家授信企业对外提供担保不超过 5 户。

四、加强协作，公开透明

（十一）多方支持。授信总额联合管理工作需要政府、企业等社会各界的理解与支持。各级银监部门和银行业金融机构在工作推进和实施过程中要主动加强与当地政府的沟通，争取政府的支持，为推进工作创造良好的外部环境。要向企业做好宣传，加强政策解读，并可联合新闻媒体开展专题宣传，提高社会认知度。

（十二）协同协作。各主办行与参与行之间要积极配合，共同推进授信总额联合管理。各地要按照属地管理原则，由主办行牵头建立与相关授信参与行的协商调解机制。主办行要带头履职，明确议事与协调规则，参与行要积极配合，协调规则应在商业运作范畴内符合市场化需求，并且公开透明。若主办行与参与行之间出现排他性利益冲突，可由银行业协会协调，确保公正公平公开。

五、监督评估，持续推进

（十三）监督检查。各主办行和参与行要加强互相监督，提高信息共享透明度。各级银监部门要强化监管引领、窗口指导和管理评估，对机制执行不力或采用联合挤压他行额度等恶意竞争行为的机构，可视情节轻重和风险程度，采取相应的审慎监管措施。对由于不尽职造成多头授信、多头担保和过度授信进而形成风险的，要严格追究机构和机构相关负责人的责任。

（十四）定期监测。各级银监部门要会同银行业协会建立监测机制，定期掌握实施情况。已经应用管理系统的地区，要落实责任部门，定期监测管理系统数据的完整性、及时性和准确性；尚无管理系统的地区，要结合属地实际，制定监测报表，定期向辖内银行业金融机构通报相关情况。各银监分局要对授信总额联合管理机制推进情况定期汇总分析，并于季度后10个工作日内报送我局。

（十五）逐步推进。各银监分局和银行业金融机构要结合实际积极探索，把握好试点工作节奏，精心组织实施，及时总结经验，搭建交流平台，不断完善方案，积极稳妥地推进试点工作深入开展。

中国银监会浙江监管局

2014年11月27日

中国银监会浙江监管局办公室关于深入推进简政放权完善准入监管的实施意见

浙银监办发〔2014〕216号

机关各处室、各银监分局、各直辖监管办事处：

为进一步激发市场活力，在放宽市场准入门槛的同时进一步完善监管，根据《中国银监会办公厅关于推进简政放权改进市场准入工作有关事项的通知》（银监办发〔2014〕176号）要求，结合辖内实际，现就推进辖内银行业监管简政放权提出如下意见：

一、充分认识推进简政放权的重要意义

（一）推进银行业监管简政放权是贯彻落实党中央、国务院的重大决策部署和增强政府治理、建设现代政府的内在要求。有利于巩固党的群众路线教育实践活动成果，进一步改进工作作风，深入贴近基层、贴近市场主体；有利于落实权责对等的监管责任制，促进监管理念的转变和监管方式的革新，促进监管行为的更加制度化、法律化，使监管能力和监管服务水平更加适应社会主义市场经济发展的需要；有利于精简不必要的审核环节，节约监管资源，充分提高监管的针对性和有效性。

二、准确把握市场准入监管的内涵

（二）正确理解简政放权和完善市场准入监管的辩证关系。简政放权和完善市场准入监管是辩证统一的。简政放权体现于事简便，充分发挥市场的自我发展、自我完善、自我约束作用；完善监管则体现于法周延，通过监管的规则

和导向发挥引领作用，维护公平公正的市场秩序，约束市场的盲目行为，防范和化解风险，保护存款人和其他客户的合法权益。

（三）以改革精神、服务意识和法治思维开展市场准入监管。银行业的市场准入监管是风险监管的重要组成部分，开展市场准入监管应当体现于法有据、程序到位。各级监管部门在具体监管过程中不得以行政审批代替日常准入监管，不得对已经取消行政审批的项目继续以其他名义变相进行审批，不得因为简政放权而放松甚至放弃监管。各级监管部门还应当重视与银行业金融机构的沟通与交流，积极提供有效的辅导与监管服务，简化不必要的程序，防止出现只重实体监管、轻程序合法的倾向，防止片面重视市场准入监管而忽视与其他风险监管手段的相互联动。

（四）银行业金融机构的市场准入行为应当符合法律法规和审慎性监管要求。对适用审批制的行政许可项目应当确保递交申请材料的真实性与完整性；对不属于行政许可但各项规定中要求履行报告义务的事项应当承担报告的主体责任，及时、主动地进行报告；对于开展现行监管法规中未予明确的金融创新，应当向所在地监管机构事前报告，并进行有效沟通。

三、取消部分行政项目的审批并优化市场准入监管方式

（五）取消机构筹建延期、开业延期的审批。银行业金融机构原则上应当在规定时间内完成机构的筹建、开业工作，确有必要延期的，应当提前一周向决定机关提交报告。原筹建或开业许可失效后，银行业金融机构应当终止筹建、开业工作，缴回金融许可证。若需继续设立该机构，统一纳入下一年度的机构发展规划申报。

（六）放宽对商业银行设立分支机构的准入要求。取消对国有商业银行、股份制商业银行、城市商业银行、农村商业银行一次只能申请设立一家支行的限制。鼓励商业银行下沉机构，更多地在金融服务相对薄弱的区域设立机构以及设立从事小微金融服务的专门机构，使金融服务更加惠及民众和其他弱势群体。鼓励股份制商业银行、城市商业银行设立社区支行，为市民的金融服务需求提供更多便利。社区支行的设立不再区分筹建和开业两个环节，程序

调整为筹建前向属地监管部门报告，筹建结束后提出设立申请。

（七）取消对商业银行设立自助银行的审批。各机构仅需按季向上报自助服务设施布设情况。

（八）取消对银行业金融机构分支机构变更营业场所的审批。除银监会另有规定外，各机构仅需在迁入新址前向监管部门报告并申请换发《金融许可证》。

（九）取消对分支机构降格的审批。各机构仅需在降格前向监管部门报告并申请换领《金融许可证》。

（十）取消对分支机构临时停业的审批。遇有临时停业情形发生，各机构应当事前报告，导致临时停业因素消除后应当及时恢复营业。临时停业时间最长不得超过六个月。

（十一）取消对法人机构因名称、住所、股权、注册资本、业务范围等变更而引起的章程被动修改的审批。各机构仅需在获得对前述事项审批之日起 6 个月内完成对章程相应条款的修改并将完善后的章程报告监管部门。

（十二）取消对非银行金融机构变更组织形式的审批。

（十三）取消对信用卡章程的审批。

（十四）取消对中资商业银行、农村商业银行开办合格境外机构投资者境内证券投资托管业务的审批。

（十五）简化高级管理人员任职资格管理流程。对于适用核准制或报告制的各类高级管理人员的相关信息，由该高级管理人员的上级机构承担保证申报信息真实性的主体责任，监管部门原则上不通过有关国家机关、征信机构、拟任人曾任职机构等渠道查证，一般不再征求异地监管评价意见；同一政策性银行、商业银行、金融资产管理公司内部的行长（总经理）、副行长（副总经理）平级调岗转任、调任非高管岗位一年内重新担任分支机构高级管理人员的，其原有任职资格继续有效，由其上级机构填写备案登记表，事后 5 日内报告，无须提交原岗位的离任审计报告。农村中小金融机构参照执行。

股份制商业银行、城市商业银行设立服务于市民的社区支行，其负责人不纳入高级管理人员任职资格管理范畴，由该社区支行的上级分行直接任命后报告所在地监管部门。

四、下放以下行政审批权限并相应调整行政审批流程

（十六）下放董（理）事、高级管理人员任职资格个案审核权限。授权银监分局负责核准银监会行政许可规章以及《中华人民共和国外资银行管理条例实施细则》规定需上报银监局个案审核的董（理）事、高级管理人员任职资格。

（十七）下放部分类型机构的行政审批权限。授权银监分局负责核准更换财务公司、金融租赁公司除董事长、总经理外的其他董事、高级管理人员的任职资格；授权银监分局负责审批非银行金融机构的章程修改；授权银监分局负责审批非银行金融机构变更住所；授权银监分局负责核准更换外资银行副行长、合规负责人的任职资格，负责核准外资银行支行行长的任职资格，其他对外资银行分支机构的经营管理具有决策权或对风险控制起重要作用的人员参照执行；授权银监分局负责审批村镇银行、贷款公司、农村资金互助社的开业。

上述事项行政审批流程，调整为银监分局受理、审查并决定。银监分局在批复有关机构的同时应抄报省局。

五、进一步明确外汇业务的分类标准与审批程序

（十八）试行对外汇业务的分类管理。鉴于相关行政许可规章对外汇业务及外汇业务品种未作明确分类，外汇业务界定为本币以外的业务；外汇业务品种暂按外汇存款、外汇贷款（含贸易融资）、外汇担保、国际结算、买卖外汇、代理买卖外汇、外币信用卡分为七类。同业拆借则不区分本外币，法人银行只要具有同业拆借业务，自动获得外汇业务拆借许可。农村中小金融机构参照执行。

（十九）简化外汇业务审批程序。城市商业银行和农村中小金融机构若原先未获准开办外汇业务或只开办了部分外汇业务而需要扩大外汇业务范围的，应根据上述七项分类标准按“增加外汇业务品种”的行政许可项目申请报批。审批程序为属地银监分局受理并初步审查，浙江银监局审查并决定。

七类项下的具体业务品种则无须逐项申请报批，可以在开办这些业务品种后 10 日向属地银监分局报告。

六、合理市场准入监管职责边界

（二十）市场准入监管涵盖行政审批、日常监管、采取审慎监管措施、行政处罚等各方面。各级监管部门实施行政审批、采取审慎监管措施应遵守银监会、省局的事权规定，日常监管和行政处罚按《中国银行业监督管理委员会监管职责分工和工作程序的暂行规定》执行，切实履行好职责。银监会另有规定的，从其规定。

本实施意见自文发之日起执行。

中国银监会浙江监管局办公室

2014 年 9 月 23 日

关于进一步规范证券经纪业务活动有关事项的通知

浙证监机构字〔2014〕19号

浙江证券业协会，辖区各证券经营机构：

近期，证监会下发了《关于进一步规范证券经纪业务活动有关事项的通知》（证监发〔2014〕30号，以下简称《通知》）。为深入贯彻落实《通知》要求，支持证券公司依法、合规、稳健开展业务，切实保护投资者合法权益，现就有关事项通知如下：

一、严格依照《反垄断法》、《反不正当竞争法》及《关于调整证券交易佣金收取标准的通知》（证监发〔2002〕21号）的规定，确定佣金收费标准、实施佣金自律管理

（一）不得以任何形式实施垄断。证券业协会不得通过自律公约等形式组织辖区证券经营机构达成垄断协议，规定区域最低佣金价格或者采取检查、通报、惩戒、责令证券经营机构处分相关人员等措施实施垄断行为。各证券经营机构不得通过协议、决定或其他协同行为形成价格同盟，不得滥用市场支配地位，不得违规实施经营者集中。

（二）不得以任何形式开展不正当竞争。各证券经营机构不得采取低价倾销、诋毁其他证券公司商誉、赠送实物等任何形式或名义吸引客户开户或交易。向客户收取的佣金不得低于证券经纪业务服务成本。在计算证券经纪业务服务单位成本时，应采用全成本核算方法，证券交易额应在上一年度实际交易金额基础上考虑合理的增长幅度。具体核算口径由中国证券业协会明确。

（三）不得过度宣传、虚假宣传误导投资者。各证券经营机构应当切实落实“同等客户同等收费”、“同等服务同等收费”的要求，客观、全面、准确地向投

资者公示收费标准及服务内容，不得使用“零佣金”、“免费”等明确语言进行宣传，不得以其他任何明示、暗示、隐晦甚至虚假的方式进行宣传，不得给市场和投资者造成歧义、误会。

二、严格依照《证券法》、《证券公司监督管理条例》及证监会现行监管规定，依法合规开展证券经纪业务活动

（一）统一线下线上业务规则。各证券经营机构利用互联网（含移动互联网）等新技术开展证券经纪业务活动，并未改变业务本质，应当遵守现行证券经纪业务的监管规定。

（二）进一步落实各项监管要求。各证券经营机构开展证券经纪业务，无论是利用传统方式还是互联网（含移动互联网）等新技术，都应当严格验证客户开户身份，确保客户身份信息的真实、准确、完整；切实落实客户适当性要求，根据了解的客户情况推荐适当的产品或服务；强化信息披露和风险揭示的有效性，不得过度追求客户体验而省略必要的风险防范措施；做好客户回访与服务工作，确保及时响应客户各项服务请求，妥善处理客户投诉。

（三）采取有效措施提高系统防护能力。妥善保存客户开户、资金、持仓、历史交易数据等重要信息。在设计、优化与网络相关的业务流程过程中，应当严格遵守岗位隔离、防范利益冲突等基本原则，防止影响证券经营机构业务正常运行、客户信息泄露或资产损失的情形发生。

三、相关要求

证券业协会、各证券经营机构应对佣金收取、佣金自律活动进行全面自查自纠，主动清理规范通过自律公约形式固定最低佣金价格等违反《反垄断法》的行为，以及采取明显低于成本方式开展不正当竞争等违反《反不正当竞争法》的行为，并将书面自查报告于 5 月 25 日前报送我局机构处。我局将根据自查情况，开展针对性专项检查。

证券业协会、各证券经营机构应进一步强化遵规守法意识，充分发挥合规

管理、自律约束的作用，形成行业规范经营、有序竞争的局面，确保证券市场持续健康发展。

特此通知。

机构处联系人：窦玉进，电话：0571-88473558，

邮箱：douyj@csrc. gov. cn

楼耀尧，电话：0571-88473371，

邮箱：louyy@csrc. gov. cn

浙江证监局

2014 年 4 月 30 日

浙江证监局关于成立协调推进杭州资本市场规范发展领导小组的通知

浙证监发〔2014〕41号

各处室：

为进一步深化与杭州市政府的监管合作，更好地促进杭州资本市场发展，经研究，决定成立协调推进杭州资本市场规范发展领导小组（以下简称“协调推进领导小组”）。现将有关事项通知如下：

一、协调推进领导小组及工作职责

（一）协调推进领导小组组织架构

组　长：吕逸君

副组长：蒋潇华

成　员：办公室、信息调研处、上市一处、上市二处、机构处、期货处、新业务处主要负责人。

（二）协调推进领导小组工作职责

协调推进领导小组结合工作实际，制订专项年度工作计划，组织开展以下工作：

1. 加强与杭州市政府就杭州资本市场发展相关事宜所进行的沟通联系。支持杭州“民间财富管理中心”和“区域金融服务中心”建设，进一步发挥资本市场服务实体经济的作用。

2. 支持杭州企业在沪、深交易所上市；进入全国中小企业股份转让系统；

支持符合条件的机构申请证券、期货、基金等业务牌照。

3. 加强与杭州市政府建立的监管合作机制，促进杭州上市公司、拟上市公司、挂牌企业、证券期货经营机构、私募基金以及中介机构规范发展，协助做好风险防范和处置工作，维护杭州资本市场稳定。

4. 负责与杭州市政府监管合作框架下的其他工作任务。

二、协调推进领导小组办公室及工作职责

协调推进领导小组下设办公室（以下简称“领导小组办公室”），由局办公室负责人担任领导小组办公室主任。各处室确定一名联系人作为领导小组办公室工作人员，负责和杭州市金融办等相关部门的日常沟通联系。

涉及我局与杭州市政府各项具体的监管合作事项，按照各处室职责分工，以业务条线为主实施对接。

三、协调推进领导小组运作机制

在开展具体工作过程中，协调推进领导小组根据实际需要建立并实施以下工作机制。

（一）工作会议机制

协调推进领导小组不定期召开工作会议，讨论研究与杭州市政府监管合作的相关议题。会议由组长或副组长召集和主持，参会人员范围视会议内容确定。领导小组办公室负责做好会务工作，并对会议研究决定的相关工作任务进行督办。

（二）联席会议机制

每年定期召开一次与杭州市政府的联席会议，确定年度工作计划，相互通报资本市场规范运作和风险情况，研究监管合作重点工作。不定期召开专题会议，交流杭州资本市场新形势和新政策。

(三)联络交流机制

定期向杭州市政府及相关部门提供《证券监管信息》，不定期提供杭州资本市场相关数据。根据监管合作需要，开展干部双向挂职交流，加强干部队伍建设。推进浙江上市公司协会、浙江证券业协会、浙江期货行业协会与杭州市政府的协作联系。

(四)重点工作推进机制

结合监管职责，在杭州民间融资管理、中小企业私募债发行、交易场所建设、财富中心建设等方面，为杭州市政府及相关部门提供政策咨询、监管支持等。

(五)调研培训机制

通过共同开展业务培训、共享培训资源等方式，提升干部工作水平。联合开展对企业的培训、调研与指导工作，使企业及时了解政策动态与市场导向，帮助企业更好地对接多层次资本市场。

浙江证监局

2014 年 10 月 10 日

关于废止辖区上市公司部分监管规范性文件和备案事项的通知

浙证监上市字〔2014〕69号

辖区各上市公司：

为贯彻中国证监会监管转型工作的总体部署，加快推进事前向事中事后监管转型，提高上市公司监管效率，激发市场主体活力。我局对2004年1月1日至2013年12月31日期间下发的有关辖区上市公司监管的规范性文件和备案事项进行了集中梳理。鉴于部分文件要求已在证监会现有法规和部门规章中作出了相应的规定，经研究，我局决定废止25项规范性文件、3项事后备案事项要求（详见附件）。现将废止的规范性文件和备案事项予以公布。

特此通知。

浙江证监局

2014年6月13日

附件

附表 1　废止的规范性文件目录

序号	文件名称	文　号
1	关于贯彻落实《关于规范上市公司实际控制权转移行为有关问题的通知》的通知	杭证监上市字〔2004〕4 号
2	关于印发《浙江上市公司累积投票制度操作指引(试行)》的通知	浙证监发〔2004〕73 号
3	关于印发《浙江上市公司投资者关系管理工作指引(试行)》的通知	浙证监发〔2004〕74 号
4	关于印发《上市公司高管人员诚信记录监管工作规程(试行)》的通知	浙证监上市字〔2005〕1 号
5	关于做好辖区上市公司资金占用清理工作的通知	浙证监上市字〔2005〕91 号
6	关于做好上市公司董事、监事及高管人员信息报送工作的通知	浙证监上市字〔2005〕95 号
7	关于启用中国证监会上市公司监管业务管理系统数据报送平台的通知	浙证监上市字〔2006〕1 号
8	关于进一步做好上市公司清欠工作的通知	浙证监上市字〔2006〕18 号
9	关于进一步规范上市公司对外担保行为的通知	浙证监上市字〔2006〕28 号
10	关于要求切实做好清欠工作的通知	浙证监上市字〔2006〕153 号
11	关于做好加强上市公司治理专项活动有关工作的通知	浙证监上市字〔2007〕31 号
12	浙江证监局进一步加强上市公司信息披露通知	浙证监上市字〔2007〕42 号
13	关于发布《浙江辖区中小企业板上市公司主要高管人员任职谈话规程》的通知	浙证监上市字〔2007〕92 号
14	关于贯彻落实《关于规范上市公司信息披露及相关各方行为的通知》的通知	浙证监上市字〔2007〕159 号
15	关于进一步加强上市公司规范运作的通知	浙证监上市字〔2008〕57 号
16	关于做好防范资金占用问题的通知	浙证监上市字〔2008〕85 号
17	关于贯彻落实证监会上市部进一步深入推进公司治理专项活动的通知	浙证监上市字〔2008〕97 号
18	浙江证监局关于加强上市公司审计工作的指导意见	浙证监上市字〔2008〕167 号

续表

序号	文件名称	文　号
19	关于要求辖区上市公司董事会秘书报送年度履职报告的通知	浙证监上市字〔2009〕3号
20	关于进一步做好维稳和投资者关系管理工作的通知	浙证监上市字〔2009〕17号
21	浙江上市公司财务会计信息沟通工作指引	浙证监上市字〔2009〕18号
22	关于要求上市公司切实加强维稳工作的通知	浙证监上市字〔2009〕99号
23	关于进一步加强创业板上市公司募集资金管理的通知	浙证监上市字〔2011〕136号
24	关于进一步加强上市公司环境突发事件管理的通知	浙证监上市字〔2011〕176号
25	关于妥善处理信访投诉和突发性事件的通知	浙证监上市字〔2012〕174号

附表2　废止的备案事项目录

序号	项目名称	设定依据
1	内幕信息知情人登记备案	1.《关于进一步加强上市公司信息披露管理工作的通知》(浙证监上市字〔2009〕134号)第五条 2.《关于切实加强内幕信息知情人登记管理工作的通知》(浙证监上市字〔2012〕26号)第二条第二项
2	董事会秘书和财务负责人职务任免备案	1.《关于加强上市公司董事会秘书管理的意见》(浙证监上市字〔2008〕132号)第三条第一项、第二项 2.《关于进一步发挥上市公司财务负责人作用的意见》(浙证监上市字〔2012〕158号)第三条第三项
3	董事、监事和高级管理人员违规买卖股票情况报备	《关于加强董事、监事、高级管理人员持有并买卖本公司证券管理的指导意见》(浙证监上市字〔2010〕9号)第四条

规划调研篇

杭州市上城区玉皇山南基金小镇实施方案

玉皇山南基金小镇管委会

主动适应经济新形势，积极应对经济发展新常态，突出创新驱动“激活力”、突出深化改革“强实体”、突出产业升级“促转型”，是“十三五”时期可持续发展的重点。根据《推进民间财富管理中心建设行动计划》、《打造杭州财富管理中心五年（2014—2018）实施纲要》等相关文件精神及省、市推进金融产业发展扶持政策，为加快推进上城区金融产业集聚区建设，积极推动玉皇山南基金小镇发展，特制订本实施方案。

一、产业定位

上城区作为杭州市的中心城区，是杭州市传统的金融服务业集聚区域，而玉皇山南是上城区目前仅有的成片规划、连片建设，着力打造的杭州财富管理中心和特色基金小镇的所在地，也是上城区乃至杭州市在“十三五”期间重点发展的金融产业集聚区之一。

杭州玉皇山南基金小镇具备山水相依、城湖合璧、历史积淀的自然生态和人文环境优势，其区位、环境及发展条件与美国格林尼治等基金小镇极为相近。通过强化投资、高效管理、战略合作等多途径运作，以格林尼治基金小镇为标杆，运用国际先进理念和运作模式，到“十三五”末，玉皇山南私募（对冲）基金小镇将以打造高端产业为战略核心，重点引进和培育私募证券基金、私募商品（期货）基金、对冲基金、量化投资基金、私募股权基金等五大类私募基金，形成鲜明的核心业态，并围绕核心业态打造出私募（对冲）基金生态圈和产业链；以引入、培养高素质专业化人才为基础手段，与合作单位共同推进“千里马计划”、“千人计划”等高端专业人才引进培育项目，成为“基金管理人的摇篮”。

未来，玉皇山南基金小镇将建设成为中国一流的私募（对冲）基金聚集区、私募（对冲）基金研究交流中心和培育创新基地，成为我国私募基金集聚发展的典范。

目前，玉皇山南基金小镇一期已先行使用，二期建设项目：安家塘、甘水巷、目术塘组团及樱桃山生态公园配套建筑约 3 万平方米办公用房也已基本竣工交付，为打造私募（对冲）基金小镇提供了良好的基础性条件和发展空间。

二、投资主体

杭州市玉皇山南基金小镇建设坚持企业主导、政府引导、市场运作的原则，设立国有投资公司——杭州玉皇山南基金小镇管理有限公司，主要负责杭州市玉皇山南基金小镇的日常运营和管理工作。为拓展国际市场和增强影响力，杭州玉皇山南基金小镇管理有限公司引入民营企业浙江玉皇山南对冲基金投资管理有限公司为合作方，签订战略合作协议，负责基金小镇的海内外招商及合作业务。

三、产业项目

玉皇山南基金小镇范围内有樱桃山、安家塘、甘水巷、海月水景公园、天龙寺等十大组团，主要分为四期建设项目：一期八卦田片区，二期海月公园片区，三期三角地仓库片区，四期白塔片机务段片区。此外，为加强产业带动效益，辐射金融经济效益，设立储备区将台山南宋佛教文化生态公园区块、扩展区勾山里和手表厂区块。

玉皇山南基金小镇一期建设项目已招商完毕，园区已入驻企业以敦和资产管理有限公司、浙江省金融业发展促进会、杭州市产业发展投资有限公司、浙江玉皇山南对冲基金投资管理有限公司、浙江赛伯乐投资管理有限公司、杭州联创投资管理有限公司为代表，管理资产近 400 亿元。二期建设项目办公用房等基础设施建设基本完成，已进入招商阶段。园区力争 3 年内新增建设面积 67 公顷，2015 年新增 26 公顷，2016 年 20 公顷，2017 年 20 公顷，并以较快的速度投入使用。目前基本确定入驻意向的企业有高盛集团等世界500强企业和一批优质的基金管理公司，管理资本共计约200亿元；此外，还有省市产业母基金约100亿元也将落户基金小镇。

四、概念性规划

2014年8月，玉皇山南基金小镇以浙江省政府及杭州市政府相关文件为依据，根据省、市政府相关指示精神，委托浙江省金融业发展促进会编制了杭州市玉皇山南基金小镇业态及功能规划。玉皇山南基金小镇规划总占地面积200余公顷、总建筑面积25万余平方米。其规划目标是以全球代表性对冲基金小镇为标杆，运用国际先进理念和运作模式，结合浙江省和杭州市的发展条件和区域特质，力争3年内，招强引优和培育100家以上、辐射带动周边300家以上各类私募（对冲）基金、私募证券期货基金、量化投资基金及相关财富管理中介机构。打造中国第一流的私募（对冲）基金小镇。

规划实施周期为5年，起止时间为：2015—2019年。考虑到规划的可延续性，规划的部分指标和经济效益分析，时间长度扩展至10年。

五、投资规模

2015—2017年，玉皇山南基金小镇将以“高质量”建设、“高强度”投入、“高效能”运作机制，推进其发展建设。

高质量建设。3年内玉皇山南基金小镇将建成一批高端金融楼宇和公建配套设施，如10万平方米的金瑞金融大厦、1.5万平方米的专业以及生活配套设施，包括“金融家俱乐部”、“金融论坛中心”、“现代金融展示厅”、“浙江金融博物馆”、“对冲基金研究院”、“私募基金孵化器和训练营”、“车库咖啡”、“小镇员工餐厅”、“小镇人才安置公寓”等。

高强度投入。3年内玉皇山南基金小镇将着力抓住一批重点项目建设，确保投资总额达到72亿元，新增建设面积突破67公顷。

高效能运作。坚持以政府引导、企业主导、市场运作的原则，积极拓展合作内涵，强化招商引导，力争在 3 年内引进一批海外知名金融企业，资产管理规模达到 1500 亿元以上，实现税收 10 亿元。

2015 年重点抓好金瑞金融大厦、金融家俱乐部、现代金融展示厅等项目建设，确保投资总额达到 22 亿元；2016 年重点抓好复兴单元、7 号厅地块等项目开工，继续推进金瑞金融大厦等项目建设，确保投资总额达到 25 亿元；2017 年重点抓好之江路改造提升，将台山景区、三角地仓库等项目建设，确保投资总额达到 25 亿元。后附 2015—2017 年玉皇山南基金小镇重点项目一览表。

六、产业效益

根据专家预测，浙江省私募（对冲）基金行业在未来 5～10 年有望达到 1.4 万～3.2 万亿元的管理规模。杭州作为金融中心，可以充分利用基金公司通常具有的集聚特征，集中全省大部分的对冲基金公司。借鉴美国对冲基金小镇的经验，玉皇山南基金小镇作为杭州市的特色小镇，未来将吸引杭州市不少私募（对冲）基金。根据测算，管理规模在 1000 亿元左右的私募对冲基金，其税收贡献将达 8.2 亿～9.7 亿元。因此，2017 年玉皇山南基金小镇的资产管理规模预计达 1500 亿元，税收保守估计可以突破 10 亿元。以私募（对冲）基金发展的税收情况分析，2017 年产出可突破 100 亿元。此外，玉皇山南基金小镇交通便捷，距西湖 3 千米、杭州新 CBD 钱江新城 6 千米、距萧山国际机场半小时车程。同时，在“十三五”期间，将启动之江路改造提升工程，这将为玉皇山南基金小镇的持续发展提供便捷顺畅的交通网路。未来，依托八卦田遗址公园、白塔公园、江洋畈生态公园、海月水景公园四大公园的区位与环境优势，玉皇山南基金小镇将利用多种风格迥然、形态各异的建筑组团与优美的自然生态吸引大量的观光游客，年旅游人数可达 300 万人次以上。

附表　2015—2017 年玉皇山南基金小镇重点项目

序号	项目名称	选址地点和范围（四至范围）	占地面积（公顷）	计划总投资（亿元）	项目分年形象计划		
					2015 年	2016 年	2017 年
1	复兴商务金融广场项目	复兴商务广场	约 13.3	5	施工	施工	建设竣工
2	海月商业金融项目	海月水景公园区块	约 40	13	开工	施工	竣工
3	机务段金融孵化器项目	白塔片机务段区块	约 20	7	前期调研	项目前期	开工
4	将台山商业金融项目	将台山南宋佛教文化生态公园	约 13.3	2	前期调研	项目前期	开工
5	金瑞金融大厦项目	轿子巷地块	约 13.3	10	施工	施工	施工
6	三角地商业金融项目	凤凰山东路	约 16	8	开工	施工	竣工
7	大名空间西侧商业金融项目	复兴广场大名空间西侧	约 6.7	7	土地摘牌	开工	施工
8	7 号厅商业金融项目	陶瓷品市场 7 号厅以南，浙赣线以北，南复路以西，八卦新村以东	约 6.7	5	做地	土地摘牌工程前期	开工
9	八卦山庄国际金融会议中心项目	东至南复路，南至凤凰山路，西至闸口电厂宿舍，北至八卦田景区	约 6.7	4	项目前期	开工	施工
10	勾山里商业金融项目	东靠荷花池头，西靠南山路，南临河坊街，北至广福里	约 13.3	7	施工	竣工	开工

续表

序号	项目名称	选址地点和范围（四至范围）	占地面积（公顷）	计划总投资（亿元）	项目分年形象计划		
					2015 年	2016 年	2017 年
11	手表厂区域商业金融项目	东到吴山，北到清波幼儿园，西、南靠四宜路	约 6.7	4	施工	竣工	开工
合计			152.7	72			

余杭区关于建设梦想小镇的实施方案

杭州未来科技城管委会

一、战略目标

梦想小镇主要由“互联网创业小镇”和“天使小镇”两部分构成，按照“政府谋划、市场导向、整体设计、分步实施”的思路进行建设。梦想小镇围绕“人才引领、创新驱动”的发展思路，通过创新创业载体建设、人才服务体系建设、创业金融服务体系建设和现代化城区建设，打造智慧与资本、科技与金融的结合地，高端人才实现梦想的家园，互联网创新创业企业的集散地，未来科技城建设的突破口，未来杭州的新地标。

三年内集聚大学生创业者10000名，创业项目2000个；集聚基金（管理）及相关机构300家以上，实际资产管理规模达到1000亿元，金融资产总额超过3000亿元。

二、产业定位

（一）互联网创业小镇

培育以互联网产业为特色的新一代信息技术产业，以集聚互联网创业企业为重点，鼓励大学生创办电子商务、软件设计、集成电路、信息服务、大数据、云计算、网络安全、动漫设计等企业。

（二）天使小镇

培育以科技金融为重点的现代科技服务业，重点发展天使基金、私募金融、互联网金融，构建覆盖企业不同发展阶段的金融服务体系。

三、内涵建设

（一）创业生态系统建设

1. 功能

为处于不同发展阶段的创业企业和团队全程提供有针对性的专业化孵化服务，构建“创业苗圃＋孵化器＋加速器”的全程孵化链条。

2. 重点任务

（1）做好顶层设计。从科技服务环境、法律政策环境、创新文化环境三个方面，找准政府着力点（见表 1）。

表 1　梦想小镇顶层设计结构

类别	表现形式	主要作用	政府着力点
科技服务环境	孵化加速体系 公共服务平台 科技中介机构 新型产业组织 人力资源支撑	促进人才、资金、知识的高效循环	1. 完善载体功能，创新运营模式； 2. 搭建技术平台，吸引科技中介机构
政策法律环境	政策支持 法律规范	为创新创业提供制度保障，推动要素高效运转	构建鼓励创新创业的政策和法律环境
创新文化环境	价值观、理念、思维方式	创新创业生态系统的“能量流”	营造宽容、自由的创新创业文化氛围

（2）实现专业集聚发展。鼓励科技创业孵化链条专注于现代信息技术领域的细分产业，围绕产业发展建设基础设施、公共平台和政策环境，实现招商队伍专业化、服务方式专业化和投资服务专业化。

（3）完善生活服务配套。完善小镇周边公共自行车、公交车等交通资源布局，创新人才公寓运营管理模式，同时完善餐饮、超市等基本生活配套，休闲书吧、创意咖啡等休闲娱乐设施。

(二)创业服务体系建设

1. 建设公共技术服务平台

鼓励为科技创业孵化链条建设专业领域的公共实验室，为企业提供基本的技术研发、产品或工艺设计等服务，并实现数据、软件等共享资源。

2. 引入专业化服务机构

引进或培育第三方服务平台，与提供财务、金融投资、法律、技术转移、项目申报、国际合作等服务的专业机构合作，为企业提供全面且专业的增值服务。

3. 创新服务运营模式

探索新型的孵化模式，采用市场化的运营手段，通过为企业提供高端服务实现盈利来反哺公益服务的投入。与专业园区运营商合作，根据区域产业链发展，按需求、有目的地为科技城输送企业，也为企业寻找更大发展空间。

(三)金融服务体系建设

1. 鼓励天使投资

支持科技创业孵化链条搭建天使投资网络，探索互联网金融下的“研究院＋孵化器＋交流论坛”三位一体发展模式，吸引天使投资人投资项目团队以及早期创业企业。

2. 引导社会资金

设立天使投资引导基金、创业投资基金、产业发展基金，与创业投资机构合作筛选优质企业并跟投，引导民间资本不断向科技资本、创业资本、产业资本转化。

3. 创新金融产品

建立创业贷款风险池，创新面向科技创业企业的金融产品，降低初创期企业融资成本，缓解融资难问题，建立相应上市培育、上市辅导的退出机制，发展多层次资本市场。

四、投资主体及计划

(一)投资计划

梦想小镇2015—2017年三年共投资60亿元,其中2015年投资20亿元,2016年投资25亿元,2017年投资15亿元。

(二)投资主体

小镇先导区块、一期区块由杭州余杭创新投资有限公司投资建设。二期、三期采取政府引导方式,利用政策,吸引社会资本参与项目建设。

五、建设进展

(一)规划建设

1.规划范围

核心区块东至杭州师范大学,西至东西大道,南至余杭塘河,北至宣杭铁路,规划范围约3平方千米。天使小镇先导区位于西溪湿地三期艺术家集合村,占地约26余公顷。

2.实施步骤

梦想小镇先导区占地约15公顷,建筑面积17万平方米,2015年3月底投入使用。天使小镇先导区建筑面积2万平方米,现有面积7000平方米,剩余1.3万平方米将于2015年年底完工。小镇一期占地约40公顷,建筑面积60万平方米,按照“逐步整合、逐步投用”思路,计划于2017年全部完成,适时启动小镇二、三期建设。

(二)招商引才

1.互联网创业小镇在谈的互联网创业项目(平台)

互联网创业小镇在谈的互联网创业项目(平台)近120个,其中60余个项目和招商平台有明确入驻意向，部分将在小镇设立孵化和培育基地。主要有阿里巴巴"百川计划"、中国电子信息产业集团、盛大网络、飞马旅、复地集团、东部软件园、北大科技园、阿里同学会、北橙会等招商平台。下一阶段，还将重点对接国内外知名高校，主动承接优质创业项目，与浙江大学、中国美术学院大学生创业团队合作共建最具创新创业活力的科技社区，组织北京大学、清华大学、复旦大学、中国科技大学等C9高校及省内重点高校学生会组织赴梦想小镇考察，开展专题宣传推介活动。

2.天使小镇在谈的重点金融项目(平台)情况

天使小镇在谈的重点金融项目(平台)近40余个，包括重点平台10个，重大项目16个，14个金融项目有明确落户意向。主要有国内对冲基金龙头企业龙旗科技、陆家嘴财富金融中心项目、万向信托总部项目、省信息产业基金、赛伯乐、易方达全国互联网金融中心等。下一阶段，还将重点对接国内外知名品牌性金融机构，力争引进硅谷银行资本、浙商成长基金、浙民投基金、华数文化传媒产业投资基金、德同资本、深创投、红杉资本、IDG资本、中信银行、方正证券等各类优质金融项目。

六、主要项目

(1)梦想小镇先导区块：总投资18.3亿元，建设用地15.3公顷；

(2)天使小镇西溪先导区块：总投资0.5亿元，建设用地1.4公顷；

(3)梦想小镇会展中心：总投资0.8亿元，建设用地1.9公顷；

(4)梦想大街：总投资11亿元，建设用地11.06公顷；

(5)企业花园：总投资3亿元，建设用地3.4公顷；

(6)筑梦工厂：总投资9亿元，建设用地11.3公顷；

(7)金融基金服务区：总投资11亿元，建设用地14.7公顷；

(8)创业七星村(摇光村、开阳村、玉衡村、天权村、天玑村、天璇村、天枢村)：总投资6.4亿元，建设用地8公顷(见图1)。

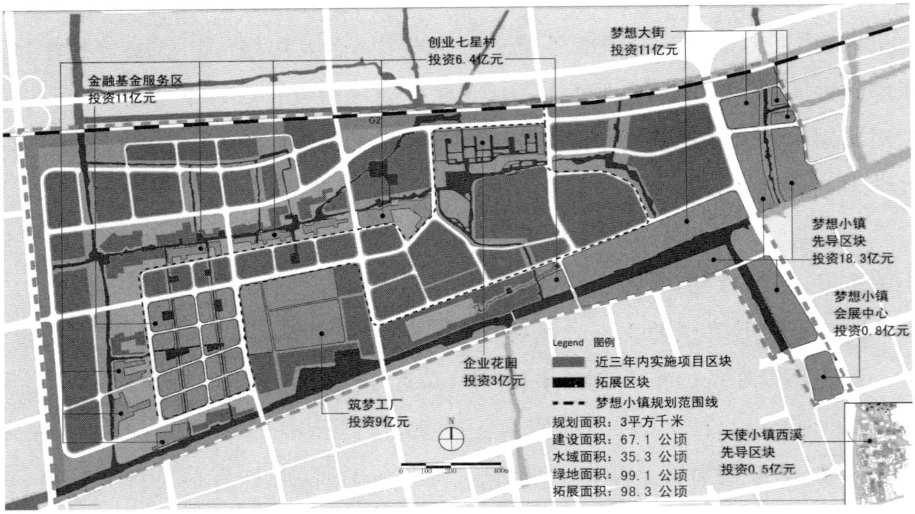

图 1　梦想小镇规划示意

七、梦想小镇预计成效

预计到 2017 年梦想小镇企业营业收入将达到 100 亿元，实现税收 10 亿元（见表 2）。

表 2　梦想小镇主要经济指标

名称	所在地	产业定位	投资建设主体	规划建设面积	其中三年新增建设用地（公顷）	投资预测（亿元）				2017 年产出预测（亿元/万人）		
						总计	2015 年	2016 年	2017 年	总产出	总税收	旅游人数
梦想小镇	余杭区	互联网产业及相关科技金融产业	杭州余杭创新投资有限公司	3 平方千米	67	60	20	25	15	100	10	150

杭州金融功能区优化布局研究

杭州市人民政府副秘书长　陈如根[①]

金融功能区建设事关杭州未来经济金融发展的竞争力，将成为杭州当前乃至今后较长时间内的重要战略任务。金融功能区的合理布局是有效发挥金融集聚功能、促进经济社会发展的重要基础。杭州"十二五"金融业发展规划对杭州金融业发展及功能区布局进行了明确，但是随着杭州财富管理中心、全国互联网金融创新中心、基金小镇等新兴战略任务的提出，金融功能区的数量和内涵也日渐丰富。同时，杭州各区县对新型金融功能区建设的积极性都很高，迫切需要在已有布局的基础上做进一步调整优化。因此，在此背景下研究杭州金融功能区优化布局具有非常重要的意义。

一、金融功能区布局优化概论

（一）金融功能区的定义

一般而言，金融功能区是指聚集了较多的金融机构、准金融机构、金融后台服务机构及相关服务产业（如法律、会计、审计、评估、投资顾问、信息咨询等中介服务机构），以优化区域金融服务，推动金融产业集群化发展的区域。这一概念与金融集聚区既有相同点，也有不同点。相同点是：两者都是机构和产业在地理上的集中；不同点是：功能区是履行特定功能的集聚区，集聚区并不一定履行特定功能，或者也可能履行一种或多种功能。因此，一个集聚区可能称不上功能区，也可能和一个功能区相对应，还可能具有多个功能区的内涵。

---

① 课题参与单位：中国人民银行杭州中心支行研究处、杭州市政府办公厅综合二处、杭州市金融办综合处。

(二)金融功能区布局优化的内涵

金融功能区布局是指将稀缺资源在不同区域、不同金融产业之间有效配置的过程,是各种功能区在一定区域空间上的分布和组合。金融功能区布局既有动态含义,也有静态含义;既有空间布局的内涵,也有产业布局的内涵;既有市场经济规律调节和选择的作用,也体现政府规划引导的意愿。金融功能区布局优化就是要寻求各金融产业空间组织的最佳形式和一般规律,以求合理利用区域资源,实现整体最大效益。

(三)金融功能区布局相关理论依据

1. 比较优势理论

区域比较优势是决定区域产业布局的利益机制,包括绝对比较优势和相对比较优势。比较优势理论可以用于指导将产业布局在最能充分利用资源的地区,以便扬长避短,提高生产效率,实现产业结构的地区协调。该理论表明金融功能区的布局优化需要基于地区的比较优势来定位相应的功能,发展相应的产业。

2. 增长极理论

增长极理论认为经济增长通常是从一个或数个"增长中心"逐渐向其他部门或地区传导,因此应选择特定的地理空间作为增长极,以带动经济发展。该理论对金融功能区布局优化具有一定的指导意义。金融功能区布局需要打造一个或多个"增长极",如金融核心功能区。同时,各个金融功能区本身也是履行具体功能的相关产业的"增长极"。

3. 核心—外围理论

弗里德曼于1966年在《区域发展政策》中正式提出该理论,该理论认为任何一个国家或地区都是由核心区域和边缘区域组成。在区域经济增长过程中,核心与边缘之间存在着不平等的发展关系。总体上,核心居于统治地位,边缘在发展上依赖于核心。核心—边缘理论对于经济金融发展与空间结构的变化都具有较高的解释价值,对于金融功能区建设与布局也具有一定的理论价值。

4.“点—轴系统”理论

该理论将区域经济看成是由“点”和“轴”构成的网络体系。“点”是指具有增长潜力的中心地域或主导产业,“轴”指将各中心地域或产业联系起来的基础设施带。根据该理论,在金融功能区布局优化上,可以将各功能区打造成为具有潜力的“点”,再通过“轴”连接起来,形成区域金融产业空间布局的网状结构。

5.产业集群理论

从产业集群的角度研究产业布局的思想,避免了割裂区域内各种资源之间的联系来讨论区域发展的平衡与否,意在强调发挥区域各种资源要素的整合能力和协同效应,追求适合区域具体特征的发展道路,突出技术进步与创新对产业布局的重要意义。该理论可以用于分析技术进步和创新对金融产业带来的创造性影响,指导杭州金融产业布局以及如何发挥各功能区之间的协同效应。

二、杭州金融功能区布局现状及问题

(一)杭州金融功能区布局的基本情况

2011年10月,《杭州市“十二五”金融业发展规划》(以下简称《规划》)提出了构筑“一核两带三圈三园多点”的金融产业发展空间布局,作为杭州打造长三角区域金融服务中心的空间支撑体系(见表1)。

表1 杭州“十二五”金融业发展规划对金融功能区的布局

名称	区域	主要机构集聚及产业	定位	实施主体
一核	钱江新城	各类金融机构省级以上总部	金融核心区	钱江新城管委会、江干区政府
	钱江世纪城	集聚本地金融资源	金融核心区的拓展空间	萧山区政府、钱江世纪城管委会

续表

名称		区域	主要机构集聚及产业	定位	实施主体
两带		延安路和庆春路主带以及周边扩散带	零售金融机构、私人银行、消费金融等理财机构	浙江省的财富管理机构集聚区、个人理财中心	上城区、下城区政府
三圈	黄龙商圈	以黄龙体育中心为轴心,东至杭大路、西至玉古路、南至曙光路(求是路)、北至天目山路	重点集聚会计、法律、评估、投资咨询等各类金融中介代理	杭州市高端金融中介服务中心	西湖区政府
	吴山景圈	玉皇山南国际金融园、南山路会所群、复兴国际商务广场综合体和西湖大道	国内外知名资产管理、私募股权投资机构	投资基金资产管理中心	上城区政府
	创业楼圈	以江南大道创新大厦为核心,以周边楼群为主要平台	创投服务中心和各类创投机构	创业风险投资管理中心	高新开发区(滨江)管委会、政府
三园	滨江金融外包园	高新软件园、东忠科技园和天堂软件园及周边区域	金融软件和信息技术服务外包	金融信息技术外包交付中心和创新中心	杭州高新开发区(滨江)管委会、政府
	下沙金融外包园	位于杭州经济技术开发区,整个园区规划建筑面积5万平方米。	金融数据处理业务、金融人力资源外包、财会外包	全国一流的金融后台外包平台	杭州经济技术开发区管委会
	余杭金融创新园	以南湖、中泰等金融区块为载体	国内外金融机构的中后台、创新类金融机构	金融机构的中后台集聚区	余杭区政府
多点		五县(市)县城和中心镇			各县(市)

(二)杭州金融功能区的建设布局现状

1. 金融核心区渐成规模

钱江新城既是杭州的中央商务区,也是未来杭州的金融核心区。按照《规划》要求,将以富春路和新城中心轴为“十字”坐标,规划并建设好“杭州金融城”和“钱江金融城”两大金融综合体,并计划到2015年年末,聚集30家以上各类金融机构省级以上总部。目前,钱江新城金融业集聚发展的态势逐步显现。浙江股权交易中心、浙江金融资产交易中心、华东林业产权交易所、杭州产权交易中心相继落户，20多家省、市金融机构总部迁入，形成一大批金融特色楼宇；小额贷款、股权投资金融衍生产业蓬勃发展。钱江新城二期的钱江金融城项目即将开工，届时将吸引更多金融机构及相关服务机构总部入驻。钱江世纪城作为杭州"沿江、跨江发展战略"的重要组成部分，作为金融核心区的拓展区块，正在加快建设中。

2.部分功能区初见雏形

一是私募股权投资功能区发展较快。以位于吴山景圈的玉皇山南国际金融产业园区为例，截至2014年6月，已有51家私募股权投资企业入驻，已到位资金56亿元，管理资产规模200多亿元，成为杭州私募股权投资企业最多、管理资产规模最大的区块。目前，杭州计划将玉皇山南区块打造成为国内一流的私募(对冲)基金小镇。二是财富管理功能得到强化。以"两带"为例，目前，庆春路和延安路金融带的业态布局不断优化，标志性金融特色楼宇的培育工作取得重大进展，财富管理功能得到不断强化。三是中介服务业功能区不断发展。以黄龙商圈为例，2013年8月，浙江省首个中介服务业集聚区——杭州黄龙中介服务业集聚区成立。目前，黄龙商圈区块已入驻中介服务业企业高达400多家，占入驻企业总数的75%。浙江规模最大的律师事务所、会计师事务所均入驻其中，第一太平戴维斯、戴德梁行、世邦魏理仕、毕马威、金杜等国际上一些著名的中介机构也纷纷在此设立分公司。

3.金融产业布局呈现多梯次

从杭州整体看，金融产业的空间布局为"一核两带三圈三园多点"，重点要发展财富管理、私募基金、金融服务外包和金融中介服务业。从各区县(市)来看，上城区主要打造玉皇山南国际金融园、西湖国际专业金融区、望江新金融集聚区三个平台，重点发展私募金融和民间财富管理。下城区提出以庆春路与延安路金融带为集聚主平台，以打造国内著名财富管理中心为重点，按照"一中心、两轴线、多极点"①的空间布局，完善业态多元化的金融机构体系。西

① "一中心"是指国内著名的民间财富管理中心；"两轴线"是指庆春路、延安路金融集聚带以及周边辐射带；"多增长极"是指标志性金融楼宇增长极、金融中介服务增长极、股权投资增长极和商贸金融增长极等。

湖区提出“一核一带三圈多点”①的金融功能空间布局。拱墅区将发展楼宇（总部）经济作为促进金融服务业发展的重要抓手，着力构建以大运河中央商务区为核心、三个金融新兴区②为支撑的金融集聚区主体框架。萧山区提出了“钱塘江财富管理中心——湘湖金融岛、杭州江南金融科技园”的“一核两点”③多区域联动发展的金融产业发展走廊。余杭区提出打造“科技金融小镇”等规划设想。

4.内外部环境不断优化

在外部，上海自由贸易区的推出、全局性及区域性金融改革的稳步推进、互联网金融的兴起均为杭州金融产业发展提供了良好的外部环境和机遇。在内部，杭州及各区县（市）对于发展金融业、建设金融功能区的积极性都比较高，出台了相关规划及扶持政策。如针对财富管理业发展，出台了《杭州财富管理中心2014—2018年实施纲要》。又如，为打造长三角南翼金融副中心，萧山区出台了《萧山金融集聚区总体规划》，为了吸引金融机构集聚，出台了支持政策。此外，为打造良好的金融业发展环境，杭州及各区县还将完善区域布局、道路交通、网络通信和信用体系等软硬件基础设施作为日常工作的重点。

（三）杭州金融功能区建设布局存在的主要问题

1.部分区县（市）落实规划不到位

虽然《规划》对杭州金融产业进行了总体布局，部分金融功能区发展势头较好，但是也有部分区县（市）存在规划实施较慢、推进力度不够的情况，甚至个别区县（市）的一些金融功能区建设基本处于停滞状态。另外，有的区县（市）的金融产业发展重点及定位与《规划》发生偏离。例如，余杭原来规划以

---

① “一核”是指黄龙商圈，定位为西湖区金融服务集聚区、杭州市新兴的国际金融服务中心、全省股权投资高地、高端金融中介服务集聚区；“一带”是指西溪谷，定位为“创业投资谷”；“三圈”是指三墩金融服务集聚圈、之江金融服务集聚圈、蒋村新区金融服务集聚圈，重点发展私募股权投资和创业风险投资业；“多点”是指一些重点楼宇。

② 一个金融核心区是指大运河中央商务区，三个金融新兴区是指申花金融中介服务集聚区、北部软件园私募基金集聚区、湖墅南路中小企业融资服务示范区。

③ 钱塘江财富管理中心位于钱江世纪城，主要定位为民营企业金融创业区、金融资产交易服务区、互联网金融试点区；湘湖金融岛定位为股权投资产业集聚区；杭州江南金融科技园定位为金融科技融合示范区、互联网金融试点区。

南湖、中泰等金融区块为载体，打造余杭金融创新园，重点打造金融机构的中后台集聚区，但是目前金融业发展的重点区位已经转移到未来科技城，着重发展科技金融。

2. 金融功能定位及产业特色不清晰

部分区县(市)片面追求金融产业大发展，喜好“大而全”，没有较好地利用比较优势发展优势产业，导致全市金融产业布局过于分散、相互重叠，具有区域特色和比较优势的功能区相对较少。这种状况不仅不利于特色金融产业集聚和规模化发展，反而容易产生区与区之间的重复建设、恶性竞争等弊病，不利于整个城市金融产业又好又快发展。例如，大部分区县(市)都将私募金融作为金融产业发展的主导方向，产业定位雷同，很可能导致各区县(市)之间的过度竞争。

3. 金融产业招商力度不够

《规划》对金融产业及区位进行了布局，明确了具体的实施主体，但是在实施过程中，部分区县(市)对金融产业招商重视程度不够，实际成效不够明显。同时，金融产业和其他产业对资金、人才、政策等发展环境的要求存在较大的差异性，不同金融业态对发展环境的要求也可能存在较大差别，而杭州及各区县(市)还没有建立起针对金融产业招商的专门机构及相应的机制，仅仅依托经信委、商委、经合办等部门开展联合招商、统一招商，可能难以实现精准招商、产业链招商和以商引商，也难以根据自身的定位和特点进行差异化招商。

4. 金融功能区协同效应较弱

在金融功能区的管理上，市金融办、各区县(市)发改局(或金融办)、开发区管委会等均承担了部分职能，在现行的行政管理体制和税收体制下，各区县(市)金融产业布局往往各自为政、相对独立、自成体系、缺乏协调，难以发挥协同效应。

此外，杭州市委十一届七次全会审议通过的《关于加快发展信息经济的若干意见》提出，杭州到2020年要建成“六大中心”[①]。在此背景下，一方面作为六大中心之一的全国互联网金融创新中心要抓紧布局，加快发展；另一方面电

① “六大中心”是指国际电子商务中心、全国云计算和大数据产业中心、全国物联网产业中心、全国互联网金融创新中心、全国智慧物流中心以及全国数字内容产业中心。

子商务、云计算和大数据、物联网等重点产业发展催生大量的金融服务需求，要求金融业继续改革创新。同时随着杭州金融功能区建设的逐步推进和不断摸索，一些区县的发展条件和特点与《规划》制订时已有所改变。以上均要求对现有金融功能区布局进行调整、补充和完善。

三、国内外金融功能区建设布局的经验借鉴

(一)国内金融功能区建设及布局

2008 年，北京市发布的《关于促进首都金融业发展的意见》(京发〔2008〕8 号)明确提出要将北京建设成为具有国际影响力的金融中心城市，并提出了“一主一副三新四后台”的总体空间布局规划。“一主”是指金融街，目标是要进一步聚集国家级金融机构总部，提高金融街的聚集度和辐射力。“一副”是指 CBD 副中心区，是国际金融机构的主聚集区。“三新”是指位于中关村西的新兴科技金融功能区、位于东二环的新兴产业金融功能区、位于丰台的丽泽商务区，主要聚集新兴金融机构。“四后台”是指海淀稻香湖、朝阳金盏、通州新城、西城德胜四个金融后台服务园区。

2009 年，上海确立“一城一带”为主的金融布局构架。目前，“陆家嘴金融城”正在扩容，呈现“一心多点”特征。“一心”就是小陆家嘴核心区，集聚了中外资银行、证券、保险、基金、信托等金融机构。新兴的金融机构如风险投资、股权投资、私募证券基金，主要分布在世纪大道两侧、竹园商贸区、民生路、花木等地，构成了机构布局的“多点”。黄浦区在对外滩金融集聚带进行功能定位时，突显“新金融”特征，与陆家嘴金融城形成错位互补。2013 年，黄浦区提出建设以互联网金融和民营金融等为主体的外滩金融创新试验区，并发布相关实施意见。目前，外滩金融集聚带已拥有各类金融机构约 500 家，成为新金融的集结地。

2011 年，广州市发布的《广州区域金融中心建设规划(2011—2020 年)》要求重点发展“三区”。一是将珠江新城—员村金融商务区建成国际化、现代化的金融商务区。目前正着力将广州国际金融城打造成为金融机构集中、金融要素市场齐备、金融交易活跃、金融服务完善、全国一流的金融总部聚集区。

二是规划建设的广州金融创新服务区，重点发展风险与股权投资、金融后台及外包服务、金融电子设备制造。三是利用南沙新区作为实施CEPA（内地与香港关于建立更紧密经贸关系的安排）先行先试综合示范区的战略机遇，全面推进在南沙开展穗港信贷、证券、保险、期货、债券市场和基金管理等金融业务合作，探索开展资本项目对外开放和人民币国际化路径的先行试验，探索建设离岸金融中心。

按照青岛“十二五”发展规划纲要，青岛市政府力争用5年左右的时间，形成“一城、一街、三区、多组团”的金融功能区布局。一城是指“崂山金融城”；一街是指“香港中路金融街”；三区分别是指“高新区科技创新金融示范区”、“开发区、保税港区产融结合金融示范区”和“即墨市农村县域金融示范区”。多组团是指“各区市金融产业组团”，具体由各区（市）为实施主体，根据各地发展特点和需要，在城区和农村地区规划、建设、完善金融产业组团。

（二）国外金融功能区建设及布局

纽约国际金融中心的行政管理由曼哈顿区政府负责，基础设施建设则由纽约市经济开发公司负责。经济开发公司负责经营办公、交通等硬件设施，其曾在2005年重建曼哈顿老城计划中重点规划了曼哈顿老城的配套环境。纽约曼哈顿老城是纽约金融中心的核心区，著名的华尔街就位居于此。华尔街长仅1.54千米、面积不足1平方千米，但集中了几十家大型商业银行、保险公司、投资银行、信托公司等金融机构和上百家大型公司总部，也汇聚了纽约证券交易所、美国证券交易所以及棉花、咖啡、糖、可可等商品交易所。

伦敦作为国际金融中心的历史比纽约更久远，其核心金融功能区主要是伦敦金融城和金丝雀码头（Canary Wharf）金融新城。这两个区域的金融要素高度聚集，金融机构高度集中，金融人才密集，金融氛围浓厚，金融生态环境优良，彼此之间既相互呼应，又特色鲜明，已经成为伦敦乃至英国的金融名片和象征。虽然伦敦发展金融业的整体条件都较好，但在金融核心功能区的建设上并没有多点开花，伦敦金融城和金丝雀码头两个区域占地面积都不大，稍大一些的伦敦金融城也只有2.6平方千米。

(三)经验及启示

1.针对区域特色,进行差异化功能布局

从国内经验来看,对城市金融功能区进行布局首先要明确城市金融发展定位。上海根据自身条件定位为国际金融中心;北京旨在打造具有国际影响力的金融中心城市;广州定位区域金融中心。目前杭州已将目标定位为“长三角区域金融服务中心”,接下来应该围绕建设区域金融服务中心,根据自身特点及比较优势,找准金融业差异化发展的突破点。如北京的突破点是总部金融;上海的重点是发达的金融市场和国际金融机构;广州的突破点是依托粤港合作,打造离岸金融中心;青岛的重点是财富管理。对于杭州来讲,金融业发展的突破点是互联网金融、私募金融、财富管理和场外交易市场。为此,杭州一是要从整体上与兄弟城市保持差异化的金融发展定位;二是应根据各区县(市)的产业现状、资源禀赋、软硬件条件等,对各类金融功能区进行差异化布局。

2.发挥集聚效应,致力于打造金融核心区

从国内外经验来看,金融产业具有很强的集聚效应,各城市尤其重视金融核心区的建设,注重发挥“极核”的辐射力和带动力。从纽约和伦敦来看,金融核心区的面积并不大,但是机构高度聚集、要素高度集中、功能高度集成。从国内来看,北京、上海、广州分别要求将金融街、外滩金融集聚带、广州国际金融城打造成为各自城市的“华尔街”。对于杭州而言,应该高度重视金融核心功能区的建设,注重发挥集聚效应。值得注意的是,伦敦国际金融中心具有伦敦金融城和金丝雀码头金融新城两大功能载体,上海要将陆家嘴金融城和外滩金融集聚带打造成为金融业发展的“双核心”。对此,杭州可以将钱江新城(杭州金融城、钱江金融城)和钱江世纪城打造成“一主一副”的金融核心区。

3.注重规划引导,突出政策扶持

从国内兄弟城市经验来看,政府相关部门的规划引导、组织管理和政策扶持在金融功能区建设中发挥着非常重要的作用。为此,杭州一是要提升市金融办对全市金融业的管理和服务功能,合理布局各类金融产业,引导金融资源合理有序流动,同时加强对区(县)金融办的指导,形成市区(县)联动协调推动的工作格局。二是组织资金加大对金融功能区建设的投入力度，在扶持金融机构做大做强、加快建设各类金融要素市场平台、加快发展股权投融资市场，规范发展互联网金融、鼓励金融创新、奖励金融人才和优化金融生态等方面给予资金支持。

4. 重视配套设施建设，完善金融生态体系

从国内外经验来看，各城市均重视功能区配套设施建设和金融生态体系建设。如纽约专门成立经济开发公司负责配套环境建设，北京丰台区专门成立丽泽金融商务区控股有限公司，负责该功能区的土地开发、基础设施建设、公共配套建设和物业管理等。又如，纽约、伦敦、上海等都形成了各类金融机构、市场、交易场所和中介服务业等高度集聚的现象，形成了整个城市完整的金融生态体系。为此，杭州一是要加快建设金融要素市场，聚集金融机构和人才，统筹发展传统金融和新兴金融，促进金融主体产业和金融辅助产业协调发展，加快发展金融财经资讯、教育咨询、会计审计、法律服务等中介服务产业。二是对城市交通、办公等硬环境进行超前设计和建设，同时完善区域内法律、信用、行政管理和产权制度等软环境。

四、杭州金融功能区优化布局的总体思路

（一）金融功能区布局优化的原则

1. 强化全局意识，兼顾一般

杭州金融功能区规划要坚持“一盘棋”原则，避免上下规划布局不一致、不协调，防止低水平重复建设、恶性竞争等情况发生。一方面，杭州金融功能区布局要与浙江省金融产业规划与布局相协调。如杭州打造财富管理中心，要和浙江省财富管理中心建设目标和规划相协调一致。另一方面，杭州金融功能区布局优化要从有利于全市金融产业发展，有利于区域金融中心建设的角度出发，结合各区县（市）的现实基础和发展特点，做出科学合理的调整，提出统一的实施要求，确定各区县（市）金融产业发展重点和方向，使得全市的金融产业和空间布局实现最大程度的优化。

2. 结合区位特点，错位发展

对外，杭州金融功能定位要与周边城市有所差异，尤其是与上海的发展定位相错位，如发展私募金融服务为核心业态，对接长三角高净值投资者需求，与上海重点发展的公募基金相错位；发展场外交易市场和资本中介业务，服务于私募基金和民间资本，并与全国性金融市场实现互动对接，与上海重点发展场内市场相错位；发展互联网金融业，打造全国互联网金融创新中心，与周边城市形成错位。对内，各区县（市）的金融功能定位也要体现差异，基于各地特色和比较优势确定重点产业。

3. 结合产业重点，服务实体经济

杭州金融产业的发展要结合杭州市的整体产业布局和发展重点，更好地服务杭州经济转型升级。从全市层面来看，杭州整体金融产业布局要服务于杭州正在申请的中国（杭州）跨境电子商务综合试验区、国家自主创新示范区两大战略任务，要与杭州重点打造的国际电子商务中心、全国云计算和大数据产业中心、全国物联网中心、全国智慧物流中心等“六大中心”及相关产业结合起来。从各区县（市）来看，要将金融功能区布局与相关产业布局结合起来，例如未来科技城要将金融和科技产业紧密联系起来，确立科技金融的地位和作用；西溪谷和云栖小镇要将金融与大数据、云计算等信息产业紧密结合起来，重点发展互联网金融。

（二）金融功能区布局优化的目标

结合杭州及各区县（市）经济金融发展特点和需要，对全市金融产业进行整体布局，在已有规划基础上，根据新形势的需要，调整已有金融功能区布局，并前瞻性地规划新兴金融功能区，从发展目标、空间布局、主要机构及产业等多个层次对金融功能区进行定位，以进一步优化杭州金融业态结构、空间结构等，丰富金融市场功能和层次，最大限度地发展区域比较优势、区域协同优势，提升杭州金融业的整体效率，更好地为地区经济社会转型升级服务。

（三）杭州金融功能区建设布局的内容

一是对原有金融功能区布局进行调整。如杭州在发展金融服务外包方面遇到较大的瓶颈。2009年以来，杭州金融外包离岸规模处于艰难爬坡阶段，规模落后于北京、上海、深圳、大连等兄弟省市。同时，下沙金融服务外包园建设在"十二五"期间几乎处于停滞状态，因此需要弱化下沙经济开发区的金融服务外包功能。又如，随着金融总部资源逐步向金融核心功能区集聚，"两带"的金融功能定位需要做出适当的调整。二是将最新的金融发展战略作为金融功能区布局的重点。杭州在经历"十二五"发展过程之后，找到了金融业发展的新突破口，如以私募金融为核心，打造财富管理中心；以阿里巴巴等龙头企业为依托，建设全国互联网金融创新中心；基于产融结合，打造各类基金小镇等。为此，需要着力布局财富管理功能区、互联网金融功能区和私募金融功能区等。三是更大幅度地将萧山、余杭纳入全市金融功能区布局中，目前余杭的重点发展区块是未来科技城，着力打造梦想小镇；萧山的重点是打造"一核两点"多区域联动发展的金融产业发展走廊。

五、杭州金融功能区优化布局的实现路径

（一）杭州金融功能区布局优化的总格局

围绕长三角南翼区域金融服务中心建设的总体要求，依托杭州网络化大都市总体发展的空间框架，建设以金融核心区为中心，以各金融功能区为节点，加强功能互补和协作联动，形成多层次、多梯度、错位竞争、协同发展的"一核两带三镇多点"的金融功能区空间布局（见表2）。

表2　杭州金融功能区布局情况

空间布局		功能定位
一核	钱江新城和钱江世纪城	金融核心功能区
两带	延安路和庆春路主带以及周边扩散带	财富管理功能区
三镇	基金小镇（上城区玉皇山南）	私募金融功能区
	梦想小镇（余杭区未来科技城）	科技金融功能区
	互联网金融小镇（西湖区的云栖小镇和西溪谷）	互联网金融功能区

续表

空间布局		功能定位
多点	黄龙商圈	财富管理功能区、金融中介服务功能区
	滨江金融外包园	金融服务外包功能区
	申花金融中介服务集聚区	金融中介服务功能区
	湘湖金融岛	私募金融功能区
	杭州江南科技园	互联网金融功能区
	健康金融小镇	私募金融功能区

(二)金融核心功能区

金融核心功能区是指对地区金融发展和经济增长有重大贡献并能带动外围地区发展的重要建设区域。

1. 区域选择

将钱江新城及钱江世纪城建设成为杭州金融核心功能区。钱江新城东临钱塘江,南靠复兴地区,西依秋涛路,北至钱塘江二桥、艮山西路,规划面积约15.8平方千米。钱江世纪城地处萧山城北江滨地区,东至杭甬高速公路,西接杭州高新技术开发区(滨江),南连萧山经济技术开发区,北与杭州钱江新城隔江相望,规划总用地22.27平方千米。

《杭州市"十二五"金融业发展规划》将钱江世纪城定位于金融核心区的拓展区域,这里将钱江世纪城和钱江新城并列,一方面体现区域融合、跨江发展的趋势,另一方面也符合《杭州市城市总体规划》对钱江新城和钱江世纪城的定位——未来杭州城市核心。萧山区提出打造长三角南翼金融副中心,而钱江世纪城将成为副中心建设中的核心。

2. 发展目标

到2020年年末,吸引50家以上各类金融机构省级以上总部和财富管理中介总部机构入驻,吸引各类产权、大宗商品等交易场所入驻,将金融核心区建设成金融机构总部集聚区、长三角乃至全国重要的财富管理中心、浙江省场外交易市场中心。

3. 空间布局

钱江新城的金融功能主要以杭州金融城和钱江金融城两大核心为载体。其中,杭州金融城位于核心区市民公园西侧,由秋涛路、市民公园、新业路与解放东路围合而成,总用地面积约 10.8 公顷。钱江金融城北至杭甬高速,东邻钱塘江,南靠钱江路,西依京杭大运河,总规划面积约 76.5 公顷。钱江世纪城的金融功能主要以最近提出的钱塘江财富管理中心为载体,规划区域位于钱江世纪城东北角,处于杭州未来 CBD 的江南核心区块,规划总面积 3.5 平方千米。

4. 功能定位

钱江新城功能定位是杭州金融总部集聚区、杭州金融中心,相当于纽约的"曼哈顿",主要集聚金融业监管部门、银证保金融机构省级以上总部、大型财富管理机构总部、大型金融机构的财富管理总部、各类场外金融交易市场、高端财富管理服务机构等。将钱江新城建设成为金融核心区,是政府金融规划引导和市场选择共同作用的结果,金融机构总部的集中有利于产生集聚效应和规模效应,大大增强极核的竞争力。

钱江世纪城的功能定位也是总部金融集聚区、钱塘江财富管理中心,重点发展非银金融机构总部、大型投资机构总部、地区性商业银行总部、小贷公司总部和其他专业性金融服务总部,同时引进金融监管部门和各类交易所(中心)。

5. 与其他功能区的关系

金融核心功能区是杭州金融业中心,是杭州金融业最重要的增长极,按照"核心—外围"理论,具有优先发展地位,并在形成规模后,逐渐发挥其扩散效应,带动周边金融业发展。作为核心功能区,承担的功能是综合性的,也是其他功能区的核心。

(三)财富管理功能区

财富管理服务,又叫金融产品综合服务,是以资产管理为基础,以投资顾问为核心,为各类投资者提供各种高附加值金融服务,以实现财富资产的保值增值,所管理的资产包括闲置的市场资金、社保资金、企业年金、保险资金和财政闲散资金等。建设财富管理中心是杭州打造区域金融服务中心的重要内容。

1. 发展目标

以私募金融服务为核心，以场外交易市场和财富管理中介为两翼，构建独具优势的杭州财富管理产业体系，建成国内一流的财富管理中心。力争到2018年年底全市财富管理机构超过100家，行业领先或龙头企业超过20家，从业人员超过1万人，机构资产总量达到1万亿元，场外市场交易量超过5万亿元，财富管理规模位居长三角城市第二位、全国主要城市第四位，形成较为完善的财富管理产业链和生态体系。

2. 空间布局

形成以"一城两带一圈"为核心的城市型空间布局和"两湖一溪一江"①为主体的生态型空间布局，充分利用现有金融业态、城市配套、山水资源及人文环境，使空间布局独具特色，富有竞争优势。

3. 功能定位

"一城"：把钱江新城作为未来杭州大型财富管理总部机构集聚区来建设，加快建设杭州金融城、钱江金融城，重点引进国内外大型财富管理机构总部、大型金融机构的财富管理总部、各类场外金融交易市场、高端财富管理服务机构。

"两带"：把延安路和庆春路沿线作为未来杭州的公众理财服务和财富管理机构集聚区来建设，重点抓好金融楼宇的规划、建设和改造提升，合理布局网点，集聚私人银行、基金销售、消费金融、个人理财等理财型中介机构。

"一圈"：把黄龙商圈②作为集聚各类大中型高端财富管理机构、金融投资机构、私募金融服务机构以及理财服务中介机构，打造成为专业型财富管理机构集聚区。

"两湖"：把西湖和湘湖周边作为各类私募股权、私募证券、私募理财等为主体的财富管理和投资基金集聚区。

---

① 《杭州财富管理中心2014—2018年实施纲要》提出"一城两带一圈两湖一溪"的空间布局，这里增加"一江"，是指钱江世纪城正在打造钱塘江财富管理中心，将其纳入整体规划。

② 位于西湖区黄龙体育中心周边。

“一溪”：把西溪湿地及周边地区作为互联网金融、私募金融和科技型、数据型、网络型财富管理企业集聚区。

“一江”：是指钱塘江财富管理中心，作为金融核心功能区块之一，适当发展私人银行、投资银行、资产管理、互联网金融、中介服务等财富管理业务。

4.与其他功能区的关系

杭州打造财富管理中心的重点是构建在全国独具优势的财富管理产业“金三角”业态组合。其中，私募金融服务是核心和龙头；场外交易市场是私募金融产品发行和融资平台，投资和定价中心；财富管理中介是主体。因此，财富管理功能区必然与金融核心功能区、私募金融功能区存在区域交叉和重合现象，这也要求各功能区之间加强功能协调和整合，打造杭州独具特色和竞争力的金融产业链，形成牢固的金融生态体系。

(四)私募金融功能区

私募是指非公开或直接向特定群体募集资金进行投资的方式，私募投资的标的不限于金融产品，还包括实业投资和商品。我国私募市场包括：高净值理财、信托、基金、股权、债券、期货、私募股权等方面，机构跨越“银证保”三大领域。截至 2013 年年末，杭州共有各类股权投资基金 422 支，各类股权投资管理机构 85 家。

1.发展目标

力争在 2020 年，将杭州打造成为国内外知名的私募金融中心。

2.空间布局

“二镇二点”。“二镇”是指玉皇山南基金小镇和桐庐健康金融小镇；“二点”包括湘湖金融岛和西溪谷。其中，玉皇山南基金小镇拟规划总建筑面积约 14.6 万平方米，分八卦田公园片区、三角地仓库片区、海月公园片区、机务段片区四大区块；湘湖金融岛首期将在跨湖桥附近建设高端的金融机构办公、交流、居住场所，规划面积 8.7 公顷，总建筑面积 2 万平方米左右；西溪谷南至老和山南麓，北至天目山路，东至浙大玉泉校区，西至留下绕城西线。整个规划区面积有 10.38 平方千米。

3.功能定位

玉皇山南基金小镇功能定位于私募(对冲)基金小镇，计划在 5 年内

(2014—2018 年),引进、培育 50 家以上的私募证券期货基金、量化投资基金、对冲基金等机构,管理资产规模超过 1500 亿元。玉皇山南打造对冲基金小镇具有以下优势:一是具有先发优势,率先进驻的天堂硅谷、赛伯乐、华睿睿银、敦和投资等私募金融大佬将带动更多的私募机构进驻,起到以商招商的目的。二是具有政策优势,如上城区连续多年返还私募股权企业 90%以上的地方税收,帮助企业做大做强。三是具有自然环境优势。玉皇山南,北依西湖,南临钱塘江,西望群山,拥享八卦田、白塔两大景群,绝佳的山水环境资源被一大批扎根于此的基金大佬称为福地。

桐庐健康金融小镇重点发展服务于养生养老、休闲旅游等健康产业的金融服务业,尤其是私募金融业,以实现金融与优势产业的融合发展。近年来,桐庐依托良好的生态环境和源远流长的中医药文化,健康养生产业蓬勃发展,宜居宜游宜养的健康养生品牌进一步打响。随着富春山健康城、富春江(芦茨)乡村慢生活体验区等健康产业平台的不断完善、渐具规模,社会对私募金融服务的需求也更加强烈,而桐庐发展健康金融产业具有旺盛的需求和坚实的基础。

湘湖金融岛功能定位为股权投资产业集聚区,主要发展风险投资、创业投资、私募股权投资等股权投资机构,培养一批有创意、敢创新的本土新型企业,逐步建立股权投资产业集聚区品牌。

西溪谷功能定位为“创投产业谷”,主要引入高端创投企业和创投企业总部,吸引创投行业中的国内外品牌基金,打造高端创投企业品牌。

4. 与其他功能区的关系

由于毗邻上海,杭州发展场内交易市场和公募基金的可能性非常小,而私募金融自然成为杭州金融业发展的重要突破口。私募金融具有优化融资结构、发展财富管理业、推动科技金融创新的重要作用,这也使得该功能区与财富管理功能区、科技金融功能区等具有交叉重叠部分。为避免私募金融功能区之间的过度竞争,“二镇二点”也需要注重差异化发展,如玉皇山南基金小镇重点发展私募证券期货基金、量化投资基金、对冲基金;湘湖金融岛和西溪谷等重点发展风险投资、创业投资和私募股权投资基金。

(五)互联网金融功能区

互联网金融是指依托支付、云计算、社交网络以及搜索引擎等互联网工具,实现资金融通、支付和信息中介等业务的一种新兴金融。目前,《杭州市人民政府关于推进互联网金融创新发展的指导意见》已经出台,并提出要重点在西溪谷、钱江新城、未来科技城等地建设互联网金融集聚区。

1.发展目标

力争到2020年,培育和发展一批具有全国竞争力的互联网金融企业,开发和推广一批具有较高全国市场占有率的原创性互联网金融产品,构建和运作一批具有全国影响力和辐射力的互联网金融交易平台,培育和发展较为完备的互联网金融产业体系,将互联网金融打造成为杭州的新兴支柱产业集群,将杭州打造成为全国互联网金融创新中心。

2.空间布局

以"两核多点、有源无界"为空间布局规划思路,重点打造西溪谷、钱江新城、未来科技城等互联网金融产业集聚区。"两核"是指西溪谷和钱江新城,"多点"是指云栖小镇、未来科技城(包括淘宝城、恒生科技园等区块)等。当前,已布局将云栖小镇打造成为大数据互联网金融小镇。从空间区位来看,云栖小镇位于西湖区转塘科技经济园区;杭州恒生科技园位于杭州文一西路西溪湿地旁,总占地8.5公顷。

3.功能定位

"两核多点"主要是培育和集聚第三方支付、网络信贷公司、网络股权融资公司、网络银行和互联网金融门户网站等互联网金融企业或机构,打造互联网金融产业链。

钱江新城具有总部机构集聚优势,是互联网金融创新的决策中心,重点发展金融互联网,即传统金融机构基于互联网应用开展的创新性金融服务业务,同时积极引进或培育互联网金融总部机构。

西溪谷功能定位于互联网金融产业集聚带和互联网金融创新中心,这主要由于支付宝浙江总部就位于西溪谷,而支付宝是互联网金融创新的基地和平台,基于该平台已开发出"余额宝"等创新型产品,带动了互联网金融产业链的发展。未来可以与阿里巴巴建立对接会商机制，在西溪谷合力打造云计算和大数据产业集聚区，并发展互联网金融产业。

云栖小镇计划携手阿里巴巴，打造中国首个富于科技人文特色的云计算产业生态小镇，积极承接云计算、大数据产业在西湖区的落地和发展。由于西溪谷和云栖小镇具有类似功能，又同属西湖区，建议将西溪谷与云栖小镇打造成为杭州互联网金融小镇。

未来科技城主要依托阿里巴巴淘宝城、恒生科技园等发展互联网金融产业。淘宝网是互联网金融产品重要的销售平台，具有互联网金融产品集聚功能和产业带动功能。恒生科技园具有科技与金融相结合的优势，致力于打造互联网金融产业集群。

4. 与其他功能区的关系

由于互联网金融兴起较晚，目前还处于快速发展阶段，互联网金融功能区规划需要依托已有的产业集聚区，如钱江新城、西溪谷等，因此多种功能可能集成在同一块产业集聚区内。

（六）科技金融功能区

科技金融属于产业金融的范畴，主要是指科技产业与金融产业的融合，是指促进科技开发、成果转化和高新技术产业发展的一系列金融工具、金融制度、金融政策与金融服务。2011 年 12 月，杭州成为首批国家促进科技和金融结合试点城市。

1. 发展目标

到 2020 年，将位于未来科技城的“梦想小镇”打造成为“科技金融小镇”或“科技金融创新小镇”；将杭州江南科技园建设成为金融科技融合示范区。

2. 空间布局

“梦想小镇”的核心区块选址于未来科技城内的仓前区域，占地面积约 3 平方千米。杭州江南科技园位于萧山南部三江口的浦阳江生态经济区，初期规划用地 5 万平方米。

3. 功能定位

“梦想小镇”由大学生创业小镇和和基金小镇两部分组成，前者以较低租金给大学生提供一个创业平台，成为未来科技城人才的“孵化器”；后者将打造成金融服务区块，重点集聚股权投资机构、天使基金，为创业者和小微企业服务。计划在3年内集聚大学生创业者1万名，大学生创业项目2000个；集聚基金（管理）及相关机构300家以上，金融资产总额超过3000亿元。杭州江南科技园的功能定位是科技金融结合示范区，着力引进和发展一批中小科技型企业总部和初创型科技企业，发展股权投资业和互联网金融业态。

4. 与其他功能区的关系

由于科技金融和互联网金融都是科技与金融的融合，二者具有较强的相关性。科技金融需要发展PE/VC等私募金融业，因此除自身要适当发展股权投资业之外，更要加大与私募金融功能区的合作。

（七）金融服务外包功能区

金融服务外包是指金融机构将其部分事务委托给外部机构或者个人处理，包括金融信息技术外包和金融业务流程外包（BPO）。虽然杭州金融服务外包业的发展遇到了一些瓶颈，但是从规模和实力来看依然居于全国前列，应选定重点区块支持其发展。

1. 发展目标

到2020年，将杭州建设成为国内外知名的金融服务外包基地。

2. 空间布局

滨江金融外包园位于高新开发区（滨江），包括高新软件园、东忠科技园和天堂软件园及周边区域。

3. 功能定位

滨江金融外包园重点发展金融软件和信息技术服务外包。其中，高新软件园重点发展金融行业应用软件、嵌入式软件的外包；东忠科技园区块重点发展对日软件外包；天堂软件园重点发展面向欧美软件外包。功能定位为有全国影响的金融信息技术外包交付中心和创新中心。

4. 与其他功能区的关系

金融服务外包功能区与其他功能区主要是互补与合作的关系，由于金融服务外包主要依靠金融科技型企业，需要较为强大的技术力量支持，因此宜建立在高新技术企业集聚区。如滨江金融外包园所在地的高新开发区(滨江)就集聚了杭州市60%以上、浙江省25%左右的高新技术企业。

(八)金融中介服务功能区

中介服务业是指介于各类市场主体之间,提供居中专门服务,发挥鉴证、经纪、咨询、代理、监督、公证等功能的行业总称。作为金融市场的润滑剂,金融中介服务机构有利于提高金融市场效率和活力。

1.发展目标

进一步推动金融中介服务机构向钱江新城、黄龙中介服务业集聚区和申花金融中介服务集聚区集中,到2020年,将三地建设成为杭州乃至浙江金融中介服务中心。

2.空间布局

“一城两区”。“一城”是指钱江新城,“两区”是指位于黄龙商圈的黄龙中介服务业集聚区和位于拱墅区的金融中介服务集聚区。黄龙商圈,位于西湖区,以黄龙体育中心为轴心,东至杭大路、西至玉古路、南至曙光路(求是路)、北至天目山路。申花金融中介服务集聚区以杭州银泰城为核心,东至莫干山路,西至丰潭路、南至余杭塘河、北至申花路。

3.功能定位

钱江新城和黄龙中介服务业集聚区以会计、法律、评估、投资咨询、各类金融中介代理等为重点,以中高档商务楼宇为主要载体,进一步培育和引进金融中介服务机构,巩固和拓展金融中介服务业,功能定位为杭州市高端金融中介服务中心。申花金融中介服务集聚区重点发展金融中介服务,大力引进培育与金融核心业务密切相关的信用评级、资产评估、产权交易、投资咨询、会计审计、法律服务等各类专业金融中介服务机构。

4.与其他功能区的关系

金融中介服务功能区与其他金融功能区主要是互补和合作的关系。目前,杭州中介服务机构主要集中在钱江新城和黄龙商圈,而拱墅区也具有发展金融中介服务集聚区的良好条件。

六、杭州金融功能区优化布局的保障机制

（一）纳入杭州市“十三五”金融业发展规划

以上研究有助于明确杭州“十三五”金融业发展重点和布局，因此有必要考虑将相关研究成果纳入杭州“十三五”金融业发展规划中，并通过市区（县）合力推动实施。对金融功能区进行布局优化，既需要明确各功能区发展方向和定位，还应制订一套与之相配套且具有可操作性的产业发展规划，注重金融功能区之间的协同发展，突出功能区的特色和核心产业，防止出现重复建设和恶性争夺资源的现象。金融功能区的布局优化既要发挥政府规划的指引作用，同时要为各区金融业发展创造一个公平竞争的环境，发挥市场在资源配置中的决定性作用。

（二）加大工作保障和推进力度

一是加强组织保障。建议建立由市政府主要领导为组长，市金融办、市发改委、市财政局等相关部门负责人、各区县政府、各园区管委会负责人等组成的金融功能区建设领导小组，办公室设在市金融办，负责规划编制、政策制定、招商引资、重点项目建设等重大问题的综合协调。各区县（市）也要明确对应的部门，加强与市金融办等部门的联系协调，上下联动，形成合力。二是建立工作机制。在金融功能区建设领导小组的领导下，建立市金融办、市财政局、市发改委、市商委以及在杭金融机构的工作联席会议制度，认真落实金融功能区建设各项工作。适时可邀请“一行三会”在杭分支机构相关人员参加工作会议，加大对金融功能区建设的支持力度。三是加大考核评价激励力度。区县（市）层面要根据市里的金融功能区布局，制订与之相配套的规划进行衔接，建立工作机制，出台扶持政策，加大推进力度。市级层面要将金融功能区建设作为区县（市）金融工作考核的重要内容，具体由市金融办对各区县（市）的金融工作进行考核评价。

（三）加大金融专项招商力度

一是建立由杭州市金融办牵头，市经信委、市经合办、市商委等参与的杭州金融产业招商协调机制，组织召开金融招商引资例会，专职处理境内外重大金融招商引资项目，提供立项审批、兑现政策等“一站式”服务，加强各部门间的统筹协调。二是充分发挥各区（县）在招商引资、组织实施中的主体作用，开展上门招商、以商引商、服务招商、推介招商等多种形式的招商活动，择时赴北京、上海等金融发展先进地区开展系列招商推介活动。根据不同金融功能区的定位，分别重点引进符合自身功能定位的金融机构或企业。

（四）加大政策扶持力度

一是发挥市级财政的统筹、杠杆和引导作用，对重点支持的金融产业进行财税政策扶持。探索设立专项扶持资金，如互联网金融发展专项资金等，用于扶持重点金融行业内的企业培育、人才培养和会展活动等。二是支持各区县（市）、经济开发区、工业园区落实专人管理制度，制定扶持政策，如采取落户补助、房租减免等方面的优惠措施，吸引重点培育的金融机构在本功能区集聚。三是加大对浙江大学、浙江财经大学等知名院校金融学科建设的支持力度，鼓励本地金融机构、高校、研发机构联合打造“产、学、研”互动平台和创新实践基地，形成多层次金融人才培养体系。同时，加大人才引进的政策支持力度，落实和完善金融人才政策，积极为各类金融人才在户籍、住房、就医、子女就学等方面提供便利或优惠。

杭州互联网金融发展目标及路径研究

杭州市金融办　中国人民银行杭州中心支行[①]

近年来，随着互联网技术的快速发展，特别是云计算、社交网络、大数据和搜索引擎等信息技术的广泛深入运用，使得基于互联网平台或应用的新兴业态迅速兴起，其中互联网金融崛起尤为迅速，并以其独特的魅力显示出巨大的市场空间和发展潜力。杭州凭借"区域金融服务中心"和"互联网产业发达"的两大优势，其互联网金融发展水平已经处于我国"第一方阵"之列。为了进一步推动杭州互联网金融健康快速发展，使杭州互联网金融发展始终保持全国前列，成为打造区域金融中心建设的重要切入点，激发带动金融创新发展的潜力，促进实体经济活力和加速产业结构升级，客观分析杭州互联网金融的发展优势和不足、准确厘清目标定位和发展路径具有十分重要的理论和实践意义。

一、互联网金融概述

（一）互联网金融定义和特征

当前，互联网金融尚无明确的、获得广泛认同的权威定义。一般认为，互联网金融是借助于互联网技术和移动通信技术实现资金融通、支付和信息中介功能的新兴金融模式。中国人民银行发布的《中国金融稳定报告2014》对互联网金融下了描述式的定义，认为互联网金融是指互联网企业开展的金融业务以及金融机构基于互联网平台开展的创新型业务，但不包括金融机构通过互联网从事的传统金融业务，主要业态包括互联网支付、P2P网络借贷、网络

---

① 课题主持人：杭州市金融办主任赵敏、中国人民银行杭州中心支行行长张健华；参与人员：杭州市金融办胡晓翔、倪骅、朱志刚、朱莉丝，中国人民银行杭州中心支行王去非、陈一稀、邓舒仁、项燕彪。

小额贷款、众筹股权融资、金融机构创新型互联网平台、基于互联网的基金销售等。

从互联网金融的发展轨迹看，存在以下特征：在发展动力上，互联网技术革新、产业形态演进、生活方式变更、传统金融创新滞后及覆盖不足是互联网金融产生、发展的最重要因素；在业态演变上，互联网企业跨界渗透和传统金融业基于互联网的业务创新是互联网金融发展的两条主线；在市场表现上，出现了人才聚集、科技聚集、资金聚集、风险聚集的“四聚集”现象；在服务模式上，互联网金融以“开放、平等、协作、分享”的互联网精神渗透到传统金融业中，实现了金融服务模式的转变，使得金融活动路径多样化，促进金融市场更加活跃，提升了资源配置效率。

（二）互联网金融的模式分类

本课题根据互联网金融的一般定义，结合互联网金融业态发展情况，将互联网金融模式归纳为以下五类：互联网支付、互联网平台投融资、电商网络信贷、金融机构创新型互联网平台和互联网金融信息类门户。

1. 互联网支付

从广义上讲，互联网支付服务包括金融机构和第三方支付机构开展的网上支付、手机支付等电子支付服务。狭义上仅指第三方支付机构提供的互联网支付服务。截至2014年7月15日，中国人民银行已颁发269张《支付业务许可证》，其中提供互联网支付业务的支付机构有100多家，大多数集中在上海、北京、广东、江苏、浙江等地区。根据《2013年支付体系运行总体情况》数据显示，2013年，我国支付机构共处理互联网支付业务153.38亿笔，金额9.22万亿元，同比分别增长56.06%、48.57%。

2. 互联网平台投融资

互联网投融资平台是指以网络平台作为信息中介，为投融资双方提供信息及资金对接的互联网金融模式，目前主要包括P2P网络借贷及众筹两个子类。P2P网络借贷(Peer to Peer或Person to Person)，又称人人贷，是指个体和个体之间通过互联网平台实现的直接借贷。众筹(crowdfunding)，又称大众筹资，是指利用网络平台让小企业、艺术家或个人对公众展示他们的创意，争取大家的关注和支持，进而获得所需的小额资金援助。截至 2013 年年末，全国范围内的 P2P 网络借贷平台已超过 800 家，成交额超过 1000 亿元，众筹融资平台达到几十家。

3. 电商网络信贷

电商网络信贷是指互联网企业（或与金融机构合作）基于电子商务平台的海量交易信息，以及数据挖掘、模型分析等技术手段，对客户进行信用评估，据此开展网络贷款业务的信贷模式。目前，电商网络信贷的运营模式主要包括网络小贷和供应链融资。中国电子商务研究中心（100EC.CN）监测数据显示，截至 2013 年年末，全国主要电商平台中，阿里小贷累计放贷 1722 亿元，京东供应链融资累计放贷超 80 亿元。

4. 金融机构创新型互联网平台

金融机构创新型互联网平台可以分为以下两类：一是传统金融机构为客户搭建的电子商务和金融服务综合平台。客户可以在平台上进行销售、转账、融资等活动，平台不赚取商品、服务的销售差价，而是通过提供支付结算、企业和个人融资、担保、信用卡分期等金融服务来获取利润。此类平台如中国建设银行的“善融商务”、交通银行的“交博汇”、招商银行的“非常 e 购”以及华夏银行的“电商快线”等。二是不设立实体分支机构，完全通过互联网开展业务的专业网络金融机构，如众安在线财产保险公司等。

5. 互联网金融信息类门户

互联网金融信息类门户是指利用互联网进行金融产品销售以及为金融产品销售提供第三方服务的平台。目前，我国的互联网金融信息类门户在信贷、理财、保险、P2P 等细分领域均有分布，如融 360、91 金融超市、好贷网、银率网、格上理财、大童网、网贷之家等。

(三)互联网金融爆发式发展的原因

互联网技术的进步及其广泛应用为互联网金融的发展奠定了坚实的技术基础，同时巨大的金融需求又推动互联网金融的快速发展。

1. 互联网拥有海量的活跃用户群

经过二十多年的发展，我国互联网用户数量快速增加。中国互联网络信息中心(CNNIC)发布的《第 33 次中国互联网络发展状况统计报告》显示，截至 2013 年年末，我国网民规模达到 6.18 亿人，互联网普及率为 45.8%，其中手机网民规模达到 5 亿人。随着互联网的发展，“70 后”、“80 后”的网民主体已经成为社会财富的主要创造者，网民群体的财富积累量和财富增长需求不断提高，带来了海量规模的潜在金融需求。

2. 用户行为习惯的转变推动金融服务方式的“互联网化”

互联网对用户行为习惯转变的影响是深刻的。伴随电子邮箱、即时通信、搜索引擎、电子商务、网络影音、社交网络等互联网应用的出现和普及，传统的线下行为不断线上化，被注入了强烈的互联网基因，进而导致金融服务更加强调用户体验，更加注重效率与便捷性，由此推动了金融服务方式的“互联网化”。

3. 新兴商业模式带来新的金融服务需求

信息技术，特别是互联网相关技术与商业的紧密结合，推动了互联网应用和商务活动的发展，诞生了众多新兴商业模式，同时也带来了大量基于互联网的新型金融服务需求。例如，以淘宝、天猫商城、京东商城等为代表的电子商务的快速发展，带来大量互联网支付、贸易融资需求，推动了电商金融的发展。

4. 互联网金融的普惠特性激活了个性化、碎片化金融需求

在互联网开放、平等、去中心化的环境下，参与主体在传统金融体系中未得到有效满足的个性化、碎片化需求得到充分释放，如小微企业、个人的小额融资需求，以及小额理财需求等。以普惠性为特点的金融需求的爆发已成为互联网金融快速发展的重要推动力量。

(四)互联网金融发展趋势

从当前互联网以及互联网金融发展的轨迹来看，互联网金融已呈现“四化”发展的趋势。

1. 互联网金融的“移动化”

互联网金融移动化具有广阔的发展空间，指尖上的金融日益融入人们的生活。金融领域引入移动信息技术后产生的移动支付，允许用户使用移动终端对所消费的商品或服务进行支付，使银行服务逐渐从前台退向幕后。手机

在第三方支付平台进行无线支付已在很多领域实现，具有使用方便、及时等优点。随着网民使用手机上网比例的上升和移动设备硬件功能的增强，移动金融的应用形式将更加丰富，支撑的应用场景会越来越多。

2. 互联网金融的“数据化”

互联网金融大多采取平台商业模式，包括只连接两种特定群体的简单模式（如纯 P2P 平台），也包括如电商金融化平台之类的连接多种群体的综合性模式。不管何种平台模式，其发展关键在于其大数据的收集、利用和挖掘能力。具备大数据技术优势的平台能够吸引更多用户参与，从而获得更多的数据来源，进而进一步强化平台自身的大数据优势。由此推论互联网领域存在“强者恒强、弱者愈弱”的马太效应。

3. 金融服务和产品的“创新化”

海量在线数据和数据处理技术的结合，给网络金融服务创新带来全新的发展思路和广阔的发展空间。大数据时代，互联网金融更将凸显竞争性服务行业的特征，以客户需求为中心不断提高服务质量和更新服务方式将是其未来的经营主旨。在渐趋成熟的信息网络技术支持下，更加全面的网络金融服务和更加丰富的金融产品创新将成为行业竞争常态。

4. 传统金融与互联网金融“融合化”

一方面，传统金融机构将不断加强信息化建设，借助互联网平台形成新的营销渠道、业务整合平台、产品服务平台、风险控制平台，拓宽客户规模、精准客户匹配、提升资源适配、加强风险管控、降低运行成本；另一方面，互联网企业将加快与金融机构合作进入金融领域，利用金融机构的产品、资金、品牌和信誉等资源，提升跨领域经营能力。

二、杭州互联网金融发展现状及存在的问题

（一）杭州互联网金融发展现状及特点

杭州互联网金融发展的大致现状如下：互联网支付“一枝独秀”、网络融资平台“面广规小”、电商网络信贷“业内领先”、金融机构创新型互联网平台“创

新活跃”、互联网金融信息类门户“略有亮点”。

1. 互联网支付

截至目前，杭州市共有开展互联网支付业务的第三方支付机构8家，其中4家同时具备开展移动支付业务资格（见表1）。

从纵向比较来看，杭州市互联网支付发展速度很快，2013年，杭州市互联网支付规模达到26663.8亿元，同比增长71.0%，移动支付规模达到9244.7亿元，同比增长1238.4%。

表1　杭州市拥有互联网支付、移动支付的第三方支付机构信息

序号	机构名称	成立时间	移动支付业务
1	支付宝（中国）网络技术有限公司	2004.12	有
2	连连银通电子支付有限公司	2003.8	有
3	商盟商务服务有限公司	2007.6	无
4	网易宝有限公司	2010.7	有
5	浙江贝付科技有限公司	2011.6	无
6	浙江航天电子信息产业有限公司	2002.4	无
7	杭州市民卡有限公司	2004.7	有
8	浙江快捷通网络技术有限公司	2012.7	无

从横向比较来看，杭州市互联网支付在全国处于领先地位，市场占有率第一，其中阿里巴巴的支付宝市场占有率达48.7%，在同行业中独占鳌头；在移动支付方面，杭州市也领先于其他兄弟城市，其中阿里巴巴的支付宝钱包在第三方移动支付市场以69.6%的市场份额位居第一位。但与互联网支付总量处于第二位的上海相比，杭州市处于支付宝一家独大的尴尬境地，在市场份额排名前七位的互联网支付机构中，杭州只有支付宝1家，而上海则有4家（见表2）。

表 2　2013 年中国互联网支付分地区市场规模及占有率

地区	市场占有率(%)	主要企业	市场占有率(%)
杭州	48.7	支付宝	48.7
上海	26.6	银联在线	11.2
		快钱	6.7
		汇付天下	5.8
		环讯支付	2.9
深圳	19.4	财付通	19.4
北京	3.4	易宝支付	3.4

资料来源:艾瑞(iResearch)咨询

专栏:支付宝

支付宝(中国)网络技术有限公司,成立于 2004 年 12 月,主要从事经中国人民银行批准开办的支付业务,包括互联网支付、移动电话支付、预付卡发行与受理。主要业务应用场景包括电子商务交易支付、小额转账、生活缴费、手机支付服务及理财支付、跨境支付等。

截至 2013 年年末,支付宝已经与超过 200 家金融机构建立合作关系,为近 3 亿的实名用户提供安全、便捷的支付服务。2013 年支付宝处理的基于互联网的交易笔数达 124 亿笔,接近于线下全国银行卡刷卡消费总笔数 127 亿笔。

支付宝促进了网络零售业务的蓬勃发展,刺激了内需消费,可以为广大居民提供信用卡还款、水电煤缴费、手机充值、医院挂号、物业缴费等民生支付服务,方便了居民的生活。支付宝还通过跨境支付帮助了国内的进出口企业和跨境消费者。支付宝形成了基于互联网技术的新型支付网络,帮助行业和合作伙伴提升金融能力。此外,由于监管机构对于互联网金融创新的支持和鼓励,以及第三方支付机构加强风险控制,使得中国在移动支付方面走在国际前沿。2013 年,超过 1 亿的用户将主要支付场景转向支付宝钱包,并通过支付宝手机支付完成了超过 27.8 亿笔、金额超过 9000 亿元的支付,使支付宝成为全球最大的移动支付公司。

2. 互联网平台投融资

在P2P网络融资方面，由于该行业还处于无门槛、无标准、无监管的“三无”状态，所以难以统计杭州市P2P投融资平台的准确数量。根据浙江省通信管理局的数据显示，全省有ICP牌照的P2P网贷平台共有94家，其中杭州37家，虽然杭州在机构数量上不少，但是与全国其他城市如北京、深圳等地相比，规模和影响力较大的平台数量相对较少。目前，杭州最大的P2P网贷平台是微贷网，2014年上半年，共促成交易21803笔，成交金额15.75亿元，远落后于浙江省最大P2P平台温州贷的73116笔和52.97亿元。

在众筹投融资领域整体尚处于起步摸索阶段。2014年5月24日，由浙江股权交易中心发起设立的“浙里投”股权众筹平台正式上线，借助互联网众筹模式，推广各类中小微企业小额融资项目，已有11家企业在该平台进行众筹筹资，2家已完成融资，募集资金1786万元。除此之外，杭州还有一些众筹融资的案例。如：2013年5月，由110多个股东，通过QQ、微博等网络渠道集结、合资成立的咖啡馆——“聚咖啡”正式开业。2014年2月，盈开投资合伙人蔡华通过QQ群发起了众筹邀约，短短4天筹集到了123万元，用于筹建一家茶楼。2014年3月以来，杭州下沙的一些电商企业家试图通过众筹模式筹建杭州企业家咖啡馆，目前股东数已达56位。另外，阿里巴巴集团推出的“娱乐宝”也具有众筹基因。

专栏：浙里投

浙里投（www.zhelitou.com.cn）网站，是浙江股权交易中心有限公司旗下的互联网金融平台。

网站主要秉承浙江股权交易中心的经营理念，定位于为浙江省内企业，是为中小微企业提供股权众筹、债券转让及多元化投融资方式的互联网金融服务。借助互联网的模式，推广各类中小微企业小额融资项目，吸引更多的本地投资者参与。

网站于2014年5月23日正式上线，中心目标是将“浙里投”网站打造成为浙江本土实体经济服务的知名互联网金融平台。目前主要产品包括“固定收益类”和“股权众筹类”融资项目两大类。

3. 电商网络信贷

在网络小贷方面，杭州具有领先优势，阿里小贷是国内网络小贷的典型代表，截至 2013 年年末，阿里小贷累计获贷客户数 64.2 万家，累计放款金额 1722 亿元。

在供应链融资方面，杭州也在积极推动，但是与北京（京东）、南京（苏宁易购）等兄弟城市相比，还有不小的差距。目前，中国工商银行浙江省分行营业部正与杭州市医药行业专业型 B2B 电子商务平台——“医药在线”深度合作，共享大数据资源，开发电子供应链金融业务“面面付”。

专栏：阿里小贷

早在 2007 年开始，阿里巴巴便与中国建设银行、中国工商银行、中国银行等商业银行合作，就网络贷款业务模式进行了探索。为了更好地解决电商小微企业的融资需求，阿里巴巴分别于 2010 年 4 月和 2011 年 6 月牵头成立了浙江阿里巴巴小额贷款股份有限公司和重庆市阿里巴巴小额贷款有限公司，注册资本分别为 6 亿元和 10 亿元。2013 年，小微金服又成立了重庆市阿里小微小额贷款有限公司，注册资本 2 亿元。

在风险管理方面，阿里小贷建立了多层次的风险预警和管理体系，其核心是基于贷前、贷中以及贷后三个环节，利用淘宝全网的大数据采集和海量实时及离线模型分析等手段，根据小微企业在阿里巴巴平台上积累的信用及行为数据，对企业的还款能力及还款意愿进行评估，同时结合贷后监控和催收，提前预警、甄别信用风险，并在风险实际发生后，有效地回收逾期贷款。

阿里小贷采用集中的信贷流水线操作模式，并借助互联网技术，降低了单笔信贷业务中的人工操作时间和成本。小微企业可以通过互联网完成贷款的在线申请、在线审批、在线签约、在线放款。据测算，传统信贷模式下单笔信贷操作成本约为 2000 元，而借助互联网技术的阿里微贷模式操作成本仅约 2.3 元。

截至 2013 年年末，阿里小贷累计投放贷款达 1585 亿元，服务小微企业超过 65 万家，户均贷款余额不超过 4 万元，不良率 1.12%。

4.金融机构创新型互联网平台

杭州传统金融机构在互联网金融方面的探索也一直走在全国前列。在"余额宝"掀起"宝"类产品风潮后,中国工商银行浙江省分行在工行系统率先推出银行版余额宝,随后杭州银行也与易方达基金联手,推出"幸福添利"类余额宝业务。同时杭州的传统金融机构也尝试进入电子商务金融服务领域。如浙商银行与企业经营综合服务商"生意宝"签署战略合作协议,基于生意宝B2B电子商务平台,开展线上支付、资金管理等金融服务模式,并在信用评级、结算业务、担保业务、融资业务、财富管理、电子商务银行服务应用等方面开展多层次、宽领域、全方位合作。此外,在传统商贸融资领域,金融机构也通过互联网金融创新提供了更好的服务,如杭州银行已经上线了微贷卡、微信银行、手机银行、EPOS金融工具,未来还将推出"金钱包"理财、智能账户等创新产品。

5.互联网金融信息类门户

目前,在互联网金融信息类门户领域,北京、上海等城市具有较强的先发优势,拥有一批权威的互联网金融信息类门户,如北京的融360、91金融超市、大童网等,上海的网贷之家、东方财富等。与上述城市相比,杭州在这一领域的发展整体相对落后,但也有一些企业走在前列,如数米基金网、同花顺金融服务网。数米基金网成立于2006年,是国内第一批面向个人投资者的基金垂直网站,现有注册用户超过340万,已成为国内最大的基金垂直网站。同花顺金融服务网是一个综合性的金融信息门户网站,致力于为中国资本市场提供全面的金融资讯服务,根据国际权威的全球网站流量统计网站Alexa的统计,同花顺金融服务网在国内财经类网站排名一直稳居前10位。

专栏:数米基金网

数米基金销售有限公司旗下的数米基金网(www.fund123.cn)始创于2006年,2007年正式由杭州数米基金销售有限公司推出,是国内第一批面向个人投资者的基金垂直网站。七年多来,数米基金网先后推出十几类理财功能性产品及资讯、数据、互动等专业服务,现有注册用户超过340万,是中国最大的基金垂直网站。

2012年4月公司获得中国证监会核准证券投资基金销售业务资格的批复(证监许可〔2012〕481号),2012年4月24日正式获得《基金销售业务资格证书》,成为国内最早一批独立基金销售机构。2012年7月13日,数米基金超市上线,数米基金网成为国内首批正式展业的第三方基金销售机构。

数米核心产品为基金投资者提供全方位服务:

盘前——每日净值:用户可第一时间获得最新净值、历史净值、申购赎回状态等数据,一键关注感兴趣的基金。

盘中——净值估算:采用科学方法,为投资者估算基金即时净值提供支持。

盘后——我的基金:"王牌"基金收益管理工具让基金收益盈亏一目了然。经数据统计显示,"我的基金"也使数米基金网的浏览量形成了晚间浏览高峰。

选基平台——多种条件基金筛选,对筛选出的基金可再行比较,让用户轻松选出好基金。

客户端产品——数米基金宝:2008年以来先后推出PC客户端和手机客户端(iPhone, Android)产品,PC版总下载量已接近200万次,位列行业第一;手机版位列各手机应用商店财经类应用前列。

基金诊断——通过系统的计算,为基金投资者提供精准的基金持仓诊断,给投资者提供有针对性的投资策略。

基金定投——包涵选择普通定投、智能定投、趋势定投三种定投模型。

互动产品——数米基金微博、数米博客、数米论坛。

(二)杭州互联网金融发展中存在的问题

杭州互联网金融发展既存在"整体发展无序、行业标准缺乏、信用体系不健全、潜在风险较大"等全国共性问题;相较于其他发达地区,又存在着"政策扶持不够、人才支撑不足、机构发展不均、辐射带动不强"等个性问题。

1. 共性问题

(1)处于"自由发展"状态。互联网的开放性一定程度上降低了金融业的准入门槛,使得大量互联网企业涉足金融领域,机构数量和业务规模发展较快,但却并未被有效纳入金融管理框架之内,除第三方支付之外,大部分互联网金融业态处于“无管理”状态。例如通常注册为信息服务公司的 P2P 网贷平台,以及注册为网络科技公司的股权众筹平台,虽然在地方工商部门进行登记注册,在通信管理部门进行网站备案,但是其从事的是类金融业务,工商部门和通信管理部门不具备管理金融业的专业能力和管理职责,而地方金融办也缺乏跟进管理的法律依据。目前已基本确定分别由银监会和证监会牵头对 P2P 网络贷款和众筹融资进行管理,但是尚未出台正式文件及具体的管理细则。此外,部分互联网金融产品通过价值链的延伸模糊了传统业务边界,出现了“混业跨界”的趋势,这使得对互联网金融的管理更加困难,需要相关部门的协作配合。

(2)行业标准缺乏。互联网金融属于新兴行业,大部分业态尚缺乏权威、统一的行业自律组织及行业标准。目前,除第三方支付机构已经拥有权威的自律性组织——中国支付清算协会,并制定了相应的行业规范之外,其他诸如 P2P、众筹等业态还缺乏权威的协会组织与行业标准。虽然部分地区已经成立了互联网金融自律组织,例如中关村互联网金融行业协会、广东互联网金融协会等,但是此类组织由于缺乏金融管理部门的指导,专业性和权威性不足。此外,该类组织均成立不久,尚未真正发挥行业自律及行业规范的作用。值得注意的是,中国互联网金融协会已正式获得国务院批复,目前正由央行条法司牵头筹建,互联网金融行业自律组织和标准缺乏的问题有望在未来得以解决。

(3)社会信用体系不健全。一是由于互联网金融企业鱼龙混杂,考虑到保护个人和企业信用信息安全的需要,P2P、众筹融资平台等互联网金融企业尚不具备条件接入中国人民银行征信系统。二是互联网金融企业服务对象的“长尾”特性,意味着其更多要依靠“水电煤气”缴费情况等软信息进行客户风险的识别,但是由于此类信用信息分布在不同政府部门、企业中,形成了大量信息孤岛,未能建立支持统一查询、信息共享的社会信用信息体系,使得互联网金融企业不得不在自建内部征信体系的同时,大量采用传统的线下审查方式来做征信调查和信用评估。三是互联网征信尚处于探索起步阶段,效果尚未显现。如中国人民银行征信中心旗下的上海征信推出了全国首个基于互联网的专业化信息系统,用于收集 P2P 网贷业务中产生的贷款和偿还等信用交易信息，并将这些信息向P2P机构提供查询服务，但是该系统的覆盖面和影响力还比较有限。一些互联网金融企业相继推出了网络金融信息系统（NFCS）、小额信贷行业信用信息共享服务平台（MSP）等行业内的征信系统，但是涵盖面也极为有限，同时数据内容、格式的不统一影响其推广应用。

（4）潜在金融风险较大。互联网企业的经营理念和传统金融机构有本质差异。前者更加注重用户交互性、娱乐性、跨界性，后者倾向于严谨和稳健。互联网的产品创新以用户极致体验为指引，传统金融机构的产品设计以安全稳健为取向。互联网企业对“混业跨界”的创新更多抱有“法无禁止即可为”的开放态度，传统金融机构则对此类创新持“法无允许不可为”的谨慎态度。部分互联网企业发起的互联网金融业务虽然能够很好地运用互联网迅速成长，但其长远发展还是要看经营者对金融风险的专业把控能力，单纯地利用互联网进行营运、缺乏良好金融专业技能的机构后期风险可能会逐步暴露。

2. 个性问题

（1）政策扶持体系尚待完善。越来越多的地方政府开始关注互联网金融发展，并着手谋划产业布局和扶持措施。如北京海淀区、深圳前海新区均已表示要全力打造全国互联网金融中心，北京海淀区政府出台了《关于促进互联网金融创新发展的意见》，深圳市人民政府出台了《关于支持互联网金融创新发展的指导意见》，这些《意见》均提出了一系列的鼓励互联网金融发展的配套支持政策。此外，上海市政府常务会议也于近期原则上通过了《关于促进本市互联网金融产业健康发展的若干意见（送审稿）》。相对于北京和深圳等地，杭州于2014年11月14日出台了《杭州市人民政府关于推进互联网金融创新发展的指导意见》，相较于自身快速发展的互联网金融业，杭州的政策扶持体系配套稍显落后。

（2）人才支撑相对不足。相较于北京、上海、深圳等地，杭州在发展互联网金融方面的人才支撑相对不足。在金融从业人员上，杭州只有19万人，明显低于北京（32万人）、上海（47万人）和深圳（26万人）。在IT工程师上，杭州只有13万人，也明显低于北京（42万人）、上海（51万人）和深圳（30万人）。在收入上，杭州金融从业人员和IT工程师的平均收入也低于北京、上海和深圳。同时，在杭各大高校在持续开展互联网金融学术理论研究方面，也与北京、上海高校存在不少差距。此外,杭州在针对高层次人才的住房、税收等优惠政策方面明显弱于其他发达地区,对互联网金融高层次人才的吸引力相对不足。

(3)机构业态发展不均衡。杭州在互联网金融发展上存在不均衡现象,主要表现在第三方支付和电商网络融资业务发展规模较大,众筹融资模式发展滞后,P2P 融资平台规模和影响力小。从单个业态第三方支付来看,杭州拥有 1 个万亿级的支付机构——支付宝,但是除此之外,没有千亿级的支付机构,而北京、上海千亿级以上的机构分别为 3 个和 9 个。从数量上来看,杭州拥有支付牌照的企业只有 12 个,低于北京(53 个)、上海(53 个)和深圳(15 个)。从电商网络小贷来看,阿里小贷依托阿里集团独一无二的电商平台优势,在该领域占据主导和先发优势,但是阿里巴巴发起设立的 3 家小额贷款公司(分别是浙江阿里巴巴小额贷款股份有限公司、重庆市阿里小微小额贷款有限公司和重庆市阿里巴巴小额贷款有限公司),只有 1 家落户在杭州。从众筹融资来看,杭州还没有一家具有较大影响力的互联网众筹融资平台。从 P2P 融资平台来看,目前有 ICP 牌照的 37 家 P2P 网贷平台规模都比较小。截至 2013 年年末,入围中国支付清算协会旗下的互联网金融专家委员会的 10 家 P2P 平台中,北京 4 家,上海 3 家,而杭州一家也没有。

(4)"辐射带动效应"未得到体现。杭州虽然拥有互联网金融的"排头兵",但是尚未在当地有效地形成互联网金融产业链及产业集群,主要体现在:一是互联网企业与本地传统金融机构的合作不够,以阿里巴巴的互联网理财产品为例,"余额宝"合作方是天津的天弘基金,"定期宝"的合作方是北京的昆仑保险和广东的珠江人寿,"娱乐宝"的首批合作方是上海的国华人寿,在这些合作中,基本找不到杭州本地金融机构的身影。二是"阿里"、"数米基金网"等在互联网金融领域享有极高的知名度,但作为互联网金融领域的龙头企业所在地杭州,影响力在业界相对缺乏,如尚未举办一次具有全国影响力的论坛或研讨会,在市场环境、政策环境以及舆论环境方面,尚未形成支持互联网金融发展的良好氛围。

三、杭州发展互联网金融的历史机遇与优势

在金融改革发展不断推进,国家高度重视发展互联网金融、普惠金融和小

微金融的历史机遇和大背景下，加之杭州具有“网络产业发达、区域规划超前、总部创新活跃、创业资本密集”四大优势，杭州互联网金融发展恰逢其时，潜力巨大。

（一）高层鼓励支持

2013 年年底，党的十八届三中全会审议通过的《中共中央关于全面深化改革若干重大问题的决定》首次将“发展普惠金融”放入党的纲领性文件中，成为全面深化金融改革的重要组成部分，而互联网金融基于其服务“长尾”的特性，正是推动普惠金融发展的有效途径。2014 年 3 月，李克强总理在第十二届全国人民代表大会第三次会议做政府工作报告时提出“促进互联网金融健康发展”，“让金融成为一池活水，更好地浇灌小微企业、‘三农’等实体经济之树”。国务院常务会议明确定调“放宽业务准入，促进互联网金融健康发展”。这些意味着互联网金融产业已得到了国家层面的重视，中央支持发展普惠金融和小微金融为互联网金融发展提供了重要的历史机遇。

（二）具有产业基础优势

浙江小微企业众多、民间财富充裕，这都为省会城市杭州的互联网金融发展奠定了扎实的基础。其中最为关键的是杭州具有互联网金融发展的产业基础优势。一方面杭州在互联网、通信技术、电子商务等与互联网金融相关的技术领域具备领先优势。杭州是国家重要的互联网产业基地，聚集了全国 1/3 的互联网公司，拥有浙大网新、信雅达、同花顺等 17 家互联网上市企业，在数量上居于全国前列。杭州也是我国电子商务中心，创造了中国电子商务成交额的近 2/3，拥有全球领先的网络电商阿里巴巴。此外，一大批如捷蓝信息、财米科技等的中小科技企业也在积极探索互联网金融领域。另一方面杭州金融业发达，在 2013 年《中国金融中心指数报告》中，杭州市金融业在国内 31 个城市中综合排名第五。

（三）具有区域规划优势

一是根据国务院《关于长江三角洲地区区域规划》的定位要求，杭州作为长三角重要的中心城市，努力打造以中小企业金融服务和民间财富管理为重点的长三角南翼区域性金融服务中心，具有接轨上海国际金融中心的区域优势。其中，省市共建的《杭州财富管理中心2014—2018年实施纲要》已正式出台并付诸行动。二是杭州市出台的《关于杭州接轨中国(上海)自由贸易试验区发展的意见》提出，要加快发展跨境贸易电子商务，打造国际电子商务中心，同时杭州市政府正在积极申报中国(杭州)网上自由贸易试验区，这将为杭州互联网金融发展提供良好的机遇和更广阔的空间。三是杭州正在积极规划互联网金融产业布局。目前，已初步确立西溪谷、未来科技城和钱江新城等多个互联网金融产业集聚带，并正在加紧前期的规划工作，希冀打造成为面向互联网金融企业服务的孵化器、加速器，为推动互联网金融行业发展提供平台与机会，促进相关行业主体聚集，吸引新型金融电商和互联网金融企业聚集的园区。四是杭州在修订的《关于支持金融服务机构加快集聚的实施意见》招商政策中，明确将"经认定为较重要的互联网金融服务机构"列为享受政策的三类扶持对象，其他扶持鼓励政策也正在加紧酝酿，即将推出。

(四)具有总部创新和资本优势

一是总部位于杭州的阿里巴巴在互联网金融领域具备创新能力和先发优势。阿里巴巴小额贷款公司开创了电商网络小贷新模式；阿里推出的"余额宝"、"招财宝"、"娱乐宝"等产品激活了大众参与货币市场基金、保险理财产品的热情；此外，阿里巴巴旗下蚂蚁金服的网商银行，也是国内首家不依托物理网点的纯网络银行。可以说阿里巴巴已经成为互联网金融创新与发展的一面旗帜。二是网易、数米等互联网高科技企业创新活跃。网易正在建设开放式的第三方金融信息与交易服务平台，致力于成为具有品牌、技术、用户和商业模式优势的互联网金融行业领导者。数米是国内第一家专注于基金行业的垂直门户网站，最新艾瑞研究数据表明，数米基金网日均覆盖人数230万，日均流量上千万，在基金个人用户服务领域处于国内同类型网站领先地位。此外，恒生、信雅达等金融服务外包创新也非常活跃。三是杭州私募基金云集，是国内创业投资、股权投资最发达、最活跃的地区之一，已经形成了一定的集群效应。截至2013年年末，杭州市PE/VC机构已达422家，基金数量和管理资本规模位居全国前列。当前,互联网金融已经成为杭州金融改革创新发展的重要方向,加快建设区域金融中心的重要突破口。在“浙商回归工程”的政策指引下,有望吸引更多的浙商资本投资互联网金融行业,带动互联网金融加快发展。

四、国内外发展互联网金融的经验借鉴

(一)国内兄弟城市发展互联网金融的举措

目前,北京、天津、上海、深圳等城市已陆续出台支持互联网金融产业发展的相关政策及措施,主要集中在“配套建设、融资支持、财税优惠、人才吸引和营造氛围”五个方面。

1. 加强互联网金融的基础配套设施建设

北京市海淀区的做法是:一是加强信息安全、大数据存储和带宽基础设施建设。二是通过发展面向互联网金融企业的孵化器、加速器、大学科技园、大学生创业实践基地,设立互联网金融功能区、产业园区和基地以及互联网金融研发中心。三是建立健全区域信用体系,探索建立面向资产证券化、股权投资基金份额转让等金融交易的征信评估系统;建立政府部门信用信息交换机制,完善对企业基础信用、企业政务信用、企业经营信用等信息的归集、征集和共享机制。上海市的做法是:一是支持有条件的区县、园区结合自身产业定位,建设有特色的互联网金融产业基地(园区);支持设立、发展提供数据存储及备份、云计算共享、大数据挖掘、信息系统及数据中心外包、信息安全维护等基础服务的机构,支持建立互联网金融数据共享交换平台。二是支持支持信用服务机构面向互联网金融领域加强信用产品研发和服务创新,建设互联网金融信用信息服务平台。支持上海市公共信用信息服务平台与互联网金融企业加强合作,促进公共信用信息、金融信用信息、社会信用信息互动共用。上海市黄浦区成立专业的互联网金融园区管理公司,整合区内楼宇(园区)资源支持互联网金融企业发展;建立与主要通信运营商的保障机制,满足企业运营带宽需求,同时加大 IDC 机房建设力度,推进信息基础设施集约利用,加速无线热点全覆盖布局。此外,设立中国互联网金融研究中心和中国民营金融研究中

心，发挥上海新金融研究院金融智库的领先优势，加强金融创新理论研究。天津市根据天津开发区整体规划布局，以服务外包园、MSD为核心搭建互联网金融产业基地，引导互联网金融优势企业向产业基地聚集；与国家超算滨海中心合作，建设金融信息服务平台和服务全市金融机构、金融审批和监管部门的“金融云”。深圳市的做法是：一是在加强信息安全、大数据储存和宽带基础设施建设的同时，推动会计、审计、法律、咨询等中介服务机构专业化、高端化发展，为互联网金融企业提供优质的专业服务。二是完善互联网金融信用体系建设。积极推动符合条件的互联网金融企业接入中国人民银行征信系统。探索组建互联网金融信息服务平台，推动信息的交流对接和资源共享。支持具备资质的信用中介组织开展互联网金融企业信用评级，增强市场信息透明度。

2.强化对互联网金融发展的融资支持

上海市在发挥大学生科技创业基金、创业投资引导基金等政策性基金助推作用的同时，探索设立主要投向互联网金融领域早期创业企业的创业投资基金和天使投资基金；支持社会资本发起设立互联网金融产业投资基金、并购基金，鼓励各类机构投资有发展潜力的互联网金融企业；支持互联网金融企业在境内外多层次资本市场上市（挂牌）。上海市黄浦区加大风险投资基金、股权投资基金等的引荐力度和频度，鼓励基金优先投向具有金融创新实力和潜力的互联网金融企业；同时，支持符合条件的互联网金融企业发行中小企业私募债或推进在交易所、股权托管交易中心等多层次资本市场挂牌，并给予相应补贴。深圳市大力拓展互联网金融企业的融资渠道。一方面，加大对互联网金融企业的上市辅导培育力度，鼓励更多符合条件的优质企业上市融资，支持互联网金融企业探索资产证券化业务，通过前海股权交易中心、金融资产交易所等要素平台发行新型金融产品；另一方面，鼓励创业投资引导基金与境内外股权投资机构、金融机构、产学研联盟合作，发起设立互联网金融创投基金，重点投向初创期、成长期的互联网金融企业。

3.加大对互联网金融的财政及税收政策支持

北京市海淀区对符合条件的互联网金融企业，给予购房补贴和三年租房价格补贴；依据对海淀互联网金融产业发展的带动作用、区域贡献情况等给予相关企业一定的资金奖励；同时，发起设立互联网金融产业投资引导基金，并对重点互联网金融企业发生的贷款，给予一定的贴息支持。上海市通过运用战略性新兴产业发展专项资金、服务业发展引导资金、高新技术成果转化专项资金等财政资金，重点支持互联网金融领域的新兴业态和创新模式；支持有条件的互联网金融企业进行软件企业、高新技术企业、技术先进型服务企业等方面认定，按照规定享受相关财税优惠政策。上海市黄浦区给予互联网金融企业在租赁、购置自用办公用房，以及企业办公场地装修方面一定的补贴；对互联网金融企业前两年利润所得形成的相关贡献给予全额扶持，对增加值、营业收入形成的相关贡献给予减半扶持。天津市在对互联网企业租赁、购买办公用房提供资金扶持的同时，设立额度为 1 亿元的互联网金融产业发展专项资金，并在营业税、企业所得税、房产税等方面给予优惠和扶持。

4. 建立互联网金融人才引进及培养机制

北京市海淀区对相关互联网金融机构的高管人员给予北京户口、工作居住证、子女入学、公租房等方面政策支持。上海市支持互联网金融企业的高级管理人员和高级技术人才享受人才引进政策，在居住证等入沪手续办理方面提供便利；支持做出突出贡献的互联网金融企业高级管理人才和技术人才申报有关高级人才项目；支持高等院校、专业机构加强互联网金融领域人才培训，探索开展从业人员资质认证。上海市黄浦区对符合条件的互联网金融人才在住房、子女就学、医疗保障等方面予以政策支持，同时，协助互联网金融企业引进的海外留学归国人员申请享受上海市相关扶持政策，推荐符合条件的企业高管和核心骨干参加“千人计划”、领军人才等方面的选拔。天津市向互联网金融领军人才提供开发区高级人才公寓，并享受包括人才落户、专项奖励、子女教育、职称评定、社会保障手续办理等扶持政策。深圳市对符合条件的互联网金融人才，提供关于人才引进、子女教育、医疗保障等方面的相关扶持政策，同时，支持金融业和互联网产业整合智力资源，开展跨界结合的学术研究、交流合作和培训活动。

5. 加大发展互联网金融的宣传推广力度

北京市海淀区打造互联网金融媒体圈，加强宣传推介，举办互联网金融全球峰会并通过金融博览会、京港洽谈会等活动，树立海淀互联网金融中心品牌形象。上海市积极打造具有国际、国内影响力的互联网金融论坛，鼓励和支持各类机构在上海举办与互联网金融相关的研讨会、高峰论坛、展览会和年会，例如陆续举办了互联网金融外滩论坛、上海互联网金融博览会、2014 年 P2P 网贷行业高峰论坛等；同时，对互联网金融领域的重要创新成果，支持其申报上海市金融创新奖。天津市通过开展多层面、多形式的产业交流活动，加强与国内外互联网金融领先企业间的交流合作，举办互联网金融产业高峰论坛。深圳市鼓励互联网金融企业与国内外知名金融媒体和财经信息平台战略合作，全面推进深圳互联网金融的品牌宣传，支持打造具有国际影响力的互联网金融论坛、互联网金融媒体圈等。引导互联网金融企业通过金融博览会、融资洽谈会等金融活动，与优质中小企业开展交流合作，增强深圳互联网金融的影响力。

（二）国外发展互联网金融的经验借鉴

由于发达国家的金融体系已经比较健全且市场化程度较高，因此其互联网金融并不像我国这样受到广泛关注。一般来说，政府主要着力点在优化信用体系建设等外部环境以及引导监管互联网金融健康发展上。

一是完善的信用体系是互联网金融行业发展的重要基础。如美国有较为完备而透明的个人信用认证体系，拥有较多的独立、权威的信用评级机构，商业化信用评级市场发达。而在我国，由于社会信用体系还不完备，商业性征信机构和市场发育不足，使得国内的 P2P 逐渐演变成为 P2P2P（peer to platform to peer，即个人对平台、平台对个人），P2P 这一直接融资模式变成了间接融资模式；众筹平台更多地成为商品预售平台。

二是有效监管是互联网金融行业发展的基本保障。总体而言，国外发达国家对于新型金融业态均重视加强监管，一般按照其功能和行为明确具体的监管机构和职责，并纳入现有监管体系。如：欧洲国家（除德国外）普遍依赖于既有的法律、法规对网络银行的经营行为进行约束；德国、法国将 P2P 纳入银行体系进行监管；法国将第三方支付纳入法国金融审慎监管局（ACPR）进行监管；美国由证监会对 P2P 和众筹融资平台实行注册制管理，强制信息披露。国外发达国家对待互联网金融业态的态度和监管尺度上并不一致，这也导致互联网金融业态发展上的差异，例如：以美国、英国为代表的由国家金融监管机关根据法定职责，按照功能监管原则各司其职开展监管，重点监测信息披露、业务风险提示、消费者权益保护等，而以德国、法国为代表的国家要求P2P平台申领银行牌照，使用银行业的监管规则严格监管。实践中，美国、英国等国的P2P市场发展明显好于德国、法国等国。又如：美国通过立法，明确众筹股权融资使用宽松的证券发行监管要求，重点规范合格投资人投资限额和信息披露制度。

五、杭州互联网金融发展的目标定位与实现路径

（一）杭州互联网金融发展目标

1. 基本原则

深入贯彻党的十八大和十八届三中全会精神，全面推进金融改革创新，围绕长三角南翼区域金融中心建设和“杭改十条”金融改革创新任务，推动互联网金融健康发展。

一是坚持市场化导向原则。坚持市场化和政策扶持相结合，以市场化为导向，以政府扶持为支撑，健全和完善正向激励机制，推进互联网金融产业可持续发展。

二是坚持因地制宜原则。根据杭州经济社会发展形势和特点，结合本地金融服务存在的不足，积极探索创新更高效、更便捷、更实惠、可持续的互联网金融产品和服务方式。

三是坚持服务实体经济原则。充分发挥互联网金融便捷、高效、普惠的特点与优势，强化其与传统金融的错位发展、良性互动，从整体上提升金融服务的能力和效率，更好地服务实体经济。

四是坚持重点扶持和全面发展相结合原则。坚持优先发展和均衡发展相结合，既要根据本地比较优势和产业基础，优先发展互联网支付、电商网络小贷等互联网金融业态。同时，也要均衡发展众筹、P2P等互联网金融业态。既要支持大型互联网金融机构发展壮大，也要积极培育中小型互联网金融企业。

五是坚持防范区域性风险原则。在推进互联网金融产业发展的同时，应

建立起互联网金融风险防控体系，加大对互联网金融的监督管理与风险监测，严守不发生区域性金融风险的底线。

2. 发展目标

围绕长三角南翼区域性金融服务中心建设和“杭改十条”金融改革创新任务，将互联网金融作为全市当前的重点工作，列入杭州市经济社会的重大发展战略中，创新组织机构、产品服务、体制机制，积极推动互联网金融产业全面发展。力争到 2020 年，培育和发展一批具有全国竞争力的互联网金融企业，开发和推广一批具有较高全国市场占有率的原创性互联网金融产品，构建和运作一批具有全国影响力和辐射力的互联网金融交易平台，培育和发展较为完备的互联网金融产业体系，将互联网金融打造成为杭州的新兴支柱产业集群，将杭州打造成为全国互联网金融创新中心。

3. 发展重点领域

基于互联网金融发展的大趋势和杭州的机遇、优势和挑战，重点发展网络银行、互联网支付、互联网征信、互联网理财、P2P 和众筹融资平台等互联网金融业态。一是在网络银行方面，继续支持阿里巴巴的网商银行的筹建和开业，网商银行的开业将意味着我国首家网络银行正式成立，在全国都具有示范意义，这也是杭州打造互联网金融之都的重点标志性项目。二是在互联网支付方面，支持第三方机构创新发展，大力开展互联网支付和移动支付业务。三是在互联网征信等服务方面，支持阿里巴巴等大型互联网企业利用互联网技术优势、数据优势和客户优势等开展互联网征信等业务。支持其与传统金融机构、其他互联网融资平台合作发展。四是在互联网理财方面，继续支持支付宝、网易等第三方支付机构与基金公司、保险公司等开展合作，大力开展互联网理财业务创新。五是在互联网基金、保险销售平台方面，继续支持数米基金网发展壮大，为金融产品创新服务提供样板。同时培育和发展多层次的基金、保险销售平台。六是在 P2P、众筹融资方面，支持其规范健康发展。由于这两种业态的具体监管政策还很不明朗，在促进其发展的同时，加强监控和引导，防止其触碰法律红线，走向异化。

（二）具体举措

结合杭州互联网金融发展现状以及国内外发展经验，杭州可以沿着“企业培育、产业集聚、环境营造、政策扶持、风险防范”的路径稳步推进互联网金融发展，具体举措如下：

1.制定出台鼓励杭州互联网金融发展的系列政策

将互联网金融纳入杭州市重大发展战略，加大政策支持力度。密切跟踪国家相关政策调整动态，借鉴北京、上海、深圳等兄弟城市互联网金融发展经验，结合杭州的实际情况，尽快制定出台“促进杭州互联网金融发展的指导意见”等专项政策文件，明确互联网金融企业的财政补贴和税收及互联网金融人才落户、住房和个人所得税方面的优惠扶持政策等。此外，调整完善现有政策，如修改在杭银行机构年度评价激励办法，将互联网金融创新纳入市级金融创新奖评选活动予以重点宣传，协调在杭金融管理部门加大对互联网金融产品与服务的政策支持等。

2.打造杭州互联网金融的产业园区

推动建立互联网金融企业孵化园，加快建设西溪谷和钱江新城两个“互联网金融产业集聚带”。一是加大招商力度，吸引互联网金融相关机构集聚，如吸引大数据处理、云计算、移动应用等技术机构在产业园区聚集发展；支持第三方支付、网络投融资、电商信贷、互联网金融门户等互联网金融机构以及具有互联网金融交易要素的机构向产业园区集聚，并带动相关银行、保险、信托、基金等企业集聚发展；吸引互联网金融中介服务机构，如法律、信用评级、担保、咨询等机构入驻园区，营造良好的互联网金融发展生态环境。二是推动产业园区制定支持互联网金融相关企业落户的具体措施，加强信息安全、大数据存储、交通、网络通信等基础设施建设，为园区内企业提供一系列的人才、政策和服务保障，通过政府引导快速带动互联网金融产业链形成。

3.设立互联网金融发展专项资金

一是探索设立由财政出资的“互联网金融发展专项基金”，专门用于支持产业园区建设、互联网金融信用信息平台建设、奖励产业人才引进等方面。二是探索由金融办会同市科委、财政局等部门设立“互联网金融产业投资引导基金”，专门用于扶持风投机构投资于互联网金融领域的初创期或成长期企业。三是探索设立专项扶持资金，专门用于奖励推出互联网金融创新产品的相关企业和人员，鼓励互联网金融企业和传统金融机构推出受业界和消费者肯定的重大创新产品、技术和服务。四是探索建立市区两级互补性风险补偿资金，专门用于支持通过互联网金融模式开展中小微企业和“三农”融资业务的机构，根据业务量规模给予其风险补贴和业务增量补贴，鼓励开拓“长尾”市场，拓展服务边界。

4. 探索建立区域性互联网征信系统

一是充分发挥中国人民银行征信系统的作用，参照小贷公司和融资性担保公司接入征信系统的方式，在保障信用信息安全的前提下，稳步推进符合条件的互联网金融公司接入征信系统。二是进一步整合和开发散落于各政府部门的信息数据，加快推进杭州市公共信用信息平台建设，探索实现阿里信用数据与杭州市非金融信用数据的共享，建立杭州个人/企业征信平台，并探索将平台数据作为互联网金融企业提供金融服务的征信依据。三是支持互联网征信产业发展，尤其是鼓励拥有“大数据”的电商平台、社交平台等互联网企业积极申请征信牌照，开展大数据挖掘、分析和利用，形成有价值的企业和个人信用信息，并进行商业化应用。四是利用国家社会信用体系建设机遇，加强信用建设区域联动，促进跨区域信用信息资源的协作开发和利用，实现信用信息共享等。

5. 拓宽企业进入互联网金融渠道

支持互联网企业依法参与发起设立或参股银行、证券、保险、基金、期货、消费金融公司等各类金融机构。支持互联网企业通过发起设立或并购重组等方式控股或参股小额贷款公司、融资担保公司、融资租赁公司等新型金融组织。支持更多有实力的高新技术公司和互联网企业依托互联网技术和线上线下资源优势，发起设立或者参与设立第三方支付、移动支付、众筹融资、P2P 网络融资等创新型互联网金融服务机构和平台公司。支持互联网企业和传统金融机构加强业务合作，以技术创新推动金融创新，提高现代信息技术和互联网技术在金融领域的应用。

6. 加强组织领导开展互联网金融招商

切实加强组织领导，建立协调联动机制，推动建立由杭州市金融办牵头，经信委、经合办、外经贸局、“一行三局”等部门参加的杭州互联网金融工作联席会议制度，组织召开互联网金融招商引资例会，专职处理境内外重大金融招商引资项目，提供立项审批、兑现政策等“一站式”服务，加强各部门间的统筹协调。择时赴北京、上海等互联网金融发展先进地区开展系列招商推介活动，依托两大互联网金融产业集聚带，使得杭州互联网金融机构数量有所增加、质量有所提高。吸引诸如百度等大型互联网企业在杭州设立基金服务机构、网络小贷机构等，形成产业集群效应。吸引更多的境外互联网金融企业、配套服务公司和创投机构等入驻杭州。

7.充分发挥龙头企业的辐射带动作用

利用杭州市与阿里巴巴集团签署合作协议的契机，在扶持阿里巴巴更好发展的同时，充分发挥其影响力、辐射力和带动作用。一是利用阿里巴巴的技术和数据优势，推动线下线上数据的共享，加速城市信息化，推动“智慧杭州”和智慧城市经济产业带建设。二是引导和支持阿里巴巴加强与杭州本地银行、证券、保险、基金等传统金融机构的合作，推动互联网金融业务向传统金融机构延伸，带动本地金融业的发展。三是引导和支持阿里巴巴在推动杭州电子商务服务业、云计算和大数据等产业发展中发挥更大的作用，带动上下游产业的发展，在杭州乃至浙江形成互联网金融相关产业的生态链。

8.建立健全监督管理机制和风险防范处置机制

落实国家关于互联网金融领域的监管制度和标准规范，由“一行三会”在杭分支机构、地方金融办按各自职责加强对地方互联网金融企业的规范管理，推动互联网金融企业开展客户资金第三方存管，规范各类备付金账户资金流转，促进互联网金融企业提升内控管理水平。推行互联网金融企业备案和信息披露制度。探索建立互联网金融行业风险监测、预警和应急处置机制，严厉打击互联网金融领域的违法犯罪活动，引导互联网金融企业严守政策红线，确保不发生区域性、系统性金融风险。引入第三方监测评估机制，提升互联网金融企业风险防控能力，提升信息安全防护能力，强化对企业金融数据和客户信息的安全保护。

9.探索具有杭州特色的行业自律体系建设

择机筹建杭州互联网金融行业协会，并邀请“一行三局”金融管理部门对行业协会进行指导，行业协会职能的立足点：一是制定发布自律公约，加强行业自律规范，维护行业健康发展。强化互联网金融市场经营主体守法、诚信、自律意识，树立互联网金融企业服务社会发展的正面形象，营造诚信规范发展的良好氛围。二是在行业标准缺乏的背景下，开展互联网金融行业标准研究，推动研究成果转化，形成互联网金融相关业态的“杭州标准”，并使之成为制定“国家标准”的重要参考。三是组织互联网金融优秀企业、业内专家开展经验交流，集思广益，相互学习，促进合作，推进互联网金融商业模式的创新发展。四是加强互联网金融投资者金融知识普及和风险教育，提升全社会对互联网金融的认知度和风险防范意识。

10.加大互联网金融研究及人才引进力度

一是支持和鼓励大型互联网企业或互联网技术企业和金融机构共同发起设立互联网金融研发中心，加强对互联网金融行业发展规律和创新性互联网金融产品开发的研究。二是充分利用杭州拥有 30 多所高等院校和众多的科研机构的有利条件，充分发挥浙江省金融学会、浙江金融研究院、浙江大学金融研究院、浙江金融改革发展研究院等金融研究基地和平台的作用，为互联网金融发展提供了强大的人才支撑和研究支持。一方面加强与金融管理部门、在杭高等院校的合作，持续开展互联网金融研究，为政策制定、行业监管和产业发展提供理论支持。另一方面联合浙江大学、浙江工商大学、杭州师范大学、浙江金融职业学院等高校，加大互联网金融专业人才的定向培养力度，对接金融机构和互联网金融企业。三是在互联网金融人才落户、子女入托入学、住房保障、外籍人才引进条件和手续办理等方面出台优惠便利力度，通过规划建设国际学校、国际医院、国际公寓等举措，吸引更多域外的高层次互联网金融人才来杭州落地落户和就业创业。

11.提升杭州互联网金融发展的软实力

充分发挥杭州拥有阿里巴巴等互联网金融旗舰企业优势和杭州旅游会展业优势，打造中国（杭州）互联网金融峰会品牌，定期汇聚国内互联网金融领域的行业代表、学界代表和政府监管层面代表，打造一个在全国有广泛影响力、在业界有广泛知名度、在学界有较高美誉度的互联网金融峰会品牌。通过峰会，从学术层面、产业发展层面以及政府层面，对互联网金融发展趋势和方向、热点和争议话题开展包容性讨论，通过峰会的影响力，力争使杭州成为互联网金融领域的“风向标”，在一定程度上形成“互联网金融看杭州”的共识，打响杭州“全国互联网金融创新中心”的品牌。

浙江银行业小微企业贷款还款方式创新实践及推进思路

浙江银监局

近年来，针对小微企业贷款续贷难、融资成本上升等突出问题，浙江银监局积极引导辖内银行业更新理念、改进机制、创新产品，着力推进小微企业贷款还款方式创新，以此作为缓解企业融资难、融资贵的重要抓手，取得了良好的经济社会效益。

一、主要措施

（一）强化监管引领，以差异化监管政策强力推动

一是理念先行。通过"监管引导、定向宣传、经验交流、公开承诺"等方式持续推进银行业小微企业贷款还款方式创新工作。组织银行业小微企业金融服务峰会暨宣传月活动，在浙江省银行业协会倡议下，42家辖内银行机构签署"小微企业还款方式创新承诺书"，在辖内全面推广还款方式创新服务。二是政策推进。近几年来，浙江银监局先后出台《关于进一步加强小型微型企业金融服务的指导意见》、《关于推进小微企业贷款还款方式创新的意见》等多个文件，要求辖内银行业金融机构制订计划，明确目标，建立机制，积极灵活地探索具有本行特色的还款方式。三是差异化监管。对小微企业还款方式创新成效突出的银行，在市场准入、网点设置、金融债发行等方面均给予相应的政策倾斜。

（二）坚持风险可控，督促银行机构创新不忘风险底线

一是明确还款方式创新的边界。要求还款方式创新的领域仅适用于小微企业流动资金贷款，适用的对象应为专注实业发展、依法合规经营、信用资质

良好、经营状况正常、主业突出、负债适度、业主行为规范的小微企业。二是建立法律风险防范机制。要求银行业金融机构设计、规范与还款方式创新配套的《借款合同》、《担保合同》等法律文本，确保担保期限能覆盖贷款期限或相应延长，避免脱保等法律风险。三是建立道德风险防范机制。要求各银行机构在创新还款方式过程中，建立健全还款方式创新尽职免责制度和还款方式创新工具运用情况监测机制，以防范基层经营行、客户经理滥用还款方式创新工具掩盖不良资产问题。

(三)鼓励先行先试，推动银行机构因行制宜大胆探索

辖内银行业金融机构坚持服务客户为导向，多方位、多渠道探索小微企业贷款还款方式创新之路，涌现出了"期限年审法、期限拉长法、现金流匹配法、额度循环法、临时额度法、化整为零法"等六大类170余种创新产品。一是"期限年审法"。小微企业授信到期时，可向银行提出申请，无须归还原贷款、无须签订新的流动资金借款合同即可自动延长贷款期限。二是"期限拉长法"。即贷款期限设定突破一年以内流贷"定式"，推出针对小微企业的中长期贷款，直接取消续贷环节和手续。三是"现金流匹配法"。由信贷人员在与借款人共同分析贷款存续期企业现金流的基础上，确定每个月的还款金额，量身定制出合理的还款计划。四是"额度循环法"。银行与借款人签订一次性授信合同，在授信存续期间和授信额度内，允许借款人多次滚动取得贷款资金的流动资金贷款业务。五是"临时额度法"。当小微企业续贷遇到资金暂时困难时，银行通过授予客户"临时授信额度"的方法，在系统内当天进行放款与还款的操作，做到放款与还款无缝对接。六是"化整为零法"。在授信期内，企业可根据自身生产经营和现金回流特点，与银行约定灵活的还款方式，在时间上可采取一次性或按月、分期、分段等方式，在金额上可采取等额本金、等额本息等方式。

二、工作成效

(一)促进了小微企业信贷业务拓展，给银行机构带来新的业务增长极

还款方式创新为银行赢得了更多忠实的客户，促进了银行业务的发展。

截至 2014 年 9 月末，浙江辖内银行业涉及还款方式创新的贷款余额约 1361 亿元，涉及小微企业 13.2 万户；2013 年以来累计为 23.1 万户小微企业发放金额约 4753 亿元的还款方式创新贷款。

（二）促进了小微企业续贷难的缓解，为小微企业减轻转贷成本压力

小微企业贷款还款方式的创新，切实减轻了企业负担，深受小微企业欢迎。首先，小微企业节省了精力。如年审制贷款不需要企业往返银行，同时也不需要重新办理抵押登记手续，银行年审通过后通知企业即可。更重要的是，为小微企业节省了转贷财务成本。按银行基准月利率 6‰测算，辖内银行业通过创新还款方式为小微企业节约转贷成本 6.65 亿元；按政府转贷基金转贷日利率 1‰测算，节约转贷成本 33.3 亿元；按民间短期借贷月利率 4%测算，节约转贷款成本 44.4 亿元。

（三）促进了银行信贷机制的完善，使银行业风险管控水平不断提升

小微企业贷款还款方式创新使银行“丢掉了”固有的以“先还后贷”测试企业还贷能力和评估风险的“拐杖”，要求银行更好地识别、了解客户，促使银行机构改进和完善信贷风险管控机制。同时，堵塞了银行内部员工利用企业在转贷环节的时间差牟取利益的漏洞，减轻了银行内部案防工作的压力。截至 2014 年 9 月末，辖内涉及还款方式创新的贷款不良率约 1%，远低于小微企业平均不良率。此外，还款方式创新使小微企业摆脱了依靠民间融资实现转贷的“怪圈”，阻隔了民间借贷风险向银行体系的传染渗透。

三、继续推进思路

（一）积极打造浙江小微金融服务升级版

浙江持续深化小微企业金融服务创新，使浙江成为小微企业金融服务的制度创新高地、产品创新高地和基础设施建设高地，争取在全国探索出一条新路子。同时，继续以差异化监管政策引导辖内银行业金融机构不断完善相关

机制建设，持续推进辖内小微金融服务创新工作，特别是要求各分支机构加强与总行沟通，进一步争取在审批权限、产品设计、系统建设、合同文本修订等方面的支持，加大产品服务创新的力度。

（二）通过还款方式创新推进“惠企减负”工作

在总结梳理辖内银行业还款方式创新的基础上，积极推动先进经验的交流、推广和复制，鼓励有条件的银行机构先行先试，将还款方式创新的适用对象逐步扩展至中、大型企业，努力为更多的企业减轻财务负担，取得更大的社会效益。

（三）实施小微金融服务监管激励机制

为推动小微金融服务转型升级和可持续发展，浙江银监局制定了《浙江银行业小微企业金融服务评价办法（试行）》，评价指标涵盖信贷投放、结构调整、专营机构建设、金融创新、合理定价、风险控制等内容。将以该评价办法为依托，促进辖内银行业金融机构进一步深化小微企业金融服务理念，完善机制、转变方式、创新产品、提升技术，不断提高服务小微企业的能力和水平。

（四）进一步推动改善小微金融服务环境

加强与相关部门的沟通和联动，推动政府部门间企业信息资源的整合，搭建统一、公开、透明的小微企业信息共享系统，为银行业开展小微企业金融服务提供良好的信息基础。积极推动政策性担保机构建设，完善小微企业贷款信用担保体系。推动建立小微企业主培训教育机制，持续开展对小微企业主的风险教育和诚信教育，帮助小微企业主强化金融风险意识，了解熟悉银行业金融机构的各类创新服务和产品。

充分利用债券市场助推浙江企业发展的对策建议

浙江证监局

债券市场是资本市场的重要组成部分,2013年,党的十八届三中全会提出要“发展并规范债券市场,提高直接融资比重”;2014年5月,国务院《关于进一步促进资本市场健康发展的若干意见》专门就“规范发展债券市场”提出四方面意见,规范发展债券市场正当时。从浙江省本地经济、本地企业发展实际来看,浙江民间资本活跃、企业融资需求旺盛,既有一定的债券投融资需求也有进一步发展债券市场的空间。债券融资兼具直接融资和债务融资的双重属性,是企业缓解财务压力、解决流动性问题的重要手段,浙江应把握历史机遇,整合优势资源,找准突破口,充分利用债券市场助推企业发展、促进经济转型升级。

一、浙江省企业债券融情况分析

(一)浙江企业债券融资市场发展现状

1.基本情况

浙江拥有优良的企业债券融资市场发展环境和活跃的市场经济主体,近年来,浙江紧跟全国企业债券融资市场改革和创新的步伐,企业债券融资市场稳步发展。

浙江传统企业债券融资市场规模近年来呈爆发性增长:2005年,浙江省传统企业债券融资工具全年发行量16亿元;2013年,浙江省传统企业债券融资工具全年发行量达到805.5亿元，相较于2005年上涨了50倍(见图1)。①

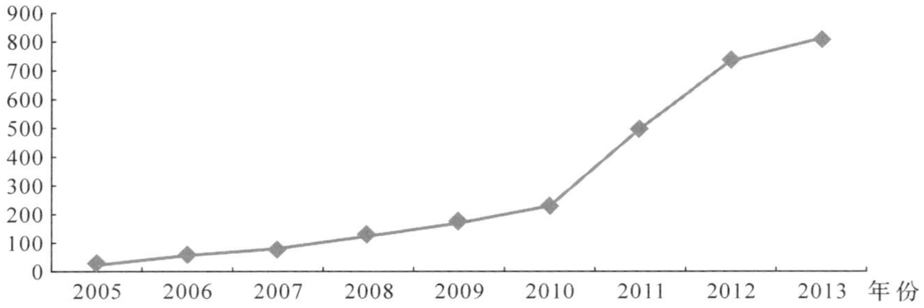

图1　2005—2013年浙江省传统企业债券融资市场发行量走势

新兴私募市场方面，浙江结合本省实际进行了不少尝试和创新，取得了一定成绩。一是在中小企业私募债券试点中抢占先发优势。据沪深交易所统计，截至2014年第三季度末，浙江已有91家企业在交易所备案发行金额146.55亿元中小企业私募债，全国占比10.49%；58家企业的68只私募债券完成了发行，募集资金81.73亿元，全国占比9.97%。二是浙江股权交易中心稳步发展，私募债券发行量领跑全国。截至2014年第三季度末，浙江股权交易中心累计发行私募债券47只，完成发行金额34.38亿元，高于同期前海股权交易中心的12.85亿元、天津股权交易所的7.16亿元和上海股权托管交易中心的2.55亿元。三是研究利用资产证券化手段推动品种创新。2013年，阿里巴巴通过上海东方证券资产管理有限公司设立“阿里巴巴专项资产管理计划”，在深圳证券交易所综合协议交易平台挂牌转让，成为我国第一例小微企业和个人创业者贷款证券化。

品种方面，从可选企业债券融资工具来看，目前浙江企业可以选择发行短期融资券、中期票据、企业债券、公司债券、中小企业集合债券、中小企业集合票据、定向工具、中小企业私募债券、并购重组私募债券、可转债券、资产证券化产品等进行债券融资。

从实际使用的债券品种看，浙江企业使用的债券品种比较丰富，基本涵盖了现有的主流品种，包括短期融资券、中期票据、定向工具、企业债券、公司债

① 若无特别说明，本文数据均来源于Wind。

券、可转债券、中小企业私募债券、资产证券化产品、其他私募债券[①]等。

从企业债券融资工具存量来看，截至2014年第三季度末，浙江企业债券融资工具余额共计2126亿元，其中，中期票据703亿元，占比33.07%；短期融资券569亿元，占比26.76%；公司债券246亿元，占比11.57%；企业债券222亿元，占比10.44%；定向工具215亿元，占比10.11%(见图2)。

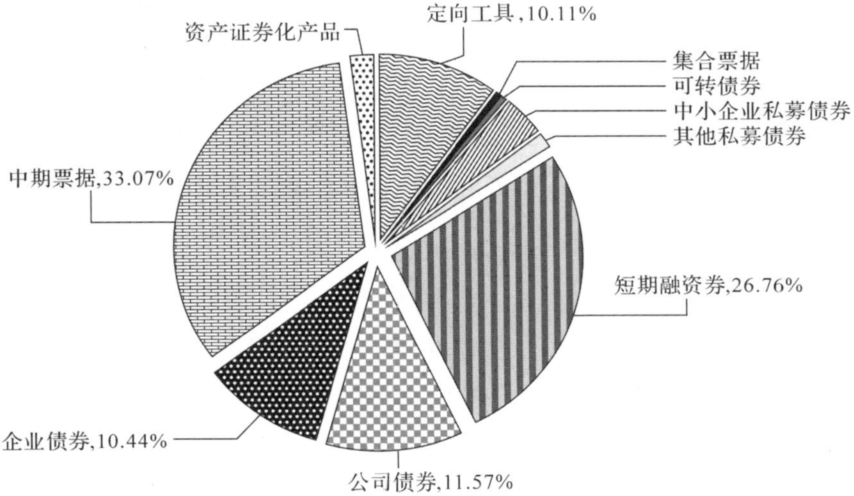

图2　2014年第三季度末浙江企业债券融资工具存量结构

从各债券品种发行量走势来看，短期融资券自推出以来，发行量稳步增长，稳居第一；中期票据紧随其后，经历了近几年的发展，已占据了发行量第二的宝座；公司债券发行量增长较快，自2011年起已超过企业债券融资规模；定向工具、中小企业私募债券等私募债券在近两年得到了较快发展；资产证券化产品方面，得益于证券公司资产证券化业务的要求放宽，也在2013年逐渐打开了市场(见图3)。

2. 发展特点

鉴于浙江与广东、江苏、山东三省的经济发达程度相近，我们选取了2012年、2013年浙江、广东、江苏、山东四省的企业债券融资工具发行数据进行对比

① 其他私募债券主要是指在浙江股权交易中心发行的私募债券，下同。

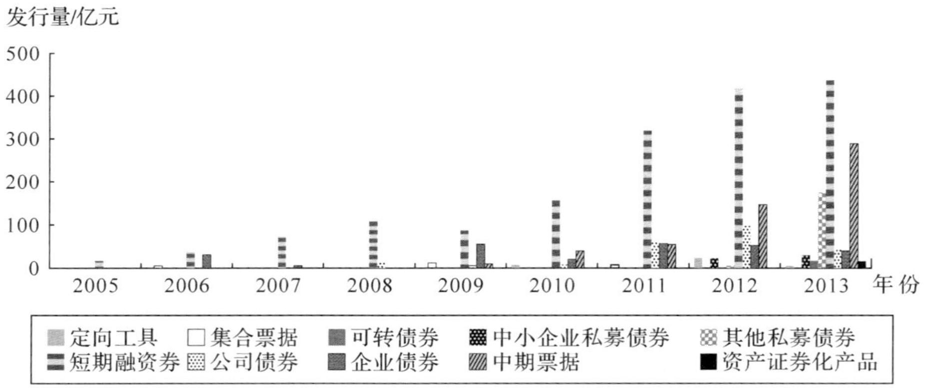

图 3　2005—2013 年浙江各债券品种发行量走势

分析，发现浙江企业债券融资市场存在以下发展特点：

(1)企业债券融资规模仍有较大提升空间

总体而言，经历了近几年的发展，浙江企业债券融资规模大幅增长。从与GDP的比率来看，2013 年浙江企业债券融资工具发行量占 GDP 比重已跃居第一位。不过，从绝对值来看，浙江省近两年企业债券融资工具发行量在四个省份中排名末位；从发行量与新增贷款比重来看，近两年浙江省该项数据均低于广东和山东；从发行量与股权融资额比重来看，近两年浙江省该项数据均低于江苏和山东，说明浙江企业债券融资规模还有较大提升空间(见表 1)。

表 1　2012—2013 年浙、粤、苏、鲁四省企业债券融资市场基本情况①

指　标	浙江		广东		江苏		山东	
	2012 年	2013 年	2012 年	2013 年	2012 年	2013 年	2012 年	2013 年
发行量(亿元)	762	1045	1267	1715	884	1077	1209	1421
发行量/GDP	2.20%	2.78%	2.22%	2.76%	1.64%	1.82%	2.42%	2.60%
发行量/新增贷款	12.15%	17.92%	14.98%	19.97%	13.51%	14.50%	22.61%	28.86%
发行量/股权融资额	3.03	5.78	2.75	2.57	3.99	10.18	4.81	20.48

① GDP、新增贷款数据来源于各省统计局网站。

(2)资产证券化产品、私募债券品种发展较快,公司债券、可转债券发行量明显偏低,对部分债券品种的理解和运用还有待深化

分品种看,2013 年浙江发行的企业债券融资工具主要集中在短期融资券、中期票据,发行额分别为 434.9 亿元、285 亿元,分别占同期发行总额的 41.64%、27.29%,这一构成与广东、江苏、山东三省的构成基本相似。其他品种方面,浙江在资产证券化产品、其他私募债券方面的先发优势最明显,这主要得益于阿里巴巴"1～5 号专项资产管理计划"的发行以及浙江股权交易中心的创新发展;同时,浙江在中小企业私募债券、定向工具等私募债券上发展较快,在企业债券的发行量上也占优。但考虑到浙江上市公司较多,总数排名长期居全国第二的现状,浙江公司债券、可转债券发行量明显偏低,从这一角度来看,浙江企业对部分债券品种的理解和运用还有待深化(见表 2)。

表 2 2012—2013 年浙、粤、苏、鲁四省企业债券融资工具品种分布 (单位:亿元)

债券类型	浙江		广东		江苏		山东	
	2012 年	2013 年	2012 年	2013 年	2012 年	2013 年	2012 年	2013 年
短期融资券	414.60	434.90	571.40	872.40	353.80	462.60	392.60	773.50
公司债券	96.80	44.20	163.50	146.70	121.30	46.95	129.20	59.99
企业债券	53.40	38.50	30.00	36.00	24.00	28.00	27.00	37.50
中期票据	144.90	285.00	353.30	302.20	284.20	211.30	388.60	258.00
中小企业集合票据	23.57	2.90	0.95	1.40	16.51	15.96	17.35	12.65
中小企业集合债券	0.00	0.00	0.00	0.00	4.36	0.00	0.00	0.00
定向工具	5.00	174.50	128.00	61.00	54.00	182.50	190.00	246.40
中小企业私募债券	22.60	31.83	13.71	19.32	23.90	94.35	4.00	34.39
其他私募债券	1.00	16.25	0.00	0.00	2.00	0.00	0.00	0.00
可转债券	0.00	0.00	6.50	276.00	0.00	25.00	60.00	0.00
资产证券化产品	0.00	16.42	0.00	0.00	0.00	10.00	0.00	0.00

(3)中长期债券融资占比有所增加,但总体债券融资期限偏短,难以满足企业长期融资需求

我们以 1 年及以内、1～5 年和 5 年以上为标准来区分短、中、长期。据统计,2012 年浙江发行的企业债券融资工具中,短、中、长期企业债券融资工具的

占比分别为 56.63％、33％和 10.4％，2013 年该项数据构成为 49％、45％和 6％，相较于广东、江苏、山东三省而言，浙江近两年发行的企业债券融资工具有明显的向中长期转移的趋势，有利于满足企业中长期融资需求，但这主要得益于中期企业债券融资工具发行量的增长(其中主要为中期票据)，长期企业债券融资工具占比则有所下降。对比来看，广东、江苏长期企业债券融资工具发行量占比 2013 年相较 2012 年则有所改观，其中，广东省该项数据的增幅最明显，这主要得益于 2013 年 276 亿元可转债券的发行(均为 6 年期)(见图 4)。债券融资期限偏短意味着企业债券融资市场无法有效满足企业对长期资金的需求，难以为企业的长期发展提供有力支持。

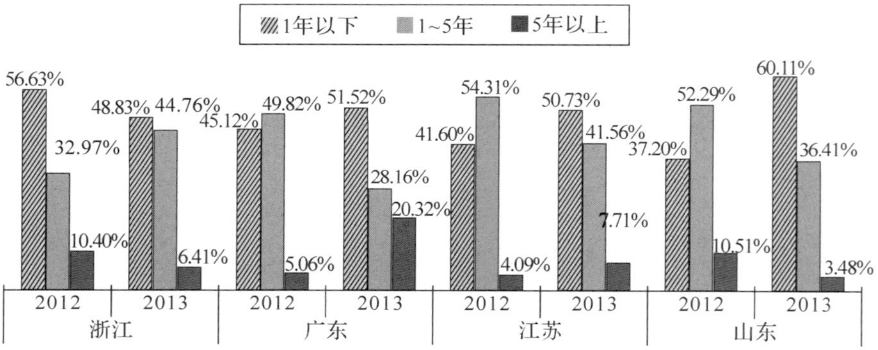

图 4　2012—2013 年浙、粤、苏、鲁四省企业债券融资工具发行期限分布

(4)发债主体中民营企业占比较高

近两年，浙江民营企业的企业债券融资工具发行量占比远高于广东、江苏、山东三省，其中，2012 年浙江民营企业的企业债券融资工具发行量占比为 57％，同期广东为 14％，江苏为 45％，山东为 17％；2013 年浙江民营企业的企业债券融资工具发行量占比为 52％，同期广东为 11％，江苏为 35％，山东为 21％。

(5)总体票面利率较高，利率分层更明显

近两年，浙江发行的企业债券融资工具票面利率总体高于广东、江苏、山东三省，其中，2012 年，浙江票面利率高于 5％、6％、7％(含)的企业债券融资工具发行量占比分别为 88％、61％、35％，高于同期广东的 45％、18％、8％，江苏的74%、35%、11%和山东的54%、18%、5%;2013年,浙江票面利率高于5%、6%、7%(含)的企业债券融资工具发行量占比分别为88%、69%、45%,高于同期广东的39%、13%、3%,江苏的72%、38%、18%和山东的67%、35%、13%。我们认为,这与浙江企业债券融资工具发行主体中民营企业占比较高以及浙江近年频发的破产"跑路"事件有一定关系。从利率分层来看,浙江发行的企业债券融资工具票面利率层次更鲜明,说明浙江企业债券融资市场的利率市场化程度相对较高(见图5)。

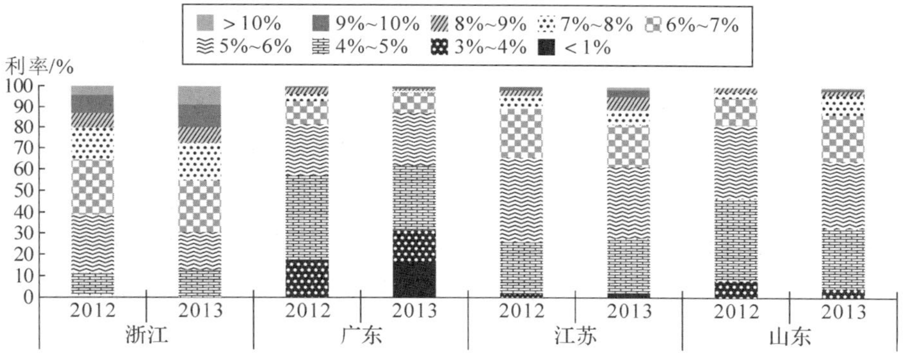

图5 2012—2013年浙、粤、苏、鲁四省企业债券融资工具发行票面利率分布

二、浙江企业债券融资市场发展的制约因素

(一)浙江大型企业较少、资产负债率偏高,具备发行条件的企业资源较少

我国传统企业发行债券融资工具普遍具有较高的准入门槛,如发行企业债要求符合"股份有限公司的净资产不低于人民币3000万元,有限责任公司和其他类型企业的净资产不低于人民币6000万元"的净资产标准,且在实际操作中,净资产指标远高于该条规定;发行短期融资券、中期票据则有较高的信用评级要求。浙江是中小企业大省、民营经济大省,大型企业较少,2013年年底,浙江规模以上工业企业3.96万家,占企业总数的3.9%,国有企业4.67

万家，占企业总数的 4.61%[①]；同时，浙江企业负债率普遍偏高，相当一部分企业负债率在 70%以上，大型企业较少、资产负债率偏高的现状导致浙江具备发行条件的企业资源较少，限制了企业债券融资市场的发展。

(二)债券融资优势不明显，部分企业缺乏发债积极性

一方面，我们在前一部分已经述及，浙江发行的企业债券融资工具总体票面利率偏高，这就导致浙江企业的债券融资相较银行贷款而言，成本优势并不明显，加之担保费用、资信评级费用、保荐费用和承销发行费用等都是在最低收费标准之上根据融资额的一定比例收取的，如果发债规模达不到最低的经济规模，债券融资的发行费用就会抵消其相对于银行贷款的利率优势。另一方面，受我国上市公司长期以来分红较少、投资者股权投资回报偏低的股权融资文化影响，浙江部分企业对债券融资的认识也较为片面，认为债券融资到期必须偿本付息，相对股权融资而言融资规模小、融资成本高，在直接融资方式的选择上更倾向于股权融资。此外，部分传统企业债券融资工具审批手续烦琐也是打消企业发债积极性的重要原因。

(三)品种创新力度不足，难以满足部分企业债务融资需求

浙江企业类型繁多、融资需求各异，而实际可选的企业债券融资工具却极为有限，导致部分有实际融资需求的企业最终因无法找到合适的产品而放弃债券融资途径。究其原因，主要是资产证券化产品发展不足。资产证券化作为国际上最主要的债券类金融创新工具，可以通过有效匹配收益和偿债现金流来满足企业各类债务融资需求。自 20 世纪 80 年代以来，资产证券化业务已在成熟资本市场得到了迅猛的发展，产品遍及租金、版权、专利费、公路收费等领域，是支持企业尤其是中小企业发展的重要融资手段。而我国企业资产证券化业务近两年才开始得到重视，浙江市场虽然在资产证券化产品上发展相对较快，但总体规模和创新力度均较小，离为不同企业量身打造个性化债券融资产品、有效匹配收益和偿债现金流还有较大距离。

---

① 数据来源：2014 年《浙江统计年鉴》。

(四)评级和增信行业发展缓慢,难以形成良性循环

成熟市场发展经验表明,企业债券融资市场的发展与评级和增信体系的构建是互相促进的,两者相辅相成,不可或缺。评级和增信体系的完善有利于保障债券发行人提供的信息资料客观、真实、准确,提升企业债券融资市场资源配置能力,降低债券违约风险,保障市场的平稳、健康、快速发展;而企业债券融资市场的平稳健康快速发展又进一步促进了评级和增信体系的相应配套成熟。由于历史原因,我国信用评级和增信行业发展较为缓慢,浙江更甚。其中,信用评级行业近几年通过中外合资初步形成了中诚信、大公国际、联合资信、上海新世纪“四足鼎立”的状态,但其总部集中在北京和上海,仅大公国际在浙江设有分支机构。增信方面,我国外部增信服务主要由融资担保机构承担,浙江融资担保机构虽不少,但普遍规模小、资质差,难以满足企业债券融资的第三方担保需求,从市面上流传的“2013 年中国十大融资担保公司排行”来看,北京、深圳、江苏、山西、重庆、大连均有公司上榜,浙江则无一家公司上榜。作为企业债券融资市场发展中的重要一环,浙江信用评级和增信行业发展缓慢,尤其是增信行业发展不足的现状将成为未来制约市场实现良性发展的主要瓶颈之一,需要各方引起重视并积极跟进解决。

(五)新兴私募市场和私募债券发展不足,无法有效对接投融资需求

浙江“两多两难”问题较为突出,由于中小企业技术、制度等因素的影响,它们在规范化的融资手段上总是会遇到障碍;与此同时,浙江老百姓手中有钱,有大量富余的资金需要投资,但缺乏合法正规的渠道。私募市场和私募债券的发展可以较好地解决这一问题。从成熟市场发展经验来看,私募市场和私募债券相对公募市场和公募债券具有灵活性高、便利筹资、发行成本低的比较优势,能够满足中小企业快速融资的需要,很好地匹配投融资双方的需求。然而,我国虽然推出了定向工具、中小企业私募债券等私募债券产品,但前者在银行间市场、后者在沪深交易所发行流通,受市场现有规则限制较多,离实际意义上的私募债券还有一定差距;并购重组私募债券 2014 年 11 月初刚刚推出;中国证券业协会机构间报价与转让系统、证券公司柜台市场以及浙江股

权交易中心等新兴私募市场重要组成部分均处于初创期,发展路径、发展模式等均在探索中。新兴私募市场和私募债券发展不足的现状导致浙江旺盛的投融资需求难以通过债券产品实现有效对接,民间借贷盛行成为浙江各地市存在的普遍现象。

三、发展浙江企业债券融资市场的总体思路和对策建议

(一)总体思路

随着利率市场化进程的不断深化,金融脱媒是大势所趋。近年来,国家层面反复强调了发展债券市场的重要性,并积极出台措施推动债券市场发展。如今,国家发改委正酝酿企业债券监管变革;中国人民银行于2014年11月初出台了非金融机构合格投资人进入银行间债券市场的相关办法,在进一步明确“丙类户”监管要求的同时重新放开了相关申请,市场反响积极;证监会层面即将修订出台《公司债券发行与交易管理办法》,同时积极研究通过完善现有品种、加快推出新品种、鼓励证券公司资产证券化业务发展等着力推动企业债券融资市场发展。可以预见,我国债券市场将迎来难得的历史性机遇。浙江要牢牢抓住这一黄金发展期,大力推动企业债券融资市场发展,为打造金融强省夯实基础。

浙江企业债券融资市场是全国企业债券融资市场的一部分,但又立足和服务于浙江企业,具有局部性、特殊性的特征。发展浙江企业债券融资市场的关键是根据浙江本地经济、本地企业的特点,有针对性地进行发展和创新。在推动浙江企业债券融资市场发展过程中要重点处理好三个关系:一是要处理好债券融资与股权融资的关系。债券融资与股权融资是直接融资的一体两面,两者相辅相成、不可偏废,要提高直接融资比重,必须要坚持股权融资、债券融资双管齐下,“两条腿”走路。二是要处理好宏观导向与本地实际的关系。一方面,浙江企业债券融资市场发展、创新方向要符合国家宏观政策导向;另一方面,浙江企业债券融资市场发展方向必须凸显浙江特色,立足本地实际充分开发利用现有品种,推动产品创新,服务浙江地方经济结构调整和产业升

级，促进地方经济稳定健康发展。三是要处理好创新发展与防范风险的关系。一方面，要积极以市场为导向、以提高市场服务能力和效率为目的，积极鼓励和引导浙江企业债券融资市场创新发展；另一方面，在市场创新发展过程中，必然蕴含新的风险，需要保持清醒的认识，强化风险监测、预警和处置，做到既支持市场创新发展，又严守风险底线。

综合企业债券融资市场整体发展趋势、浙江企业债券融资市场发展特点、制约因素以及浙江本省经济特点，可以考虑从以下四个方面推进浙江企业债券融资市场发展：一是全面推进市场主体转型升级，培育更多优质企业，丰富企业梯次结构，提升企业利用债券市场的能力，扩容潜在发债主体；二是区分重点，通过巩固扩大银行间债券市场、大力发展交易所债券市场、积极稳妥建设区域性新兴私募市场，发展多层次企业债券融资市场；三是以市场创新发展和浙江各地金融改革为契机，以资产证券化为突破口，结合各地经济特色和发展战略开展有序创新；四是通过完善地方增信体系、打造信用信息平台、加大宣传和政策支持力度等，着力优化企业债券融资市场生态环境。

(二)具体建议

1.全面推进市场主体转型升级，扩容潜在发债主体

从成熟国家企业债券融资市场发展经验来看，优质企业是企业债券融资市场的融资主体。以美国为例，投资级公司债券占据了市场的主体地位，1996—2012年美国投资级公司债券在公司债券发行规模中的平均占比达84%，高收益债券占比仅为16%。因此，在现有条件下，抓好个体工商户、小微企业、骨干企业、规模以上企业四个层次，全面推进“个转企、企升规、规改股、股上市”工作，帮助企业完善公司治理结构，提升总体运营质量和水平，扩大企业债券融资工具的潜在发行主体，降低企业融资成本，是发展浙江企业债券融资市场的重要环节和必由之路。

2.区分重点，发展多层次企业债券融资市场

(1)巩固扩大银行间债券市场。建议以中期票据为重点，进一步扩大银行间债券市场融资规模。作为存量和发行量规模最大的两大企业债券融资工具，中期票据相对于短期融资券而言，发行期限更长，重点发展中期票据有利

于延长企业债务融资总体期限，降低资金流动性风险，便于企业进行更长远的财务规划。

(2)大力发展交易所债券市场。建议以鼓励上市公司发行公司债券、可转债券为重点，大力推动交易所债券市场发展。首先，浙江上市公司较多，长短期偿债能力均优于全国，而浙江上市公司债券融资总体规模偏小，有良好的公司债券、可转债券品种的发债基础和挖潜空间。从上市公司数量看，截至 2014 年 10 月底，浙江境内上市公司总数 261 家，位居全国第二；从短期偿债能力看，2013 年年底浙江上市公司①的流动比率②、速动比率③和现金比率④分别为 1.48、0.79 和 0.34，均优于全国上市公司的 1.13、0.61、0.29；从长期偿债能力看，2013 年年底浙江上市公司的产权比率⑤、资产负债率⑥分别为 1.13 和 0.53，优于全国上市公司的 1.55 和 0.61；从债务结构看，2013 年年底浙江上市公司平均应付债券余额 1.2 亿元，分别占平均负债余额和银行贷款总额的 4.5%和 11.9%，低于同期全国上市公司平均水平的 6.8%和 20.6%。其次，鼓励上市公司发行公司债券，可以帮助浙江上市公司降低融资成本、优化融资结构，随着公司债券发行主体的全面扩容，前期上市公司发行公司债券的成功经验还可以形成示范带动效应，吸引符合条件的企业利用债券市场进行融资；而可转债券虽然申请审批手续较烦，但由于转股权的设置，可以获取较长期限的低成本融资，有利于满足企业的长期债务融资需求。

(3)积极稳妥建设区域性新兴私募市场。浙江"两多两难"问题特别突出和投融资需求两旺的现状正好为建立完善区域性新兴私募市场提供了良好的发展契机。建议从以下三个方面重点推进：一是支持中小企业私募债券、并购重组私募债券发展。浙江中小企业众多，并购重组活动比较活跃，有很好的中小企业私

---

① 此处浙江及全国上市公司均剔除了金融业。

② 流动比率是指流动资产与流动负债的比率，反映企业流动资产在其短期债务到期前可以变现用于偿还流动负债的能力。

③ 速动比率是指速动资产与流动负债的比率，反映企业流动资产中可以立即变现用于偿还流动负债的能力。

④ 现金比率是指现金类资产与流动负债的比率，反映企业直接偿付流动负债的能力。

⑤ 产权比率是指负债总额与所有者权益的比率，反映由债权人提供资本与股东提供资本的相对关系。

⑥ 资产负债率是指负债总额与资产总额的比率，反映在总资产中有多少通过借债来筹资。

募债券和并购重组私募债券发展空间。浙江在中小企业私募债券上抢占了先发优势，对于助推本地中小企业发展和增强本地券商实力都发挥了积极作用，但从发展趋势上，浙江中小企业私募债券备案、发行企业数和规模的全国占比逐步下降，需要我们在后续工作中加大对中小企业私募债券的支持力度，保持浙江在中小企业私募债券市场上的领先地位；并购重组私募债券作为证监会最新推出的品种，依托并购重组这一主流导向，在后续发展中有很多可能性，抢占先机对于后期争取更多符合浙江实际的政策极为重要。二是推动浙江股权交易中心创新发展。通过发展合格投资者、创新产品等方式，努力将浙江股权交易中心建设成为中小企业多元化综合性直接融资平台、展示和培育平台、投融资双向融合平台，成为地方私募债券产品、资产证券化产品发行流通的重要阵地，达到有效对接资金供求、活跃区域金融活动、化本地富余资金为己用的目的。三是加快专业机构培育，发展机构间市场、柜台市场。机构间市场、柜台市场作为新兴私募市场的重要组成部分，其发展主要依赖于专业机构的成熟壮大，建议通过浙江“民间财富管理中心”和“基金小镇”建设，加快私募基金等专业机构培育，形成产业、人才集聚效应，助推机构间市场、柜台市场发展。与此同时，要注意加强风险防范，及时发现和处置各类债券违约风险，保障区域性新兴私募市场稳定健康发展。

3. 以资产证券化为突破口，开展有序创新

自 2013 年国务院常务会议提出“优化金融资源配置，用好增量，盘活存量”以来，作为盘活存量重要渠道的资产证券化业务迎来新一轮快速发展。浙江要抓住监管层鼓励开展资产证券化业务的有利时机，借鉴成熟市场发展经验，推动金融机构结合浙江经济特点、企业实际需求进行有序创新：一方面，要结合各地经济特色和发展战略开发特色资产证券化产品。如温州地区可以利用金融改革综合试验区的优势和民间资本活跃、投资者风险偏好强的特点，全方位、多角度开展资产证券化业务创新，争取在全国率先试点各类相对复杂的结构化产品；舟山群岛新区可以围绕海洋金融特色研究推动船舶租赁收入、航运保费收入的证券化；义乌国际贸易综合试验区则可以积极研究开展国际贸易企业应收账款资产证券化。另一方面，要加强风险防范。在利用资产证券化手段进行产品创新的过程中，充分总结美国次贷危机的经验教训，加强对创新活动的日常监管和调控，规范资产证券化产品的信息披露，引导投资者密切

关注潜在的投资风险，做好投资者权益保护，避免给区域性资本市场和金融体系带来敞口风险。

4. 加快专业增信机构培育，拓展增信方式

浙江众多的企业尤其是中小企业在债券融资过程中有很高的信用增进需求，为培育专业增信机构、拓展增信方式提供了良好机遇，建议从以下两个方面重点推进：

（1）培育专业债券信用增进机构。2009 年 9 月 21 日，在中国人民银行的指导下，中债信用增进投资股份有限公司在北京正式成立，成为我国首家专业债券信用增进机构。可以预见，发展专业债券信用增进机构是大势所趋。建议通过借鉴成熟市场发展经验，尽快推动建立专业的信用增进机构。

（2）研究拓展增信方式。我国债券市场现有增信方式主要是第三方担保、抵质押担保和银行提供流动性支持，随着资产证券化的深入推进，债券产品复杂程度将不断上升，传统的增信手段将难以满足企业债券融资市场未来发展需求。一方面，我们可以利用温州市中小企业融资担保有限公司既有本地资源优势又立足温州金改的特征，探索服务中小企业融资担保的特色化道路；另一方面，结合实践经验，积极推动债券保险、公司债券信托等成熟市场主流增信方式的本土化。

5. 多措并举，营造良好的企业债券融资市场发展氛围

（1）加快“信用浙江”建设。在多年的发展过程中，浙商凭借踏实肯干、相互团结和重视信誉，积累了良好的信用。但 2012 年以来，受外部经营环境恶化、银行信贷收缩等一系列因素影响，加上浙江企业互保联保现象普遍，大量企业陷入信贷危机，破产倒闭企业不断增加，严重打击了浙江企业的信用水平。这从 2012 年、2013 年浙江畸高的企业债券融资工具发行票面利率也可见一斑。而集中统一的信用信息平台建设有利于减少信息不对称，优化浙江信用环境，保护优质企业不被误伤。

（2）加大宣传力度。一是要加强对政府部门的政策宣讲，加深其对大力发展债券市场尤其是企业债券融资市场重要性的理解和认识，做到债券融资和股权融资双向推进，切实提高直接融资比重。二是要加强对企业的宣传引导，通过举办专题培训、项目推介、经验交流等多种方式，提升企业对债券融资的

认知度和认可度，增强参与债券融资的积极性和主动性。

(3)完善政策激励。企业债券融资市场已经引起了各地政府的重视，部分省份出台了有力的激励政策助推企业债券融资市场发展。例如，广东省鼓励各地设立上市支持基金，支持大型骨干企业通过发行股票、债券、可转债券、并购私募债券等方式进行并购、重组、融资，做大做强；江苏省专门出台了《促进金融业创新发展若干意见》，就债券市场发展方向提出明确意见；山东省提出要“加快发展直接融资，2017 年年底直接融资比重提高到 20%以上”，其所属各地市更是出台了多项支持政策扶持债券市场发展，如聊城市就出台了针对直接融资的若干优惠政策，对通过各类债券募集资金的企业法定代表人和承销机构项目负责人给予奖励，对债券发行相关工作部门给予专项经费支持。对比而言，浙江对企业债券融资市场的扶持力度较小，建议参照相关省份尽快推出相关激励政策，加大对企业、中介机构等市场主体利用企业债券融资市场发展的政策扶持力度，激发浙江企业债券融资市场的活力。

6.构建区域性企业债券融资市场综合监管体系

(1)加强监管部门沟通协作。一是尽快建立健全省级监管联席会议机制，召集发改委、中国人民银行、证监局等监管部门共同研究探讨浙江企业债券融资市场发展过程中的重要问题与监管要求。二是以地方政府为主，采取政府主协调、各专业金融监管机构负责专业领域的方式，建立协作机制，以适应各地不同的市场环境与政策要求，协调处理地方性问题，助推各地企业债券融资市场创新发展。

(2)建立风险监测及预警机制。企业债券融资工具的复杂化、多元化是发展的必然趋势，特别是在金融创新的环境下，更应注重创新可能存在的风险隐患。建议依托各专业金融监管机构，通过资源整合，建立风险监测及预警机制，及时将各类风险信息传达到省内各级政府部门和相关市场主体。

(3)做好债券融资风险处置。随着市场的发展深化，债券融资长期维持的“刚性兑付”状态终将被打破，此时如何进行风险处置、及时防范化解风险就显得尤为重要。建议通过完善有关规章制度、执法手段、司法协助机制和应急处理机制等，进一步加强和改进监管，优化债券融资风险处置流程，做到事先预防、事中处理、事后有应对措施，切实维护市场安全稳定运行。

浙江省巨灾保险制度建设调研报告

浙江保监局

浙江特殊的自然地理环境和经济社会特点决定了全省极易受到自然灾害的不利影响，是我国受台风、暴雨、洪涝等灾害影响最为严重的地区之一。据统计，1949—2013年，全省因洪涝台灾害死亡的人数达15293人，年平均235人；直接经济损失3653亿元，占GDP的1.21%。但由于巨灾保险制度的缺失，保险在自然灾害中损失补偿、风险分散等功能未得到充分的发挥。加快建立健全巨灾保险制度，对减少人民群众的生命和财产损失，促进浙江经济社会可持续发展，意义重大。

一、巨灾保险概述

按照中国保监会对巨灾保险制度的相关表述，它是利用保险机制预防和分散巨灾风险，并提供灾后损失补偿的制度安排，是市场经济条件下国家自然灾害风险管理体系的重要组成部分，能够在国家综合减灾体系中发挥必要的补充作用。巨灾风险的特点，决定了它属于市场失灵的领域，商业保险和商业再保险均无法依靠市场化运作承担全部风险，否则将发生偿付能力危机乃至破产。巨灾保险不同于一般的商业保险，具有准公共产品的特点，是一种特殊的保险，需要充分发挥政府的主导作用，离不开政府的强力支持和推动。

二、浙江省巨灾保险制度建设的探索和实践

2006年以来，浙江选择最易遭到灾害袭击、最没有承受能力、对灾区基本生产和生活影响最大的方面，开展了政策性保险试点工作，取得了初步成效。

(一)对农作物试点提供农业保险

2006 年,浙江按照"政府推动+市场运作+农户自愿"的原则,正式启动政策性农业保险试点。截至 2013 年年底,累计为 800 多万户(不含宁波,下同)农户提供风险保障 1200 多亿元,累计向 53 多万户农户赔付 10 多亿元赔款。承保方面,中央、省、县三级财政累计给予保费补贴近 15 亿元,2013 年平均保费补贴比例达到近 90%,最大限度地减少了农民的自付比例;从"低保障、保大灾、保大户"起步,逐步扩大投保覆盖面,浙江成为全国农业保险试点品种最多的省份之一。巨灾风险分散方面,2011 年建立政策性农业保险巨灾风险准备金制度,赔款超过当年保费 1.3 倍的部分由准备金承担,到 2013 年年底,已提取准备金超过 1 亿元。

(二)对农村住房提供农房保险

2006 年,浙江启动以"政府补助推动+农户自愿交费+市场经营运作"为运作模式的政策性农村住房保险工作,每年参保率均在 96%以上,基本实现应保尽保。截至 2013 年年底,累计为 6000 余万户农户提供 1 万多亿元的农村住房保险保障,为近 13 万户农户支付了 4.7 亿元的赔款。承保方面,省、县两级财政给予农房保险专项补贴占保费的比例近 70%,截至 2013 年,财政累计补贴保费近 5 亿元。巨灾风险分散方面,政府通过扩大保险覆盖面来帮助保险公司加速积累风险资金池,提高风险承受能力;同时,保险公司遵循"单独建账、独立核算、以丰补歉、自负盈亏"的原则进行市场运作。

(三)对城乡居民推广自然灾害公众责任险试点

2008 年以来,浙江陆续在丽水、温州等地开展自然灾害公众责任险试点,其中,丽水市已实现全覆盖。承保方面,财政出资,政府为辖区所有符合条件的居民统一投保。2013 年,财政出资 500 多万元,为全省 16 个试点地区的 362 万城乡居民,提供了近 2000 亿元的人身安全保障。除人身伤害外,还进一步扩展了见义勇为、无责赔付等责任。巨灾风险分散方面,政府通过保障投保率帮助保险业提高风险承受能力。

三、建立健全浙江巨灾保险制度需处理好的几个问题

尽管浙江在巨灾保险制度建设的探索和实践上取得了一些成绩，但现行巨灾保险制度仍存在保障范围不够宽、保障程度不够高、保障对象不够广、巨灾分散机制不够健全等薄弱环节。如政策性农业保险尚未覆盖所有农产品，自然灾害公众责任险覆盖率不到20%，政策性室内家庭财产保险供给不足，人员伤亡保障存在制度空白等。这些都需通过进一步深化研究，以及着重处理好相关问题来解决。

（一）关于巨灾风险的界定

迄今为止，国内外对巨灾风险的界定尚无统一的标准。浙江应综合考虑其地质地理环境及灾害发生的历史情况，科学界定巨灾风险，将台风（热带气旋）、暴雨、洪水、海啸及次生灾害等易对该地区生产和人民生活造成重大伤害的灾种，先期纳入巨灾，开展集成多个灾种的综合性巨灾保险。巨灾风险相关标准在合同中约定或由全省巨灾保险协调推进机构研商确定，以后再根据实际需求和财力状况逐步增加灾种。

（二）关于政府和市场的作用

1. 政府应起主导作用，但需明确边界

巨灾保险并非商业保险，其实质是一种国家的政策性金融活动，从发达的市场经济国家的通行做法看，无一不是在政府的强力支持下推动的。在巨灾保险制度建设中，浙江政府应把握好以下几个原则：一是坚持民生为先，重点解决好与人民群众生命财产安全密切相关的灾害应对问题；二是坚持“广覆盖、保基本”，为社会各阶层和群体提供可得性的巨灾保险基本服务，满足灾后恢复生产、生活的基本需求；三是坚持以收定支，用有计划的支出应对巨灾造成的财政巨额支出，平滑、稳定财政支出，减少财政压力。

2. 巨灾保险运作需引入市场化机制

发挥商业保险公司专业技术、风险分散、防灾防损、机构网点等优势，提高

巨灾保险运行效率和保障水平。在巨灾保险制度建设中，应鼓励发展多层次的商业性巨灾保险产品进行补充，满足居民更高层次、个性化的巨灾保障需求。

（三）关于重点实施领域

从浙江历年重大自然灾害的情况看，影响最大的主要有农作物及农业生产资料、城乡居民住房及家庭财产、人员伤亡、企业财产安全四个领域。对农作物及农业生产资料、城乡居民住房两类风险标的，全省已开展了农业保险和农房保险工作，并设置了巨灾风险分散机制，下一步的主要工作是要在原有制度框架下进一步扩大覆盖面、提高保障程度、优化体制机制等。对企业财产安全，主要依靠市场解决，下一步工作着力点是要提高企业财产保险投保率，并在远期考虑给予适当的巨灾风险分散政策支持。对人员伤亡和家庭财产，目前在全省巨灾保险制度设计上还是空白。因此，在巨灾保险制度建设初期，可从巨灾风险相对集中、市场需求较为迫切，同时又具备基本条件的人员伤亡和家庭财产领域入手，重点研发政府巨灾救助保险，由省、县两级财政共同出资购买，在全省范围推广，填补制度空白，待积累经验后，再逐步覆盖其他风险领域。

（四）关于巨灾保险产品设计

1.保障对象和责任

政府巨灾救助保险的保障对象为当灾害发生时处于浙江行政区域范围内的所有人口。保障责任为台风（热带气旋）、暴雨、洪水、海啸自然灾害及其次生灾害所造成的居民人身伤亡抚恤（含抢险救灾人员）、受灾居民家庭财产损失补偿费用以及扩展的见义勇为人员伤亡的增补抚恤。

2.保障水平和费率

鉴于深圳、宁波的试点情况及浙江经济发展的水平，浙江居民人身伤亡抚恤保险金额应不低于10万元/人，家庭财产损失救助保险应不低于2000元/户。费率测算以常住人口为口径，通过灾害模型分析和精算定价，合理确定省、县财政负担比例。

（五）关于运作模式

按照既能充分发挥保险公司风险管理优势，又有利于提高巨灾风险资金补偿能力的原则设计运作模式：保险公司提供保障服务，设定累计及每次事故赔偿限额（限额起步不宜过高，之后可根据承保能力和财力状况的改善再逐步提高），每年收取的巨灾保险保费扣除再保险支出、经营费用等成本及预定利润后，保费盈余部分全额计提浙江巨灾保险风险专项准备金，留存在承办保险公司专用账户，由省政府指定的相关部门和保险公司共同管理，实行“逐年积累、总量封顶、专户管理、专款专用”，提高全省抗灾能力。当保险公司巨灾保险承保年度综合成本率达到设定值时，由浙江巨灾保险风险专项准备金以其总额为限承担赔付，超过部分由保险公司在约定的累计赔偿限额内自行承担。浙江巨灾保险风险专项准备金除上述原因以外，不得提取使用。

（六）关于风险分散机制

设置多层次的风险分散机制：第一层为政府巨灾救助保险，保险公司在责任限额下全额承担赔付责任。具体通过保费补贴、统保等形式，扩大保险覆盖面，帮助保险公司加速积累风险资金池，提高风险承受能力。第二层为政府巨灾基金，按照政府财政投入与发动社会各方共同参与的原则，通过财政注资、社会捐赠、发债等方式建立，并委托专门机构运作，实行专户管理，独立核算，市场化运作。政府巨灾基金主要用于赔付超出保险公司累计赔偿限额范围的损失。当超额损失大于巨灾基金额度时，启动回调机制，即按照总补偿能力与总损失的比例，由政府巨灾基金进行比例补偿。根据需要，巨灾基金既可以购买再保险，以进一步提高风险承受能力；也可以向保险公司提供巨灾风险分担保障，加速巨灾基金的有效积累。第三层为商业巨灾保险，坚持按照投保自愿和市场化的原则，设计储金型、保障型等商业性巨灾保险产品，对政府巨灾救助保险进行补充，满足居民对财产损失、人身伤亡等方面更高层次、更加个性化的巨灾保障需求。

四、推进浙江巨灾保险制度建设的对策建议

推进浙江巨灾保险制度建设，离不开政府政策法规的支持、保险业技术服务的支持和社会良好基础环境的支持，应积极调动社会各界的积极性，加快建立健全巨灾保险制度，充分发挥巨灾保险在全省综合减灾体系中的积极作用。

(一)加快开展全省巨灾保险试点

一是加强组织领导，成立由民政部门牵头，金融办、保监、发改、财政、农业、地震、气象等部门参与的巨灾保险协调推进组，统筹推进全省巨灾保险制度建设。二是加强运营管理，研究设立政策性巨灾保险运营管理机构，负责协调政府资源、制定巨灾保险发展规划和相关制度、管理巨灾基金、组织开展全省巨灾保险等工作。三是完善试点方案，统筹考虑巨灾保险运作和承保模式确定、保费财政预算安排、巨灾基金建立、巨灾地方立法等重点事项，组织保险公司、再保险公司等专业力量开展费率精算和产品设计，研究制订符合浙江实际、可操作性强的巨灾保险试点方案。

(二)加强法规和政策支持力度

一是加快制度方面的顶层设计。建议中央尽快开展巨灾保险制度的顶层设计和立法等工作，明确巨灾保险制度建设的法律依据、框架内容及财税等政策支持，以便于与地方先行先试巨灾保险制度的有效衔接。二是发挥地方政府在立法保障、组织推动、政策制定等方面的作用，给予巨灾保险必要的启动支持、行政引导和财税优惠。浙江可先行出台巨灾保险地方性法规，为巨灾保险制度运行提供法律保障。加强防灾基础设施建设，采取灾前的风险防范措施，为保险公司承保巨灾风险创造条件；将保险业纳入全省自然灾害应急管理体系，与各级应急管理和灾害救助部门建立对接机制；强化财税支持，整合救灾专项资金，研究对投保巨灾保险的居民给予所得税减免、对巨灾保险业务给予营业税减免等税优政策。

(三)充分发挥市场的巨灾风险分散作用

一是发挥保险机构的作用。研发巨灾保险产品,厘定合理的费率标准,满足人们对不同灾害补偿的需求。可以由若干个保险公司组成巨灾共保体,共同承担巨灾风险,提高巨灾风险分散的能力。发挥专业优势,为全社会提供防灾减损、应急管理、灾害救助等方面的专业服务。二是发挥再保险市场的作用。应大力发展国内再保险市场,通过引进国外再保险机构,降低保险公司风险自留比例,将风险分散到国内乃至全球保险市场,实现巨灾风险跨区域分散。三是发挥资本市场的作用。可以运用巨灾债券、巨灾期货和巨灾互换等金融工具向资本市场分散风险,实现巨灾风险跨市场分散,进一步降低风险集中度,提高保险公司的承保能力。

(四)夯实巨灾保险基础建设

一是推动巨灾数据建设,加强政府部门数据共享,建立健全包含巨灾发生频率、强度、历年财产和人身损失及分布情况等资料在内的灾害基础数据库,为社会提供灾害数据的统一管理平台和共享服务。二是深化巨灾保险的理论研究,组织专家、学者从浙江区域性灾害风险需求、巨灾基金建设、再保险机制、政府参与等角度开展课题研究和学术交流,不断夯实浙江巨灾保险的理论基础。三是重视巨灾保险人才队伍建设,构建多层次、多渠道的巨灾保险人才培养体系,完善人才引进政策,提高浙江巨灾保险人才的集聚能力。四是加强防灾减灾和保险知识宣传,不断提升全社会各行各业和民众对巨灾保险的认知度,营造良好的社会氛围。

大事记

2014年度杭州金融服务业大事记

1. 1月3日，浙江银监局组织召开全辖银行业金融机构平安金融建设（电视电话）会议，部署浙江银行业平安金融创建工作。

2. 1月6日，杭州市金融办印发了杭州市第三批股权投资机构报备认定名单，杭州建信诚恒创业投资合伙企业（有限合伙）等7家股权投资机构获得了报备认定。

3. 1月7日，第四届中国小额信贷机构联席会年会在重庆召开。杭州市江干区祐康、高新区东冠，富阳市永通小贷公司荣获“2013中国小额贷款公司竞争力百强”称号，其中东冠小贷公司还荣获“中国五星级小额贷款公司”称号（全国共37家）。

4. 1月13日，思美传媒股份有限公司在深交所正式挂牌。

5. 1月14日，银监会合作部副主任田建华、处长杨培文一行，在浙江银监局沈继荣处长的陪同下到临安农信联社进行工作调研，对该联社取得的改革发展成绩特别是在涉农贷款管理、信用机制建设、服务渠道改善等方面所取得的成绩给予充分肯定。

6. 1月16日，浙江证监局指导浙江上市公司协会在杭州召开保护中小投资者合法权益专题座谈会，蒋潇华副局长出席并讲话。

7. 1月21日，杭州炬华科技股份有限公司（创业板）首次公开股票上市仪式在深圳证券交易所举行。

8. 1月22日，浙江证监局在杭州召开辖区基金销售机构负责人座谈会，蔡建春副局长出席并讲话。

9. 1月24日，浙江银监局组织召开不良贷款处置工作专题（电视电话）会议，邀请有关专家解读《金融企业呆账核销管理办法（2013年修订版）》，部署用好用足相关政策，加快推进不良贷款处置工作。

10. 1月24日，全国中小企业股份转让系统首批全国企业集体挂牌仪式在京举行。这是国务院发布《关于全国中小企业股份转让系统有关问题的决定》之后，全国股份转让系统举办的首场集体挂牌仪式，杭州市共有7家企业实现首批挂牌。

11. 1月，浙江证监局联合上海期货交易所、浙江期货行业协会开展期货投资者教育媒体系列宣传活动。

12. 2月19日，浙江省委副书记、政法委书记王辉忠一行至杭州联合银行四季青支行视察指导。省农信联社党委书记、理事长姚世新，主任金丽丽，副主任孙建华等陪同视察。

13. 2月19日，浙江股权交易中心为杭州市40家企业举行了专场挂牌仪式，其中11家企业挂牌成长板，29家企业挂牌创新板。

14. 2月25日，浙江银监局召开杭州辖内直辖监管办主任工作会议。杭州银行业监管协调委员会主任傅平江副局长、副主任王建勤副巡视员出席并讲话，部署杭州辖内县域银行业2014年度监管工作任务。

15. 2月，中央纪委监察部网站"廉政教育"栏目刊登了第三届中国(浙江)廉政故事大赛获奖作品选，余杭农商行创作的廉政小品《贷款风波》被编入该栏目。

16. 2月，浙江保监局联合媒体开展"爱在旅途　温暖回家——新杭州人返乡千份礼包大派送公益活动"，向返乡人员赠送礼包和保险产品。

17. 3月6日，浙江银监局纪委书记曹鸣凤会见西班牙BBVA银行高管，专题讨论杭州银行设立金融消费公司事宜。

18. 3月10日，众诚汽车保险股份有限公司浙江分公司正式成立。

19. 3月12日，中国人民银行杭州中心支行和浙江证监局联合召开证券期货监管合作会议，会议就双方在交叉性业务监测、反洗钱监管、征信查询和人员培训等方面的合作达成共识。

20. 3月12日，浙江证监局与中国人民银行杭州中心支行在杭州召开2014年第一次证券期货监管合作会议。

21. 3月13日，余杭区宝鼎小额贷款股份有限公司正式开业。

22. 3月19日，浙江证监局在杭州召开新三板及企业股份制改造专题座谈会。

23. 3月21日，浙江省反假币工作联席会议在中国人民银行杭州中心支行召开。中国人民银行杭州中心支行行长张健华、省政府副秘书长丁敏哲以及省委宣传部等23家成员单位负责人参加会议。

24. 3月21日，浙江证监局在杭州召开2014年辖区证券期货监管工作会议，吕逸君局长出席并做报告。

25. 3月28日，浙江富阳恒通村镇银行股份有限公司开业。

26. 3月，浙江证监局联合浙江证券业协会在杭州举办场外市场业务专题培训班。

27. 4月1日，副省长朱从玖一行至杭州联合银行主发起设立的云和联合村镇银行考察指导。丽水市副市长徐子福，中国人民银行丽水市中心支行行长孔祖根，云和县委副书记、县长叶旭勇，县委常委、常务副县长陈骏及县府办、金融办、中国人民银行、财政局等相关单位负责人陪同考察。

28. 4月2日，浙江银监局纪委书记曹鸣风赴银监会专题汇报在杭州市设立消费金融公司、企业集团财务公司等非银行金融机构事宜，争取银监会支持。

29. 4月3日，达内科技在美国纳斯达克交易所正式挂牌。

30. 4月9日，证监会主席助理张育军一行来杭调研，期货公司风险管理子公司座谈会、证券公司创新发展座谈会、派出机构监管工作座谈会在杭州召开。

31. 4月11日，副省长朱从玖、中国证监会主席助理张育军来杭调研杭州财富管理中心和未来科技城建设情况。

32. 4月29日，余杭农村商业银行被中华全国总工会授予“全国五一劳动奖状”。

33. 5月12日，市金融办举办杭州资本市场专家库专家活动。

34. 5月12—14日，副省长朱从玖一行分别到建德、桐庐和富阳农信机构调研普惠金融、金融服务均衡化和信贷支农支小等工作。朱从玖对农信机构在拓展服务渠道、深化助农服务、推进普惠金融等方面取得的成效给予充分肯定。

35. 5月15日，证监会主席肖钢一行来杭调研辖区资本市场情况。

36. 5月16—17日，由布雷顿森林体系委员会、清华大学五道口金融学院和中国金融学会共同主办，浙江省金融学会承办的“布雷顿森林体系建立70周年暨国际货币体系改革学术研讨会”在杭州召开。中国人民银行副行长潘功胜、全国人民代表大会财政经济委员会副主任吴晓灵、重建布雷顿森林体系委员会执行委员马克·乌赞出席开幕式并讲话。

37. 5月17日下午，中国普惠金融(浙江)高峰论坛在杭州举行。中国人民银行副行长潘功胜、全国人民代表大会财政经济委员会副主任吴晓灵、浙江省人民政府副省长朱从玖、中国社科院副院长李杨等发表致辞讲话。

38. 5月22日，第八届中国有限合伙人峰会暨杭州财富管理中心推进会在杭举行。

39.5月26日，杭州市金融办工作会议暨打造财富管理中心动员大会在杭州召开，朱从玖副省长，张鸿铭市长等省、市领导与会。

40. 5月27日，在浙江证监局的推动下，大连商品交易所主办的“2014年中国塑料产业大会”在杭州召开。

41. 5月30日，2014年度浙江省银行业“普及金融知识万里行”活动启动仪式在杭州举行。浙江银监局傅平江副局长，浙江省银行业消费者权益保护委员会、浙江省银行业协会、省内60多家银行业金融机构负责人，新闻媒体代表等200余人参加。

42. 6月10日，中国人民银行杭州中心支行制定《浙江省金融消费权益保护工作管理办法(试行)》，并在全省启动“12363电话”金融消费者投诉处理平台。

43. 6月10日，浙江保监局联合浙江省教育厅开展保险教育进学校活动，以“五个一——一片展板、一组动漫、一套书籍、一部微电影和一节风险管理课程”为内容，在萧山区青少年素质教育基地建立浙江保险教育示范基地，探索“基地带学校、学校带社会”的保险教育特色发展之路。

44. 6月10日，杭州联合农商行阿克苏分行被中国银行业协会授予“年度最佳社会责任特殊贡献网点奖”。

45. 6月11日，萧山区与上海陆家嘴集团达成战略合作框架协议，将由区政府、上海陆家嘴金融发展有限公司、杭州传化科技城有限公司三方，在萧山科技城3.3平方千米核心区块内开展合作，携手打造“陆家嘴金融产业项目”。

46. 6月18日，拱墅区民间融资服务中心正式成立。

47. 6月26日，市政府与交通银行股份有限公司举办全面战略合作签约仪式。

48. 6月27日，浙江证监局在杭州召开辖区拟上市企业培训会，吕逸君局长出席并做报告。

49. 7月8日，浙江保监局联合浙江在线网站开通“保险与民生——地市市长谈保险”专栏，邀请各地市分管领导围绕各地保险业服务民生的特色做法，谈谈运用保险开展社会管理的实践。

50. 7月10日，众安房产集团旗下中国新城市商业发展有限公司在港交所正式挂牌。

51. 7月10日，浙江天格信息技术有限公司以新浪模式在港交所成功挂牌。

52. 7月18日，浙江杭州辖内农村合作金融机构半年度联动监管座谈会在建德召开，浙江银监局袁亚敏副局长出席会议并讲话。

53. 7月23日，市领导张鸿铭、徐立毅一行调研杭州市金融工作，并实地考察了市金融办、玉皇山南基金小镇建设现场、敦和资产管理有限公司、杭州银行等地。

54. 7月29日，浙江证监局与中国人民银行杭州中心支行在杭州召开2014年第二次证券期货监管合作会议。

55. 7月30日，浙江证监局在杭州召开2014年度辖区上市公司监管工作会议，吕逸君局长出席并做报告。

56. 7月30—31日，2014年浙江城市商业银行“三长”联席会议在杭州桐庐县召开，会议主题为“推进改革、加快转型，努力实现城商行发展的二次腾飞”。

57. 7月，浙江保监局以“组织一场讨论、进行一天体验、上线一个系统”、“开展一项公益活动、提供一次防灾服务、举办一组客户联谊”为内容，开展全国保险公众宣传日活动。

58. 7—9月，浙江证监局会同浙江省金融办、省商务厅、省文化厅、省工商局等部门成立联合检查组，对杭州 7 家交易场所进行现场检查。

59. 7—10 月，浙江保监局与浙江省公安厅联合印发《预防和打击保险领域违法犯罪合作纪要》，进一步加强办案协作，构建全方位、多层次的执法合作机制。

60. 8 月 5 日，市委常委、副市长范辉专程赴市金融办调研杭州市金融工作。

61. 8 月 7 日，省政府副秘书长、省金融办主任丁敏哲一行调研杭州市金融工作。

62. 8 月 11 日，市委常委、副市长范辉实地考察了玉皇山南“基金小镇”规划建设情况。

63. 8 月 14 日，省政府副秘书长、省金融办主任丁敏哲调研部分在杭上市、挂牌企业。

64. 8 月 14 日，市委常委、副市长范辉赴余杭区调研企业上市、国资管理和未来科技城建设情况。

65. 8 月 26 日，证监会副主席庄心一一行来杭调研辖区上市公司情况。

66. 8 月 26 日，百年人寿浙江分公司在杭州钱江新城开业。

67. 8 月 27 日，第九届资本市场投资论坛在杭州召开。中国证监会私募基金部主任陈自强，省政府副秘书长、省金融办主任丁敏哲参加会议。

68. 8 月 27 日，省委常委、市委书记龚正赴上城区玉皇山南基金小镇调研。

69. 8 月 28 日，中国人民银行杭州中心支行发布《关于调整杭州市区差别化住房信贷政策的通知》（杭银发〔2014〕160 号），对杭州市区（含萧山区、余杭区）贷款购买第二套住房的家庭，首付款比例下限从 70％调整至 60％。

70. 8 月，中国人民银行杭州中心支行正式启动“12363”金融消费者咨询投诉电话。

71. 8—9 月，浙江保监局指导浙江保险业做好“8·20”浙江暴雨灾害保险理赔工作，截至 2014 年年底，全省（不含宁波）已决赔案 3620 件，赔款金额 13342.26 万元。

72. 9 月 1 日，浦发银行杭州分行旗下首家社区支行在西湖区沁雅花园正式设立并开业运营，这是浙江省股份制商业银行中首家获得浙江银监局批准设立社区支行，同时也是杭州市第一家持牌经营的社区支行。

73. 9月2日，配合省政府出台《关于进一步发挥保险功能作用促进我省经济社会发展的意见》，提出落实“新国十条”、推进保险服务浙江发展的10个方面举措，明确小额贷款保证保险、巨灾保险等17项重点政保合作项目和相应19个责任部门，浙江成为全国第一个出台“新国十条”贯彻落实意见的省份。

74. 9月3—4日，2014创新中国总决赛在杭州市举行。

75. 9月4日，联合省金融办于9月4日在宁波举办“浙江省保险支持地方经济社会发展推进会”，邀请保监会领导为全省各级有关部门领导解读“新国十条”，并安排宁波、丽水等地方政府交流保险支持经济社会发展的工作经验，推动各地运用保险机制，促进经济转型，提升民生保障和社会治理创新。

76. 9月5日，杭州福斯特光伏材料股份有限公司在上海证券交易所举行上市仪式。

77. 9月11日，浙江银监局袁亚敏副局长接受《中国农村金融》杂志社专题采访，重点介绍浙江银监局推动辖内银行业开展农业产业链金融服务试点工作。

78. 9月15日，浙江证监局在杭州举办辖区新设证券经营机构负责人培训班，蔡建春副局长出席并讲话。

79. 9月16日，2014第四届对冲基金峰会在杭州举行。市委常委、常务副市长徐立毅，中信证券公司总经理程博明出席峰会并致辞，中国证监会私募基金监管部、省金融业发展促进会、上海证券交易所的领导和专家就私募基金监管、杭州财富管理中心、沪港通等作主题发言。

80. 9月19日，阿里巴巴在美国纽交所正式挂牌。

81. 9月21日，市委常委、副市长范辉赴全国股转系统（新三板）会商战略合作事宜。

82. 9月22日，中国金融工会第二次全国金融系统工会创建“职工之家”研讨交流会在杭州召开。中国金融工会副主席宋萍、浙江金融工会主任周松方出席会议并讲话，15家金融机构总行（公司）及分支机构、12家省级金融工会代表与会。

83. 9月23日，杭州市召开杭州市推进企业利用资本市场加快发展大会。

84. 9月25日，浙江证监局在杭州召开辖区期货公司座谈会，传达期货行业创新大会会议精神，韩薇副局长出席并讲话。

85. 9月26日，中国银监会正式批准浙江网商银行在杭筹建。

86. 9月27—28日，市委常委、副市长范辉赴滨江区等地调研金融工作。

87. 9月28日，2014年全国股份制商业银行行长联席会议在杭州召开。浙江省政府李强省长会见与会嘉宾，中国银监会阎庆民副主席、浙江省政府朱从玖副省长出席会议并讲话，全国12家股份制商业银行行长，浙江银监局韩沂局长、傅平江副局长参加会议。会议围绕“改革、创新、提质、控险”主题，就银行业改革创新、服务实体经济、支持小微企业、强化风险管控、履行社会责任、深化合作共赢等进行广泛深入的探讨交流。

88. 9月28日，浙江萧山农村商业银行股份有限公司创立大会顺利召开。

89. 9月29日，证监会副主席姜洋一行来杭调研期货交易商情况。

90. 10月10日，浙江证监局成立协调推进杭州资本市场规范发展领导小组，深化与杭州市政府的监管合作。

91. 10月15日，省政府副秘书长、省金融办主任丁敏哲调研余杭梦想小镇。

92. 10月22日，浙江证监局在杭州召开推动企业股改经验座谈会。

93. 10月23日，市政府与全国中小企业股份转让系统有限公司举行战略合作备忘录签约仪式。徐立毅常务副市长和全国股转公司谢庚总经理签约并致辞。

94. 10月23日，杭州市召开杭州钱江新城商圈金融产业国际研讨会暨江干区商务环境推介会。

95. 10月29日，副省长朱从玖调研基金小镇工作，副市长范辉、市金融办主任赵敏陪同调研。

96. 11月4日，证监会副主席庄心一一行来杭调研辖区上市公司情况。

97. 11月5日，市政府与浙商银行股份有限公司全面深化战略合作签约在浙商银行总行大楼举行。

98. 11月9日，张鸿铭市长率团赴深圳，与深圳市同心俱乐部举行交流座谈和合作签约。

99. 11月10日，市政府与中国平安保险(集团)全面战略合作签约仪式在深圳集团总部举行。

100. 11月14日，《杭州市人民政府关于推进互联网金融创新发展的指导意见》(杭政函〔2014〕166号)正式发布。

101. 11月17—21日，在证监会的统一部署下，浙江证监局在杭州举办"第二届内幕交易警示教育展"，浙江省政府副省长朱从玖、杭州市政府副市长范辉、浙江证监局局长吕逸君等参观了首展。

102. 11月21日，中共中央政治局常委、国务院总理李克强考察浙江泰隆商业银行杭州分行。李克强仔细询问降低融资成本政策落实情况，勉励银行服务小微企业和千千万万草根创业者，是在推进社会公平，也能实现自身更大发展。要求有关方面要切实落实差别化支持政策，扶持更多中小银行发展。国务委员兼国务院秘书长杨晶、国家发展和改革委员会主任徐绍史、教育部部长袁贵仁、财政部部长楼继伟、文化部部长蔡武、中国银行业监督管理委员会主席尚福林，浙江省委书记夏宝龙、省长李强等陪同视察。

103. 11月27日，证监会主席助理张育军一行来杭调研，证券期货行业创新发展工作小组第三次会议在杭州召开。

104. 11月28日，浙江证监局联合浙江期货行业协会在杭州举办期货经营机构及证券IB业务负责人培训会。

105. 12月9日，浙江金融文联与体协成立大会暨一届一次会员代表大会在杭州举行。中国金融工会副主席杨树润、中国金融体协专职副主席陈广健、中国金融文联副主席陈炜，浙江省文联党组成员、书记处书记柳国平，浙江省体育总会副秘书长王元旦，浙江银监局局长韩沂、副局长周松方出席大会。

106. 12月10日，市领导张鸿铭、徐立毅赴互联网金融企业"盈盈理财"进行走访考察。

107. 12月18日，杭州银行业金融机构授信总额联合管理试点工作会议召开。浙江银监局傅平江副局长、杭州市金融办胡晓翔副主任出席会议并讲话，23家试点银行机构、省银行业协会负责人参加会议。

108. 12 月 18 日，余杭农商行在中国银行业协会安全保卫专业委员会组织开展的创建“最安全银行”主题活动暨“双百”评选活动中，被评为 2014 年度中国银行业安全管理先进单位。

109. 12 月 22 日，浙江萧山农村商业银行股份有限公司开业。

新增机构名录

2014 年杭州市新增银行机构名单

序号	机构名称	详细地址	发证日期
1	南京银行股份有限公司杭州余杭支行	浙江省杭州市余杭区南苑街道世纪大道 172、174、176 号	2014-01-20
2	北京银行股份有限公司杭州江东小微企业专营支行	浙江省杭州市萧山区义蓬街道义蓬中路 529 号	2014-01-20
3	渤海银行股份有限公司杭州拱墅支行	浙江省杭州市拱墅区大浒街 129 号远洋公馆一至三层	2014-01-21
4	浙江泰隆商业银行股份有限公司杭州建德支行	浙江省建德市新安江街道新安东路 698 号半岛国际大厦 1 楼	2014-01-21
5	浙江南浔农村商业银行股份有限公司富阳支行新登分理处	浙江省杭州富阳市新登镇登城北路 65 号	2014-01-23
6	浙江富阳恒通村镇银行股份有限公司	浙江省杭州市富阳市富春街道金桥北路 8 号	2014-01-23
7	浙江余杭德商村镇银行股份有限公司瓶窑支行	浙江省杭州市余杭区瓶窑镇凤溪路 213、215、217、219 号 1～2 层	2014-01-26
8	温州银行股份有限公司杭州萧东小微企业专营支行	浙江省杭州市萧山区瓜沥镇友谊路 828 号	2014-01-28
9	宁波银行股份有限公司杭州城北支行	浙江省杭州市拱墅区登云路 217～225 号	2014-02-08
10	江苏银行股份有限公司杭州西溪小微企业专营支行	浙江省杭州市西湖区古墩路 87 号浙商财富中心 3 号楼 102 室	2014-02-08
11	浙江杭州余杭农村商业银行股份有限公司乔司支行桃安路分理处	浙江省杭州市余杭区乔司街道桃安路	2014-02-11
12	浙江杭州余杭农村商业银行股份有限公司良渚支行逸居城分理处	浙江省杭州市余杭区良渚街道吴家门路 8 号	2014-02-11
13	浙江桐庐农村合作银行富春江支行七里泷分理处	浙江省桐庐县富春江镇七里泷大街 79 号	2014-02-13
14	中国工商银行股份有限公司杭州良渚物流中心支行	浙江省杭州市余杭区良渚街道博园路 8 号一幢	2014-02-14

续表

序号	机构名称	详细地址	发证日期
15	中国工商银行股份有限公司杭州清泰小微企业专营支行	浙江省杭州市江干区清江路85号	2014-02-19
16	浙江民泰商业银行股份有限公司杭州钱江新城支行	浙江省杭州市江干区丹桂街10号	2014-02-24
17	上海银行股份有限公司杭州下沙支行	浙江省杭州市下沙经济技术开发区天城东路254-112、256-212号	2014-02-27
18	台州银行股份有限公司杭州九堡小微企业专营支行	浙江省杭州市江干区左邻右舍公寓5幢101室	2014-03-11
19	台州银行股份有限公司杭州临浦小微企业专营支行	浙江省杭州市萧山区临浦镇苎萝路228～238号	2014-03-19
20	中国光大银行股份有限公司杭州富阳支行	浙江省富阳市富春街道文教北路71、73号一、二层	2014-04-03
21	中国工商银行股份有限公司杭州华苑小微企业专营支行	浙江省杭州市西湖区华苑公寓2幢11～14号	2014-04-10
22	临安市农村信用合作联社钱王信用社锦北分社	浙江省临安市行政服务中心三楼南区	2014-04-10
23	上海浦东发展银行股份有限公司杭州余杭科技城支行	浙江省杭州市余杭区文一西路998号4幢102	2014-04-29
24	江苏银行股份有限公司杭州余杭支行	浙江省杭州市余杭区南苑街道271号	2014-05-04
25	广发银行股份有限公司杭州淳安支行	杭州市淳安县千岛湖镇阳光路1号中国科学院声学研究所新安江实验场一、三层	2014-06-03
26	招商银行股份有限公司杭州北部软件园小微企业专营支行	浙江省杭州市拱墅区祥园路37号2幢一层	2014-06-03
27	宁波银行股份有限公司杭州九堡小微企业专营支行	浙江省杭州市江干区杭海路878号	2014-06-12
28	杭州银行股份有限公司金沙小微企业专营支行	浙江省杭州市金沙大道1800号	2014-06-27
29	浙江杭州余杭农村商业银行股份有限公司西溪科技支行未来科技城分理处	浙江省杭州市余杭区仓前街道文一西路1500号	2014-07-09

续表

序号	机构名称	详细地址	发证日期
30	台州银行股份有限公司杭州临安支行	浙江省临安市锦城街道石镜街888号	2014-07-15
31	中国邮政储蓄银行股份有限公司杭州市中山中路营业所	浙江省杭州市上城区中山中路313号	2014-07-15
32	浙江余杭德商村镇银行股份有限公司良渚支行	浙江省杭州市余杭区良渚街道莫干山路1600号	2014-07-18
33	浙江民泰商业银行股份有限公司杭州桐庐支行	浙江省杭州市桐庐县白云源路1039号	2014-07-18
34	华夏银行股份有限公司杭州富阳支行	浙江省富阳市富春街道桂花西路82号	2014-07-22
35	上海浦东发展银行股份有限公司杭州沁雅花园社区支行	浙江省杭州市西湖区竞舟路24号沁雅花园15-1幢5号商用房一层	2014-07-25
36	中国农业银行股份有限公司杭州闻潮路支行	浙江省杭州市上城区闻潮路76～78号、鲲鹏路196号	2014-07-28
37	恒丰银行股份有限公司杭州余杭科技城小微企业专营支行	浙江省杭州市余杭区余杭街道狮山路241、243、245、247、249号	2014-08-04
38	浙江萧山湖商村镇银行股份有限公司义桥支行	浙江省杭州市萧山区义桥镇东方路178号	2014-08-15
39	宁波银行股份有限公司杭州富阳支行	浙江省富阳市江滨西大道15-5至15-9号	2014-08-19
40	南京银行股份有限公司杭州城东小微企业专营支行	浙江省杭州市江干区凤起东路135号	2014-08-21
41	华夏银行股份有限公司杭州丝绸城社区支行	杭州市凤起路160号杭州环北丝绸服装城临街14、15号商铺	2014-09-03
42	南京银行股份有限公司杭州义蓬小微企业专营支行	浙江省杭州市萧山区义蓬街道义府大街519～527号	2014-09-10
43	招商银行股份有限公司杭州转塘小微企业专营支行	杭州市西湖区转塘街道美院南路99号龙心田城大厦一楼	2014-09-15
44	临安市农村信用合作联社玲珑信用社玲珑山分社	浙江省临安市玲珑街道钱王街1398号	2014-09-29

续表

序号	机构名称	详细地址	发证日期
45	浙江建德湖商村镇银行股份有限公司三都支行	浙江省建德市三都镇翁村新街81号	2014-09-29
46	北京银行股份有限公司杭州萧山泰和花园社区支行	浙江省杭州市萧山区泰和花园百合苑1幢1号	2014-09-30
47	浙江临安中信村镇银行股份有限公司高虹支行	浙江省临安市高虹镇工业功能区学溪苑2～3幢商铺1～2层104/204～108/208号	2014-10-13
48	兴业银行股份有限公司杭州丹桂公寓社区支行	杭州市西湖区文三西路81、83号(丹桂公寓20幢11号商铺)一层	2014-10-13
49	浙江泰隆商业银行股份有限公司杭州城西小微企业专营支行	浙江省杭州市西湖区申花路420号	2014-10-15
50	中国农业银行股份有限公司杭州市民街支行	浙江省杭州市江干区市民街196号	2014-10-16
51	招商银行股份有限公司杭州滨江支行	滨江区杭州市滨盛路4305号1～2层	2014-10-24
52	台州银行股份有限公司余杭运河社区支行	浙江省杭州市余杭区运河街道湖潭路94～98号	2014-10-28
53	浙江泰隆商业银行股份有限公司杭州登云小微企业专营支行	浙江省杭州市拱墅区登云路518号恒策西城时代中心裙房A005	2014-10-29
54	杭州银行股份有限公司九堡魅力城社区支行	浙江省杭州市九环路47-1号	2014-11-06
55	北京银行股份有限公司杭州运河小微企业专营支行	浙江省杭州市拱墅区登云路45号锦昌大厦1幢1～2层	2014-11-18
56	温州银行股份有限公司杭州钱江小微企业专营支行	浙江省杭州市上城区望江国际中心3号	2014-11-19
57	浙江萧山农村商业银行股份有限公司农业大厦分理处	浙江省杭州市萧山区市心北路874号	2014-11-21
58	兴业银行股份有限公司杭州蓝色钱江社区支行	杭州市上城区鲲鹏路248号	2014-11-25
59	兴业银行股份有限公司杭州古墩路社区支行	杭州市西湖区古墩路541号一层	2014-11-25

续表

序号	机构名称	详细地址	发证日期
60	中国民生银行股份有限公司杭州北景园社区支行	杭州市北景园永波街 3-2 号	2014-11-25
61	上海浦东发展银行股份有限公司余杭东海花园社区支行	余杭区南苑街道南大街 128 号	2014-11-25
62	上海浦东发展银行股份有限公司临安忆江南社区支行	临安市锦城街道城中街 893、895 号	2014-11-25
63	渤海银行股份有限公司杭州都市水乡社区支行	杭州市拱墅区长阳路 388～392 号	2014-11-26
64	平安银行股份有限公司杭州盛世钱塘社区支行	杭州市江干区庆谐路 20 号	2014-11-26
65	中国光大银行股份有限公司杭州国信嘉园社区支行	浙江省杭州市滨江区滨盛路 4120 号	2014-11-26
66	上海浦东发展银行股份有限公司杭州银树湾社区支行	杭州市拱墅区文岚街 126 号、128 号	2014-12-01
67	上海浦东发展银行股份有限公司杭州文鼎苑社区支行	杭州市西湖区余杭塘路 816 号	2014-12-01
68	浙江萧山农村商业银行股份有限公司新塘支行塘里陈分理处	浙江省杭州市萧山区新塘街道塘里陈社区	2014-12-04
69	台州银行股份有限公司萧山瓜沥小微企业专营支行	浙江省杭州市萧山区瓜沥镇东灵北路 385～391 号	2014-12-12
70	恒丰银行股份有限公司杭州城东支行	杭州市江干区秋涛北路 99 号、101 号金秋花园 4 幢 1 至 3 楼	2014-12-15
71	招商银行股份有限公司杭州天水街道戒坛寺巷社区支行	杭州市下城区武林路 436-1、436-2 号	2014-12-16
72	兴业银行股份有限公司杭州江城路社区支行	杭州市上城区江城路 325 号丽园小区 1 幢 101 号商铺	2014-12-17
73	兴业银行股份有限公司杭州临安春天花园社区支行	浙江省临安市锦城街道春天花园 15 幢 105 室	2014-12-17
74	兴业银行股份有限公司杭州临安公园家社区支行	浙江省临安市玲珑街道石镜街 935 号	2014-12-17

续表

序号	机构名称	详细地址	发证日期
75	兴业银行股份有限公司杭州复兴南街社区支行	杭州市上城区复兴南街 295～297 号	2014-12-17
76	台州银行股份有限公司余杭凤新路小微企业专营支行	浙江省杭州市余杭区余杭镇凤新路 187、189 室	2014-12-22
77	上海浦东发展银行股份有限公司杭州碧水豪园社区支行	杭州市滨江区西环路 66 号一层	2014-12-23
78	上海浦东发展银行股份有限公司杭州金沙学府社区支行	杭州经济开发区 6 号大街 370 号	2014-12-23
79	建德市农村信用合作联社新安江信用社明珠分社	浙江省建德市新安江街道明珠路 43 号、45 号	2014-12-23
80	中国建设银行股份有限公司杭州江陵路支行	杭州市滨江区西兴街道江陵路 1129、1131、1133、1135、1137 号	2014-12-24
81	中国建设银行股份有限公司杭州金沙湖支行	杭州市经济技术开发区上沙路 550～554号、华景街 316～320 号	2014-12-24
82	恒丰银行股份有限公司杭州富阳富春街道龙山路社区支行	浙江省杭州富阳市富春街道龙山路 159-1、159-2 号	2014-12-25
83	浙江萧山湖商村镇银行股份有限公司靖江支行	浙江省萧山区靖江街道申达路与伟神路交叉口	2014-12-26
84	中国光大银行股份有限公司杭州万家花城社区支行	杭州市拱墅区万家花城 12 幢 12 号	2014-12-29
85	中国光大银行股份有限公司杭州文鼎苑社区支行	杭州市西湖区冠苑商铺 19 号	2014-12-29
86	中国光大银行股份有限公司杭州三里亭社区支行	杭州市江干区闸弄口街道三里亭路 43、45 号	2014-12-29
87	平安银行股份有限公司杭州物流中心小微企业专营支行	浙江省杭州市余杭区良渚街道博园路 1 号 3 幢一至二层 A01～02、C01～02	2014-12-29
88	江苏银行股份有限公司杭州滨江小微企业专营支行	浙江省杭州市滨江区滨盛路 1786 号 101～104 室、201 室	2014-12-30
89	金华银行股份有限公司杭州拱墅小微企业专营支行	浙江省杭州市拱墅区大浒街 101 号、103 号、105 号	2014-12-31

2014年杭州市新增证券经营机构名单

序号	机构名称	取得许可证日期	地　址
1	金通证券有限责任公司	2014-9-18	杭州市滨江区东信大道66号5幢D座A区3层
2	首创证券浙江分公司	2014-1-13	杭州市西湖区文二路391号(西湖国际科技大厦)2310-1室
3	首创证券杭州文二路营业部	2014-1-13	杭州市西湖区文二路391号(西湖国际科技大厦)2310-2室
4	宏源证券富阳江滨西大道营业部	2014-1-22	富阳市富春街道江滨西大道57号709室
5	宏源证券临安广电路营业部	2014-1-23	临安市锦城街道广电路19号
6	日信证券杭州文三路营业部	2014-2-12	杭州市西湖区文三路478号华星时代广场A楼10层A1003号房
7	五矿证券杭州市心北路证券营业部	2014-2-17	杭州市萧山区市心北路22号东方世纪中心1201室
8	天风证券杭州教工路证券营业部	2014-2-21	杭州市教工路88号立元大厦12层1201室
9	长城证券杭州钱江路证券营业部	2014-3-6	杭州市上城区钱江路58号太和广场8号803室
10	五矿证券杭州民心路证券营业部	2014-3-13	杭州市江干区民心路100号万银大厦3703室
11	中国银河证券淳安新安大街证券营业部	2014-5-16	淳安县千岛湖镇新安大街49号一楼
12	中国银河证券富阳迎宾路证券营业部	2014-5-16	富阳市富春街道迎宾路47-5号
13	中国银河证券股份有限公司杭州天城东路证券营业部	2014-6-9	杭州经济技术开发区天城东路246～234号(上沙永裕大厦1幢)
14	国泰君安杭州天目山路证券营业部	2014-6-12	杭州市西湖区(玉泉大厦)天目山路139号一层

续表

序号	机构名称	取得许可证日期	地　址
15	财通证券股份有限公司杭州下沙证券营业部	2014-6-13	杭州经济技术开发区盛秦名都公寓2幢商铺3号
16	齐鲁证券有限责任公司杭州市心北路证券营业部	2014-6-13	浙江省杭州市萧山区市心北路708号天林广场1号楼12楼
17	浙商证券杭州分公司	2014-6-20	杭州市西湖区玉古路168号黄龙体育中心武术馆大楼5楼501～510室
18	万联证券有限责任公司杭州上塘路证券营业部	2014-8-25	杭州市下城区上塘路15号武林时代商务中心1004室
19	中信证券(浙江)有限责任公司杭州解放东路证券营业部	2014-8-26	杭州市江干区解放东路29号迪凯银座2301、2304室
20	财通证券股份有限公司杭州九堡九乔街证券营业部	2014-9-11	杭州市江干区九洲芳园4幢底商1
21	财通证券股份有限公司杭州桐庐白云源路证券营业部	2014-9-11	桐庐县城白云源路879号
22	中信证券(浙江)有限责任公司杭州古墩路证券营业部	2014-9-26	杭州市西湖区古墩路浙商财富中心3幢903室
23	国元证券股份有限公司杭州余杭南大街证券营业部	2014-10-20	杭州市余杭区南苑街道南大街326号2幢601室、602室
24	国盛证券杭州义蓬中路证券营业部	2014-11-20	浙江省杭州市萧山区义蓬街道义蓬中路614号二楼
25	中天证券有限责任公司杭州庆春路证券营业部	2014-12-11	杭州市下城区庆春路118号1003室
26	西南证券股份有限公司萧山市心北路证券营业部	2014-12-25	杭州市萧山区经济技术开发区东方世纪中心2301、2302室

2014年杭州市新增期货机构名单

序号	机构名称	开业日期	地　址
1	迈科期货经纪有限公司杭州营业部	2014-02-10	杭州市江干区万银大厦2206室
2	国海良时期货有限公司萧山营业部	2014-05-12	杭州市萧山区经济技术开发区东方世纪中心604室
3	兴证期货有限公司杭州营业部	2014-05-27	杭州市拱墅区蓝天商务中心1501室
4	上海东证期货有限公司杭州营业部	2014-06-18	浙江省杭州市江干区钱江国际时代广场2幢907室
5	五矿期货有限公司杭州营业部	2014-07-11	浙江省杭州市西湖区玉古路173号中田大厦15G-H
6	金瑞期货有限公司杭州营业部	2014-07-17	浙江省杭州市江干区财富金融中心2幢1903室
7	北京首创期货有限责任公司杭州营业部	2014-10-17	杭州市滨江区隆和国际大厦404室

2014年杭州市新增保险机构名单

序号	单　位	地　址	开业时间
1	众诚汽车保险股份有限公司浙江分公司	浙江省杭州市江干区钱江新城五星路188号荣安大厦20楼	2014年3月
2	百年人寿保险股份有限公司浙江分公司	浙江省杭州市江干区富春路290号钱江国际时代广场3幢20楼	2014年8月

2014年杭州市新增上市公司名单

序号	公司名称	证券代码	上市地点
1	炬华科技	300360	中国深圳交易所创业板
2	思美传媒	002712	中国深圳交易所中小板
3	福斯特	603806	中国上海证券交易所
4	中国新城市	1321. HK	中国香港证券交易所
5	天鸽互动	1980. HK	中国香港证券交易所
6	达内科技	TEDU	美国纳斯达克证券交易所
7	阿里巴巴	BABA	美国纽约证券交易所

2014年杭州市新增小贷公司名单

序号	机构名称	地址
1	杭州市下城区广信小额贷款股份有限公司	杭州市下城区白石路258号
2	杭州市西湖区浙农小额贷款股份有限公司	杭州市西湖区文二西路481号
3	杭州市萧山区永诚小额贷款股份有限公司	杭州市萧山区临浦镇人民路122号
4	杭州市余杭区宝鼎小额贷款股份有限公司	杭州市余杭区塘栖镇塘栖路238号
5	杭州市桐庐县龙生小额贷款股份有限公司	杭州市桐庐县江南镇三联西路8号
6	杭州市临安市韦丰小额贷款股份有限公司	杭州市临安市高虹镇高乐村学溪苑1栋